U0330131

发展指导视野下的

批评教育

潘建荣◎主编

华东师范大学出版社

图书在版编目(CIP)数据

发展指导视野下的批评教育/潘建荣主编. —上海:华东
师范大学出版社,2014.1
ISBN 978 - 7 - 5675 - 1626 - 7

Ⅰ.①发…　Ⅱ.①潘…　Ⅲ.①批评—教育方式—研究
Ⅳ.①G41

中国版本图书馆 CIP 数据核字(2014)第 010702 号

发展指导视野下的批评教育

主　　编　潘建荣
策划编辑　彭呈军
审读编辑　贾　斌
责任校对　林文君
装帧设计　崔　楚

出版发行　华东师范大学出版社
社　　址　上海市中山北路 3663 号　邮编 200062
网　　址　www.ecnupress.com.cn
电　　话　021 - 60821666　行政传真 021 - 62572105
客服电话　021 - 62865537　门市(邮购)电话 021 - 62869887
地　　址　上海市中山北路 3663 号华东师范大学校内先锋路口
网　　店　http://hdsdcbs.tmall.com

印 刷 者　南通印刷总厂有限公司
开　　本　787×1092　16 开
印　　张　15
字　　数　260 千字
版　　次　2014 年 4 月第 1 版
印　　次　2014 年 4 月第 1 次
书　　号　ISBN 978 - 7 - 5675 - 1626 - 7/G·7133
定　　价　32.00 元

出 版 人　朱杰人

(如发现本版图书有印订质量问题,请寄回本社客服中心调换或电话 021 - 62865537 联系)

编　委　会

序一

在 2009 年新学年开学之际，教育部颁发了一个《中小学班主任工作规定》，其中的第十六条规定指出："班主任在日常经营管理中，有采取适当方式对学生进行批评教育的权利。"这个被称为"批评权"的规定一经公布，立即引起了教育界以及社会各界的广泛关注与热烈讨论。当时，我对这个"批评权"也作了一些思考，并且在自己的博客上公开了我的想法。

在思考"批评权"的时候，我忽然意识到一个问题，就是关于"批评教育"。我们都知道一个人的成长与进步离不开批评，但是好像大多数人又不乐意受到批评。在我们的成长过程中，虽然确实有许多被批评的经历，但是却没有接受过关于"批评"的专门知识或者学问的教育。批评十分重要，却没有"批评学"。一个人在学校里学习了许多学问，唯独没有学到关于批评的学问。人们对于批评的认识与理解不是通过知识传授获得，甚至是"无师自通"的。我以为，这是一个值得去探索与实践的课题。

我理解当时教育部在班主任工作的规范中规定班主任有批评权利的意愿。学校里常常发生因为老师批评学生而造成的"不幸案件"，这些案件的处理结果往往是老师受到处罚，甚至学校也被牵连。老师们面对学生犯错却不敢批评，老师自己放弃了"批评权"。我认为，批评是教育的"题中应有之义"，离开批评的教育不是科学的教育，放弃批评实际上就是放弃教育育人的核心要求。在中学的教育中，我们坚持教书育人，如果对学生关于"批评知识"的教育缺失，那不仅是遗憾的，而且是不应该的。我们的许多中学生，不愿意受到批评，面对批评会情绪激动，甚至一"批"即"跳"（跳楼、跳河），这不能不说与他们缺乏关于批评的知识、不理解批评价值有关。

想得远一点，今天的成年人不愿意接受批评，甚至拒绝批评、排除批评的表现，也与他们的人生经历中缺乏"批评教育"的经历有很直接的关系。

既然批评十分重要，就应该有批评的学问，就应该在学校里为学生讲一点批评的专门知识。

基于这样的思考，我提出了一个建议，在中学开设"批评常识"课程，给中学生讲一点关于批评的知识。大概在 2010 年的时候,华东师范大学松江实验高级中学(以下简称华高)邀请我为老师做一个讲座,我向潘建荣校长表达了我要给老师谈谈"批评学"的话题。经过潘校长同意,我关于"批评"尤其是"批评教育"的一些想法第一次在一所高级中学的老师面前"发表"。就在那次讲座上,我正式提出建议:希望学校为学生开设"批评常识"课。令我感动的是,我的想法得到了潘校长与华高老师的"响应"。潘校长不仅同意了我的想法,而且就在那次讲座以后,潘校长与华高的老师们就投入了对中学生批评教育理论的探索与实践。

这是一件具有填补"空白"意义的事情。因为根本就没有系统的关于批评教育的理论。所以,这种探索与实践是很困难也很辛苦的,需要面对诸多挑战:不仅需要深刻的理论、深刻的思考,还需要科学的实践、科学的总结。让我惊喜的是,经过几年的探索与实践,由一所中学的老师们的共同智慧与对科学的孜孜以求、对教育的满腔热忱、对学生的无限关爱与高度负责精神凝聚起来的一本《发展指导视野下的批评教育》终于成型了。《发展指导视野下的批评教育》不仅为批评教育理论填补了"空白",将批评从实践概括成为理论,而且是完全从学校与学生发展的实际出发并为这个实际服务的。我想,一个真正理解并且热爱教育、献身教育的教育工作者,是应该具备书中所论述到的关于批评的基本知识的。如果通过老师们的努力,将这些知识变成学生掌握的知识,并且转化为一个人的素质,那一定非常有意义。

有一天,我的一位朋友找我,他要反映华高教育的情况。他的孩子就在华高读高中。我开始的猜想是他有了什么意见,结果,他面对着我十分激动地大谈了他的女儿经过学校"批评常识"课程学习以后"换了个人似的"变化。他说自己女儿与她妈妈之间几乎不能说话,她妈妈更是不能"批评"她一句,一说就会"冲突"起来。每次都是"不欢而散"。然而,最近女儿主动跟妈妈交流,而且向妈妈认错,表示自己过去对妈妈缺乏理解与尊重,说得妈妈激动得热泪盈眶。朋友看到这样的情景,很受感动,他也有点好奇,女儿怎么会有这样的变化?经过与女儿的交流,才知道因为学校开设了"批评常识"课程。老师上课时讲到的批评知识与批评案例让朋友的女儿受到了触动,她懂得了批评的意义,便想起妈妈对自己的批评,感到惭愧。朋友之所以找上我,一是反映学校教育的效果,二是建议总结推广华高的做法。我相信这是一个典型。当然,不会因为有了"批评常识"课所有的学生就都会完全理解批评的意义,但是,有一点应该是可以肯定的,就是因为批评教育课会在一定程度上改善老师与学生的关系,改善学生与家长的关系,改善学校的氛围。我想,如果能达到这样的效果,那么在中学中开设"批评课程"就是十分值得的。

　　"批评和自我批评是解决党内矛盾的有力武器",要"大胆使用、经常使用这个武器,使之越用越灵、越用越有效"。这是习近平总书记在指导河北省委常委班子群众路线教育实践活动专题民主生活会时的重要讲话。这个讲话对批评的意义作了进一步的强调。我想,这个讲话也是我们在中学生中开设"批评教育"课程的重要指导思想。如果一个人从学生的时候就已经理解了批评与自我批评的意义,一旦他们长大成人甚至担任领导干部以后,就会十分自觉地"大胆使用、经常使用这个武器"。我认为,如果我们从这个高度去认识在中学生中开设"批评教育"课的价值,那么这本《发展视野下的批评教育》便有更加重要的分量了。

俞富章

(松江区教育局原党委书记)

2013 年 11 月

序二：批评作为教育，值得期待

朱益明

最近几年，本人与同事们一直致力于研究高中学生发展指导制度课题，试图希望普通中学实施学生发展指导工作，在一定程度上改变片面追求升学率的状况，进而推进普通高中学生综合素质的全面提升。尽管研究取得了一些进展，但是我们的研究并没有深入到学校开展学生指导工作的实践活动之中。个人始终认为，要在学校实践中推进学生发展指导工作，不仅要有政策与措施的保障，更要有各种可以供教师在实践中操作的方式方法。

《发展指导视野下的批评教育》一书，正好体现出了这种思想。通读全书，本人有以下几点感受。

1. "批评"作为一种教育，并没有过时。

这本著作是华东师范大学松江实验高级中学的集体性成果，是近几年来学校开展教育教学改革创新探索的结晶。在当前崇尚"表扬"与"激励"的教育环境氛围下，学校仍然坚持采用以往能够行之有效而现今被大多数人所鄙视的"批评"方式而开展教育教学活动。这种坚持及其勇气，值得钦佩。

在时下的教育教学变革的氛围下，很多学校不知道如何改革，对于一些不受社会（包括媒体）或者公众"欢迎"的教育教学思想与方法往往采用抛弃的态度，由此而失去教育教学的专业立场。无论怎样，学校作为一种规范的、正式的教育机构，在教书育人上必须始终秉承教育的专业性。

批评作为一种教育手段，在当下的学校教育实践中，尤其是高中学校中，仍有着存在的必要。高中阶段是学生发展的关键期，其重要特征之一在于，高中学生在追求个体独立的同时，他们也在观察、思考和选择自己的立场、观点和思想，他们有着日趋成熟的判断力。所以，批评对于高中学生而言，有助于学生思考和判断。这或许是"表扬"所不能产生的效果。

2. "批评"作为一种教育，有了理论构建。

在过去，批评往往与"处罚"联系在一起。其实，批评作为教育手段或者方法，并不是处罚，而只是一种形式而已，它与"谈心"之类的教育方法一样，具有帮助学生改正错误与改进行为的作用。这一点在本书中有着充分的体现。

首先,将"批评"置于学生发展指导的视野(第一章)。在认识学生发展指导思想的基础上,强调了批评与指导之间的关系,由此将批评与处罚或者惩罚等区分了出来。这样,有利于人们重新思考批评的作用及其运用。

其次,从教育的立德树人、学生的自我教育与人格完善、教师的教育智慧等多角度,重新审视批评的教育价值(第二章),尤其是将批评与目前流行的"赏识教育"统一了起来,而不是简单的对立的两分法。这些体现了作者们对现代教育思想的认识具有高度性与全面性。

第三,重要的还是在于,全书系统地论述出了批评作为一种教育的本质、原则和策略。这种论述不仅具有系统性,更具有创造性的理论新意和操作性的实践运用。例如,从关爱、导航、督促与挽救等四个不同的维度论述了批评的教育本质(第三章);提出的四项原则(第五章)与四种策略(第五章),通俗易懂,很具有操作性。

3. "批评"作为一种教育,得到了提升。

在实践中运用批评教育,并不是一件简单的事情。为此,该著作围绕批评教育,提出了"反批评"的概念,并分析了"自我批评",试图将"批评"、"反批评"与"自我批评"三者协调和统一在一起(第六章)。

从教师出发的"批评教育"究竟对于学生会产生什么影响呢?对此,书中(第七章)也进行了比较系统的分析,提出了诸多供学生理解和接受"批评"的正确态度与方法。这种论述,将批评与教育比较完美地结合在了一起。

此外,该著作还从心理学(第八章)、教师专业发展(第九章)、家庭教育(第十章)以及学校伦理(第十一章)等多视角,分析论述了有效实施批评教育的要素。这些对于全面认识批评教育,尤其是有效实施批评教育,是非常有价值的。

本书各章的作者均来自一线学校,《发展指导视野下的批评教育》是他们专业成长的一个显著表现。书中展示了丰富的实践案例,体现出了作者们在实践中实施批评教育的努力与成效。显然,"教师即研究者"对于广大中小学教师而言,并不是一个可望不可及的理想。

上述文字难以表达出本人的全部想法。但无论怎样,批评作为一种教育,是完全值得我们期待的。感谢华东师范大学松江实验高级中学为我们提供了信心和知识。

朱益明

(华东师范大学教育学系主任,教授,博士生导师)

2013 年 11 月 10 日

目录

第一章　批评教育与学生发展指导

2009 年教育部颁布的《中小学班主任规定》中指出："班主任在日常教育教学管理中,有采取适当方式对学生进行批评教育的权利",此规定一出,立即引发热议。在教师为中心的时代,批评教育曾经被滥用,导致个别学生的身心发展受到严重影响。近年来在推进素质教育的过程中,因多方面原因,批评教育矫枉过正,出现弱化甚至缺席的现象。赏识教育大行其道,风光无限,批评教育畏首畏尾,步履维艰。教育走向了另一个极端,这样的教育生态,对学生的健康发展颇为不利。

2010 年 6 月 21 日,中共中央政治局召开会议,审议并通过《国家中长期教育改革和发展规划纲要(2010—2020 年)》,纲要中明确提出:在普通高中"建立学生发展指导制度,加强对学生的理想、心理、学业等多方面的指导"。这项重要决定得到了众多高中学校的响应,学生发展指导开始成为焦点,批评教育由此找到了新的指明灯。

本章将从学生发展指导入手,解析批评教育与学生发展指导的关系,并对批评教育面临的现实困境进行分析。

第一节　学生发展指导概述

一、学生发展指导的由来

指导,简单地说,就是指引、疏导。用指令、建议、劝诫、劝告、说明、示范等方式给人指明方向和方法,是直接的指导;用疏导、启发、开导等方式引导人明确自己的方向和方法,是间接的指导。无论是直接的指导,还是间接的指导,都包含了方向指导和方法指导两个方面。[1]

---

[1] 朱益明.普通高中学生发展指导研究[M].上海:华东师范大学出版社,2013.

杜威认为,为学生确立正当的行为方向和向着正当行为方向调节自己的行为提供帮助就是学生指导。学生指导一般以学生个体为对象,学校和相关校外机构根据学生产生的各种疑惑和困难,采用科学的方法实施援助,引导学生明确行动的方向,帮助学生调节自己的行为,发现和发挥自己在教育、职业和心理上的潜力,从而最大限度地得到幸福并使社会受益。

黄向阳教授在《学生发展指导制度建设刍议》中指出,指导是一种古老的教育方式,成年人通过训练以及言传身教式的指导,使年轻一代逐渐习得群体的知识、技能、志趣、抱负、价值观、宗教信仰以及生活习俗。即使在今天的生产劳动和日常生活中,行为示范和口头指导也依然是年长一代影响年轻一代最常用的教育方式。[①] 15 世纪英国的伊顿公学就让舍监和导师在课程之外对学生生活、品行进行指导,该传统保留至今。

现代意义上的学生指导源于 19 世纪末 20 世纪初的欧美各国,最早源于美国的职业指导,首先出现在高中。当时是作为一种课程呈现的,后来受到职业指导运动、心理测量运动和心理卫生运动的影响,指导成为了学校教育中重要的内容。而在中国,早在 1938 年时,国民政府教育部颁布了《国立中学课程纲要》要求建立导师制度:各级学生约以十人至十五人为一组,分成若干组,每组设导师一名,由该校教职员工分别担任,指导学生的思想、学业、行为等。同年颁布了《中等以上学校导师制纲要》,其后还颁布了《实施导师制应注意之各点》以落实导师制,学生指导以这样的形式初露端倪。

随着社会的发展,世界各地的普通高中先后建立了职业指导制度,以帮助学生树立恰当的职业观。普通高中在发展过程中,逐渐从原先单纯地升学预备教育转变成兼顾升学和就业的预备教育。指导的内容也与时俱进,从职业指导到学业指导、从生活指导到心理辅导,学生发展指导的领域不断被拓宽,内涵不断被挖掘。指导沿袭到今天,它的重要性并没有削弱,相反在教育中的地位越来越高。现代教育已经将指导、教学、管理并列为学校教育的三大职能。指导相较于教学、管理,更贴近个体的成长需求,更强调对学生的服务和辅导,更关注学生的自主发展和多元发展,在学生的成长中,始终扮演着引导性、支持性、治疗性的角色。[②] 但之前,指导在中国校园内却似乎处于"隐身"状态,虽然常常渗透在教学、管理之中,但"身份"模糊,并没有让广大教育工

① 黄向阳.学生发展指导制度建设刍议[J].教育发展研究,2010(15－16).
② 朱益明.普通高中学生发展指导研究[M].上海:华东师范大学出版社,2013.

作者真正重视。

科学发展观指引我们要以人为本,促进学生终身发展。《国家中长期教育改革和发展规划纲要(2010—2020年)》的颁布,让学生发展指导成为一个热词。根据纲要可以得知,学生发展指导是着眼于学生的成长、发展,依据学生实际,对学生的理想、心理、学业等多方面进行的指导。新课程改革不仅要使学生掌握基础知识和基本技能,还要承担对学生学习过程与方法及其情感态度价值观的教育,这意味着基础教育的课程正在从学科本位向学生发展本位转化。这一切离不开对学生的个性化指导。随着新课程的实施,学校相比以前为学生提供了更多的课程,为学生提供了更多可参与的活动,相应地对学生的评价自然也逐渐增多。面对多元化,指导成为一种必需。它既是学生发展的需求,也是学校进步的需求。学生发展指导在新时期将扮演着越发重要的角色。

二、学生发展指导的内涵

这里所谈论的学生发展指导话题,世界各地使用的术语各异。例如美国先是叫"guidance",后来叫"counseling",法国叫"orientation",日本则称呼"生徒指导"或者"生活指导",香港地区叫"辅导",台湾地区称"辅导与咨商"等。无论用语如何不一,大体上指的都是性质相同的学校工作,都是旨在帮助学生解决成长中的问题和烦恼,各个国家和地区根据自身教育的传统和特点侧重点有所不同。

1. 学生发展指导的领域

学生发展指导虽然因地而异,但一般有三大领域:学业指导、生涯指导和生活指导。

在学业指导方面,主要涉及对学生学习目的与态度的指导、对学生学业计划与时间管理的指导、对学生学习方法和考试技巧的指导以及对学生选科和选课的指导等。

在生涯指导方面,主要包含对学生生涯规划的指导、对学生职业定向与就业准备的指导以及对学生升学定向与升学准备的指导等。

在生活指导方面,主要涉及个性发展指导和群性发展指导。个性发展指导包括自我概念发展指导、兴趣与特长发展指导、问题解决指导、自我反省指导、学校生活适应指导、身体保健指导、心理调适指导等。群性发展指导包括人际技能指导、沟通技能指导、学生团队合作指导以及学生活动指导与组织指导等。

随着社会的发展,学生发展指导领域也在不断地拓展,例如职业指导、升学指导、思想指导、心理辅导等也在不同地区、不同学校中出现。但无论是哪一类的指导，从指导的层次看，都包括行为、心理和思想三个层次的指导。

2. 学生发展指导的功能

学生发展指导的功能目前大致有以下三种：矫正、预防和发展。

我们都知道，管理具有矫正功能，其实指导也具有矫正的功能。但管理重在制止学生的不当行为，而指导则在指引学生正确的方向和方法上技高一筹。管理仅适用于迟到、作弊、打架、欺负弱小之类的行为问题，但在面对早恋、厌学、上网成瘾、考试焦虑等思想或心理问题时却一筹莫展。例如，针对厌学问题，实施强制性的管理，并不能缓减学生的厌学情绪，相反可能会使学生产生更大的抵触情绪，而事与愿违。这时需要通过了解学情，并且通过恰当的指导，使厌学问题得以解决或者缓解。同样，考试焦虑的学生并不需要管理，而是需要教师的心理按摩，需要心理老师的专业指导，以矫正自己的不良心理暗示。

指导与管理一样，也具有预防的功能。管理通常以惩罚的威慑力来预防过错，而指导则以晓之以理、动之以情的方式来避免过错。例如，在初高中阶段，青春期男女生交往指导显得尤为必要，这样的预防性指导能让学生在男女生交往中避免许多困难和问题。而在问题趋于严重之时，无论是强制性的管理还是矫正性的指导，都会事倍功半，效果也会大打折扣。

与管理不同，指导具有强大的发展功能。发展性指导主要针对学生的兴趣、特长和发展潜质，引导和帮助学生了解自己，了解社会，了解教育，了解职业，开展丰富多彩的活动，建立广泛的友谊，发展出多方面的兴趣和特长，树立生活的理想、信念和价值观，规划自己的人生，逐步实施自己的人生规划。这显然是管理无法做到的。①

3. 学生发展指导的原则

学生发展不是没有目标的随意发展，各国在进行学生发展指导的过程中，遵循的原则会根据国情有所不同，但大致上应遵循社会核心价值观，尊重当代学生的特点，并能促进学生自主思考。这里从我国学生发展指导的角度作简要的论述。

我国当前正处于社会转型期，各种矛盾层出不穷，文化和文明的冲突也越发触动大众的神经。在全球化背景下，培养什么样的社会主义接班人，是事关国家兴亡之大事。2011年10月颁发的《中共中央关于深化文化体制改革、推动社会主义文化大发展

---

① 朱益明.普通高中学生发展指导研究[M].上海：华东师范大学出版社，2013.

大繁荣若干重大问题的决定》中明确提出要强化教育引导,把社会主义核心价值体系融入国民教育。为此,引导学生以正确的价值观、世界观和人生观认识这个变革的时代,坚持马克思主义思想指导,坚定中国特色社会主义共同理想,促进每一个学生发展的多元性和科学性,是我们必须要遵循的学生发展指导原则。

近年来,我国经济飞速发展,社会阶层分化显著呈现,教育正处于艰难转型中,而我们所面临的学生群体也正悄悄地发生着变化。我们对学生的发展指导必须要紧盯这些变化,尊重学生的特点,才能进行有效指导。例如,现在随着终身教育体系的建立和学习型社会的形成,将普通高中教育看成是学生个体命运改变的传统观点,已经不能被当前的高中学生全面接受,若再"老调重弹",不但起不到指导作用,反而会令学生产生厌恶的情绪,效果将适得其反。这时就得结合社会发展实际,根据学生的特点,有针对性地实施指导。

按照素质教育的要求,实施学生发展指导必须注意促进全体学生的全面发展,促进创新精神与实践能力的形成。因此,我们要抛弃传统的说与教,鼓励学生的参与与对话,促进学生的自主思考,使之成为实施学生发展指导的主要原则之一。

三、学生发展指导的现状

世界各发达国家和地区(包括我国的香港和台湾地区)都在中学阶段设置专门的机构和人员,对学生进行指导,并形成了一套完备的制度加以保障。例如,在美国这项工作被称作"学校指导和咨询",并制定了学校指导和咨询的全国标准和模型;芬兰在其《基础教育法案》中明确规定,"应该给予学生指导与咨询",高中阶段的教育在实施"不分年级制"后,更加注重对学生的指导和咨询,发展和完善了一系列相关制度,将其认为是芬兰高中改革得以顺利进行的关键;法国则是以学生的升学和就业为重点的"方向指导",有专门的出版机构和专门指导机构,不仅为学生的发展方向奠定了基础,还在一定程度上补充了传统的考试制度;日本则把学校教育的职能划分为两种,一是学习指导,即使儿童掌握作为一个社会成员从事活动所必需的能力和态度,二是生活指导或学生指导,即培育学生根据自身的条件、环境,谋求自我实现的态度和能力,学习指导和学生指导被认为是学校教育的两个轮子。[①]

我国大陆地区虽然刚刚提出要建立学生发展指导制度,但是在实践中,学生指导

---

① 李栋.台港沪三地普通高中"学生发展指导制度"比较研究[D],上海:华东师范大学,2011.

的内容、活动早已大量存在,只是不够系统化、专业化。当前,我国普通高中对于学生的指导过多地偏向于升学和学业指导,而对于生涯规划、社会性、品德、职业等方面的指导往往重视不够。建立学生发展指导制度是我国为解决当前高中教育体制的弊端,修复高中教育体制的漏洞,全面推行素质教育迈出的实质性一步。可以说,在高中建立学生发展指导制度,给予学生全方位的指导,是全面实施素质教育的重要内容,是提高普通高中教育质量的重要举措,其作用是其他任何教育所不可替代的。目前有些学校开始试行导师制,力图通过导师带教来推动学生发展指导制度的建立与实施,部分学校也通过建立学生发展指导中心,统筹安排学生发展指导活动。从实施方式上来说,学生发展指导根据具体的问题和情境,以集体指导、小组指导、个体指导等几种方式进行指导。

但就目前来看,我国教育学者关于"学生发展指导"的研究还不多,华东师范大学霍益萍教授与朱益明教授共同主持的"普通高中学生发展指导"课题研究,正全力推动普通高中学生发展指导制度的建立与实施,非常值得关注。

第二节　批评教育与发展指导之关系

一、发展指导包含批评教育

在当前的教育背景下,以学生发展为本,通过建立学生发展指导制度,实现学生发展指导的制度化,已成趋势。学生发展指导作为一个领域也将被深入研究,相关教育实践的深入推进,必将丰富学生发展指导的内涵。批评教育对学生发展指导的重要意义也开始进入我们的视野。

一般来说,批评教育是指在教育实践活动中,对学生或者某一个学生群体的一些不当的行为或者错误的思想进行否定,在适当的时候进行批判,从而促进学生或者某个学生群体的自我改正,同时让其他学生受到教育,避免犯同样的错误。[①]

学生在成长过程中,总不可避免地会犯错,会走弯路,为了帮助其健康、快乐地成长,就需要给予学生必要的发展指导。要让学生明白,自己身上的错误在哪里,为什么会犯错,怎样才能找出解决的方法,如何避免犯错。这一切离不开指导,同样离不开教师对学生"错误"行为或问题的及时制止,离不开教师恰当的批评教育。

---

① 程培元. 教师口语教程[M]. 北京:高等教育出版社,2004.

例如,有些学生的"上网成瘾"问题,学生也知道长时间上网对自己不好,不但影响学业成绩,也影响身心健康,但他们就是控制不了自己。这个时候,如果老师介入进行指导,首先必须要劝诫学生立即停止或者说减少上网次数和上网时间,根据学生的实际情况,进行恰当的批评教育。只有学生愿意去改正,接下来的指导,才会变得有意义,才会变得有效率。

纵观现今绝大多数的学生发展指导,都是从学生已暴露的问题出发而开展。因此,批评教育在学生发展指导的过程中,往往起的是先锋作用。唯有批评教育的旗开得胜,才有发展指导的行之有效。只有批评教育有效果,学生愿意接受批评,接下来的指导才会深入人心,才会让学生朝着健康和谐的方向发展。从这个方面说,批评教育的成败决定学生发展指导的成效。

批评教育的终极目标,应该是促进学生的终身发展,即与学生发展指导的方向一致,可以说,延拓了学生发展指导的内涵。

二、发展指导指引批评教育

在以往的教育过程中,批评教育并不完美,存在许多内在的局限性,批评的泛化是其中之一。所谓批评的泛化,指的是在批评中没有针对具体错误,而是有意无意地加以扩大、发挥,从而引发批评者的抵触情绪,影响批评效果。

比如,老师在批评学生时,有时会把学生课堂的违纪行为上升为"违反校纪",会把对老师的"反批评"上升为"轻视教育者"乃至"蓄意对抗",更有甚者,热衷"新账"、"老账"一起算。本来可能是学生发展中常见的一些非严重问题,经过批评者的情绪放大,被批评者的抵触情绪也骤然增加,导致批评教育朝着非理性方向发展。

批评教育不是为了发泄教师对学生的不满,不是为了伤害学生的自尊,更不是为了侮辱学生的人格,而是为了使学生意识到自己的错误和不足所在,明确今后努力的方向。为此,我们应当倡导那种善意的、建设性的、激励性的批评,禁绝那些恶意的、破坏性的、羞辱性的批评。[①]

如果我们牢牢记住,我们所有的教育,目的是为了促进学生的终身发展,那么我们的批评教育就会就事论事,对事不对人,我们的批评教育就会着眼于学生的发展选择性批评,我们的批评将会少一些负能量,多一些正能量。

---

① 石义堂.从滥用到缺席——批评在教育中的困境[J].当代教育论坛,2005(01).

批评教育的另一顽症是,批评者不自觉地过多使用批评,而本应该是重点的教育却一笔带过。这不但会让学生自我发展的天性受到抑制,也会使其逐步丧失积极参与教育过程的主观能动性。受制于各种"纪律"、"规范"的学生不仅发展被动,创新能力也会消失殆尽。有了学生发展指导这个明灯,我们在批评教育的实施过程中,会审时度势,有的放矢,对事关学生发展的关键问题给予恰当的批评,而对一些不涉及学生发展的问题,抱着宽容的心态,等待学生自己纠错。

批评教育的另外一个局限性是有批评而无引导,导致被批评者困惑、无奈。我们都知道,批评只是教育的手段之一,而并非教育目的。但现实是,批评教育中,重手段而轻目的的行为并不少见。例如,我们经常会批评学生贪玩,不抓紧时间学习,导致学习成绩上升缓慢或者停滞不前甚至下降。

事实上,学生也知道这个问题所在,但是不知道怎么去抓紧时间,或者是控制不住自己,导致时间管理混乱。因此,学生每次听老师批评,都是心悦诚服,老师也颇感欣慰,但批评过后,又是我行我素,依旧让老师生气纠结。可见批评而无引导,只能解一时之渴,而非长久之计。

一般的批评,批评者可以不为被批评者是否接受和改进负责。但是,教师的批评是为了达到教育学生、促进学生成长的目的。学生所犯错误大多属于无知,并非自觉行为。教育者在对其批评中,不仅应指出不当行为或问题所在,还要指明正确方向,甚至提供合适的方法,或者有益的启示,使得被批评者能心领神会地接受并改正。例如关于学生不抓紧时间学习的批评,如果我们能辅以时间管理的讲座指导,引导学生制定学习计划,适时督促,那么批评的效果会好很多。为学生改善心智模式指明方向,为学生调节自己的行为提供帮助,这正是指导的职责所在。可以说,学生发展指导为困境中的批评教育指明了方向。

批评教育重在教育,批评教育的终极目标是引导学生走向正确,那么学生发展指导无疑是批评教育的指明灯,指引批评教育朝着正确的方向前行。

第三节　批评教育的缺憾与困境

一、批评教育的理论缺憾

对于批评教育这种传统的教育方式,国内外很多学者及广大教育工作者都有过不同程度的研究。

教育心理学认为,教师正确的评价,恰当的表扬与批评,都是激励学生进步的重要手段。从人的发展历程和教育实践来看,批评具有独特的价值和功能,它对人的发展所起的促进作用,是表扬所不能代替的。杨源在《批评——一种不可缺少的教育手段》中强调,没有批评的教育是不完全的教育,是危险的教育。基于现阶段学生心理承受能力差的情况,良好的批评教育可以及时引导学生,促使学生心理健康成长。

一些研究者对批评教育的策略、方法与技巧进行了研究。廖福英总结了自己几十年的教育工作经验。她在《如何让忠言不再逆耳》中提出提醒式批评、抑扬式批评、触动式批评。她认为,用间接的批评方式,旁敲侧击,给犯错的学生以信息提示,才能达到批评教育的效果。崔昌玉认为,营造特有的氛围进行批评教育,可以取得良好的育人效果。他在《老师,你会批评吗》一文中提出要营造"沉默"氛围,包括营造期望、自我否定、激将、谴责等氛围。这种氛围批评的方式是情境教学的一种衍生,是通过学生自我反省与思考而得到的一种自我批评的方式。李祥东在《学校批评教育的"六要""六防"》中指出教育者应该使批评这种负强化的副作用减少到最低限度,侧重对学生心理的把握,表现出以学生为本的批评教育理念。

另有一些教育专家对批评教育所产生的心理反应进行了研究。宋雁秋在《浅议批评教育中常见的不良心理反应与有效对策》中强调了六个常见的不良心理反应:①定式思维效应。教师不依据实际情况,根据过去的经验感受来做判断;②罗密欧与朱丽叶效应。这一条主要针对学生情感方面,在学生男女之间一旦发现交往的情况,教师就出面干预,导致学生心理的厌烦;③投射效应。往届学生所发生的错误,被部分教师错误的映射在新一届的学生身上;④标签效应。平常表现不是很好的学生,被教师贴上了"否定标签",挫伤了他们的积极性;⑤超限效应。过分的唠叨,在心理学上是一种重复刺激,能够使学生产生"自我保护"的心理,即不愿再接受批评;⑥马太效应,好学生永远会享受好的待遇,差学生永远都是差学生,这种不合理待遇使得学生身心受到严重打击,伤害了他们的自尊心。

还有些研究者把批评教育与赏识教育、感恩教育、养成教育进行对比分析。他们认为这四种教育的最终目标都是为了素质教育的实现。它们是你中有我,我中有你。批评教育与赏识教育乍一看,教育手段完全相反,实际上是相辅相成的,因为"没有惩罚的教育是不完整的教育";感恩教育实则为理解教育,学生、家长、社会对于批评多了一份理解才会少份责难,真正理解"打是亲,骂是爱";批评教育其实可以承担养成教育过程中的一个手段,因为习惯的养成和维持单单靠个人是难以达成的,所以外力是不可或缺的,同时理解养成教育的重要性才会更加慎重、巧妙地采取批评教育。他们认为只有把四者有机地融为一体,合理地选取有效的教育手段,才能真正促进学生的全面发展。

曹三及在其论文《中学教师批评教育口语调查研究》中指出,陈旧的师生观的影响、伦理观念上的误区、由应试教育的影响而形成的教学成绩压力、心理压力、工作压力和生活压力,以及教师良好的个性修养和教育经验的缺乏,是造成教师在批评教育学生过程中运用消极语言的主要原因和根源。要改变现状,首先,从教师主观素养方面,加强思想水平、角色意识、文化修养和语言修养的提高;其次,从教师对教育对象——学生的正确对待的基础上,进行恰当的口头批评教育;最后,从客观监督方面而言,要依法执教,推行“教育禁语”学校制度,同时呼吁社会为教师执教创设良好的教育环境。

王潭秋在其论文《班级管理中“批评教育”缺失的研究——以四川康定 M 中学为例》中,详细分析学生管理中批评教育存在忌用以及不会用的现象的背后原因。陈述了个案学校通过实施“德育银行”、“学生成长批评管理档案袋”、“学生自我批评教育评价量表”等措施,提高了批评教育管理的能力,改善了学校文化氛围,促进了学生的健康成长的过程。他认为,批评教育的政策、条例过于抽象,没有具体的实施尺度,缺乏操作性,难以发挥应有的作用;另一方面缺少实施的社会环境,教师自身的修养与批评教育的技艺也有待提高。他认为,在今后的改革发展中,必须修订学校批评教育管理的政策法规;加强社会舆论引导;规范、提高学校使用批评教育手段的水平。

当前,教育者对于批评教育的理解,基本集中于一个问题层面:该不该批评与怎样批评的问题。研究者大多为一线教师,研究成果也多聚焦于批评教育的基本策略、方法与技巧的经验总结,各说各的理,各出各的招,并不是十分完善,存在许多局限性。

在学校范畴内,如何指导教师系统认识批评教育的内涵、如何在学生中开展批评教育常识的学习以及如何形成完整的校本德育课程方面还是空白。当前在教育转型背景和学生发展指导视野下,批评教育的进一步研究并没有最新成果。

二、批评教育的实践困境

当前社会正处转型期,社会矛盾层出不穷。校园也不再是一片净土,强大的媒体舆论和日益严苛的教育环境让现在的教育工作者倍感压力。作为教育的重要一环,批评教育曾经是教师让学生“听话”的尚方宝剑,现如今却在社会发展中遭遇实践困境。

1. 批评教育缺乏政策界定

以往在各类教育制度中，对批评教育的概述阐述比较模糊，现如今教育部印发的《中小学班主任工作规定》中规定也不明确，没有具体措施可以操作，实际发挥的作用很小。教育法规对教师批评教育的权力保障不给力，让老师们心存忌惮。教师对"适当"理解不一，唯恐把握不好分寸，造成严重后果，学校领导将学生的安全放在首位，当然不敢冒风险，鼓励教师批评教育之风日趋衰弱，有时甚至会劝诫老师少用批评教育，多用赏识教育。由于缺乏制度引领，批评教育的开展更多凭借着部分教师的智慧和胆识在进行。

2. 教师对批评教育的忌惮

马卡连柯曾指出，在必须批评的情况下，批评不仅是一种权力，而且是一种义务。曾经学生们对教师相当尊重，不要说批评，就是体罚，学生也会明事理，记得老师的好。对教师的批评，不说有则改之无则加勉，起码不会心存怨恨，伺机报复。

如今，因为批评学生而遭到学生伤害的教师受害案层出不穷，教育者心生忌惮，日益心寒。过去针对学生的不良行为、错误想法等进行批评指正的批评教育如今却被老师们慢慢"放弃"。教师不敢实施批评教育。他们怕学生的伤害，他们怕家长的责难，他们怕领导的怪罪，他们怕社会舆论的施压，他们怕最后丢了饭碗……总之，就像被施了紧箍咒，一想到批评教育会带来这么多问题，想想还是算了。

同时，如今的教师也不会实施批评教育。面对日新月异的教育环境，还沉浸在以往教育经验中的教师依然不少，他们的潜意识还认为，学生就应该听教师的，不管有理还是没理。因此他们不会去研究如何提高批评的艺术，批评方式单一，只重结果，却忽视学生内心的变化，批评效果不佳。另外，一些教师缺乏批评教育的技巧。他们没有认识到，时代在变，人心在变，学生的观念也在变化，如果批评教育的技巧不与时俱进，很容易与学生产生隔阂，严重影响批评教育的成效。受高考指挥棒的影响，现在应试教育的气氛还是相当浓厚的。这让一些教师对学生学习方面的批评教育较多，而与品德相关的批评教育较少，从而造成批评教育的失当。

如今的教师更不愿实施批评教育。一部分教师始终认为赏识教育才是素质教育，批评教育不是主流，因此不愿实施批评教育。而另外一些教师认为自己只要教好书，批评教育应该是班主任的事情，因而不愿实施批评教育。还有一部分教师虽然与学生关系紧张，却怀揣"明哲保身"的想法，不太管学生甚至讨好学生以保证大家和平共处，这样可以使学生在"学生评教"中不至于给自己打个低分。教育过程中缺乏教师的"逆耳忠言",这样的教育真的有点病态。

3. 学生对批评教育的误解

批评教育的目的是帮助学生改正错误,健康成长。但显然不是所有学生都这么认为。如果没有良好的师生关系做依托,批评教育往往会被视为不尊重学生,或故意刁难学生,甚至会被误读为纯属找学生出气。有的学生屡次接受批评教育,但对老师的劝说置若罔闻,毫不在乎,有的学生对老师的批评教育极为不满,采取种种办法去应付老师的批评教育。当代社会学生维权意识很强,他们有的采取向校领导反映,打举报电话等方式去维护自身的权益。有的会向父母讲述自己的被批评后的心情,言语中希望父母能对老师施加压力。更有甚者,会采取极端的手段,使老师受到伤害。学生对批评教育的误读,一定程度上加大了批评教育实施的难度。

4. 家长对批评教育的不解

受应试教育的影响,部分家长所接受的教师对其孩子的批评教育,仅限于学习方面的批评教育。他们认为只要管住学生的学习,其他方面无关紧要。再者,现在家里都是独生子女,部分父母平日对孩子较为骄纵,不仅不希望教师进行批评教育,而且还会利用各种方式帮助孩子逃避批评教育,更有甚者会投诉教师,比如向校长、上级部门写信等,其结果会直接影响孩子一辈子做人的道德品质。

5. 舆论对批评教育的严苛

现如今社会各界要求教师要尊重学生,维护学生权利,这本无可厚非。但过于苛刻的教育环境,让"尊重学生"变成"讨好学生"。教师的教育自主权受到各种因素的侵蚀,而其中媒体的推波助澜起到了一定的作用。只要遇到教师批评学生的事件被曝光,教师往往就会站上"被告席","孩子是无辜的"、"上帝都会原谅孩子犯错"这些为学生开脱的词不时出现,而教师往往被扣上"不尊重学生"、"师德有问题"等帽子,更有无良媒体看到这样的资讯就兴奋,迫不及待"包装一番",不惜贬低教师人格,吸引大众眼球。

媒体特别是网络媒体渐渐远离了职业操守,喜欢捕风捉影,善于炒作。对教育,指责多了,理解包容少了,把什么不良事情都往教师头上套。经过网络的放大效应,许多小事都被夸张成大事,本来容易解决的问题,经过曝光,处理难度陡增。有些负面新闻的累积效应,混淆了是非判断能力差的学生的判断,进一步加剧了批评教育实施的难度。

批评教育面临的困境的确不少,但渴望突破批评教育困境的教育工作者鼓足勇气,在学生发展指导的引领下,积极探索,力争让批评教育在新的历史时期里绽放出新的光芒。

第二章　审视批评教育的价值

批评教育的核心是教育。批评教育的目的不是责难、压抑学生,而是引导、发现,是关怀,是提升学生的自我教育能力,进而促进学生不断成长。学生成长的过程中应该包含了教育者对学生的批评以及自身的自我批评,没有批评的教育,是不全面的教育,或者说是一种缺失的教育。批评只是教育的手段,学生的成长离不开批评,不能试想一个学生是可以离开批评健康成长的,这是由学生的成长规律决定的。

批评教育是中国传统教育的重要组成部分,其作用与价值得到了充分肯定,并且得到了很好的传承。在今天社会里,需要重新认识批评教育的价值,以学生发展指导的眼光审视批评教育。

第一节　批评教育的概述

批评教育有别于一般意义上的批评,了解批评教育的含义与内容,对于实施批评教育是非常重要的。批评教育在今天社会转型时期有其存在的合理价值,尤其对于成长中的学生有着重要的积极作用。

一、批评教育的基本含义

批评教育是一种教育活动,批评是教育活动中的对话与话语形态,二者既有联系又有区别。教师要明确批评教育的内容与价值,社会教育相关者也有必要了解批评教育。

1. 批评的含义

在《现代汉语词典》中"批评"有两层含义:一是评论、判断,对事物加以分析比较,评定它的是非优劣;二是对缺点和错误提出意见。第一层含义是所谓动词意义上的批评,它是一个分析、判断的过程。第二层含义则是所谓名词意义上的批评,指提出的缺点与错误,是上述分析、判断过程的结果。

"批评"是一个关系性范畴,体现着批评者与批评对象之间的某种互动关系,也是一种对话和话语形态,既表达着批评者的观点与愿望,也展露着批评者的态度与立场,更体现着批评者的利益诉求。

2. 批评教育的基本含义

学校教育中的批评是指学校实施教育尤其是德育的一种方法,是对学生不良行为或思想品德所做的评价,帮助学生认识自身某些思想品质和道德行为上的缺点错误,使其克服纠正,最终彻底消除这些思想和行为,在此基础上形成自我认识、自我教育、自我提高的能力。围绕批评并在教育思想指导下所开展的这一教育活动,我们可以称之为批评教育。

批评教育的核心是教育,是对某人的缺点或错误提出意见和建议的一种教育,批评是教育的手段之一。它是对人不当行为的否定表达,是教育应尽的职责,它可以是一种希望、一种关注、一种要求、一种尊重、一种肯定、一种信任。它是教育人承认自己的过失并对过失承担起相应的责任,其方法则是以尊重的态度唤醒有过失者的自觉意识,使之完善自己的品德,发展自己的才智,靠自己的力量战胜自己。

教育是培养新生一代准备从事社会生活的整个过程,也是人类社会生产经验得以继承发扬的关键环节,是学校对适龄儿童、少年、青年进行培养的过程。广义上讲,凡是增进人们的知识和技能、影响人们的思想品德的活动,都是教育。教育是个体自我设计、自我选择、自我构建、自我评价的过程,是个体自我能力的发展。"教育是帮助被教育的人给他能发展自己的能力,完成他的人格,于人类文化上能尽一分子的责任,不是把被教育的人造成一种特别器具。"[①]

总之,教育的本质属性,即教育是一种影响,一种积极影响,一种对人类认识和改造客观世界及自身的积极影响。教育的最终目的是达到教是为了不教,即教会其自我反思自我管理的生存和发展的能力。批评教育是完成这一目的的一个重要途径。

3. 批评教育的内容

在今天的学校,教师对学生的批评成为了一个"问题":教师不敢批评学生,学生也

---

① 蔡元培. 蔡元培全集·第四卷[M]. 北京:中华书局,1984.

不愿意接受批评,家长对教师批评自己的孩子也不是很理解。甚至有一些学生一点也经不得批评,一遇批评就会情绪激动,严重地排斥,甚至还要反抗,采取极端的行为。教师也很抱屈,许多善意的教育批评得不到理解,社会、家长、学生常常挑战教师的批评内容、行为与方式。

这里,我们首先应该对学生思想行为要拥有一个正确的"错误观"。在《现代汉语词典》中,对错误的解释有两种:第一,不正确、客观实际不符合;第二,不正确的事务、行为等。在英文中,"mistake"和"error"都可以表示错误。有研究者指出,"mistake"是指学生可以自我更正的暂时性的问题,"error"一般被看作是学生能力水平的反映,是学生能力水平的不足造成的。与错误概念相类似的词分别是"缺点"与"不足","错误"、"缺点"、"不足"之间存在着密切的联系,但三者并不能直接等同。"错误"是就事物的性质而言,跟"正确"相对,"缺点"是就事物中有缺陷的地方而言,形容事物的不完整状态,跟"优点"相对,"不足"也是指欠缺的地方。"缺点"与"不足"都能导致错误,但是本身并不等于错误。我们要批评的是不当的思想行为,而不是本身能力的缺陷。

不是所有的"错误"都必须严加批评,不是所有的不当行为都必须在当下解决,我们有时候需要一定的容忍,所以实施批评教育不能错误泛化,将错误和错误性质及其根源"一视同仁",否则很难收到良好的教育效果。

其次,开展批评教育要尊重学生人格。教育家马卡连柯说过:"确定整个批评制度的基本原则,就是要尽可能地尊重一个人,也要尽可能多地要求他。"[1]尊重人格,不忽视不当行为,两者区分,批评教育才有效果。

《颜渊篇》载樊迟问"修慝",孔子回答说:"攻其恶,无攻人之恶,非修慝与?"——指责过错,不要指责人有过错。意思是说要把过错和犯过错的人分开,可以指责过错的危害,但不要指责对方有这种过错。危害是那种过错造成的,不是那个人造成的。有许多学生不接受教师批评教育是由我们的不当错误观造成的,教师将错误的行为与人混为一谈,这极大地影响了教育的效果,有的还造成负面影响,甚至是伤害。

所以批评教育的对象强调的是批评的内容,是学生身上存在的缺点,而不是具体的某个人,重点应放在尊重和唤醒学生的主体意识,注重个体生命生长、生命本体的活跃,强调尊重、关心、理解与信任每一个学生。

---

[1] 马卡连柯.马卡连柯教育名篇[M].桂林:漓江出版社,2011.

4. 批评教育实施者

教师拥有对学生进行批评教育的权利，早在《教育法》、《义务教育法》中就有规定。行使批评的权利是教师的权利和义务，这是毋庸置疑的。

行使"批评"权利也是教师责任和义务的需要，是由教师的天职决定的，不能因为舆论对某某教师体罚学生的行为"拍了砖"，而放弃批评教育学生的权利与自己的责任义务。《教师法》明确规定，教师应当制止有害于学生的行为或者其他侵犯学生合法权益的行为，批评和抵制有害于学生健康成长的现象。对教师来说，批评学生的权利本就是教育教学活动的必然构成部分，面对学生的错误，不进行批评教育，是教师的失职。可谓"教不严，师之惰"。

需要强调的是，"批评"本身从来是正确的，不正确的只有"批评方式"。教师在自觉履行"批评"的责任时，无须担心批评带来的舆论压力，需要注意的只是如何选择合法合情的方式去有效地批评和教育学生。

在中小学教育中，确实存在着一些以批评教育为名，行体罚伤害之实的现象。传统教育的"师徒如父子"、"严师出高徒"观念，使教师面对学生的时候，具有无上的权威，教师以棍棒、戒尺、罚站等方式惩戒学生，也被视为天经地义。这些教育方式在当代也偶有体现，但现在更常见的是，以尊重学生人格、维护学生权利的名义，把教师视为学生的保姆而非传道授业解惑的教育者，以至于教师不敢批评学生，班主任不再像以前那样理直气壮地教育学生了。表扬多了，批评少了，有时甚至没有批评了。针对学生错误的行为习惯，班主任也不敢直言批评，断然制止，出现放任自流的倾向。

家长在孩子成长中具有其他人员不可替代的重要作用，家长是孩子的第一任老师，家长是决定孩子健康成长的"第一资源"，是孩子的榜样。同时，家长承担培养教育孩子健康成长的责任与义务，对孩子也总是寄予很高的期望，也会经常批评孩子。如果家长不懂得批评教育，就可能达不到批评的效果。现在的情况是，许多的家长不会批评孩子，甚至粗暴地对待孩子，这对孩子的健康成长是十分不利的。家长要有正确的教育观，懂得批评教育，通过适当的时机与方式对孩子进行"批评常识"教育，让孩子对"批评"有一个积极的态度和科学的理解。

批评教育的实施者，除了教师和家长外，整个社会成员在一定环境中也都具有批评教育的责任与义务。

5. 批评教育的价值

敢于批评他人，让人有所进步，既要富有艺术性，又要有责任感。敢于批评他人是有判断力的表现,敢于批评,是有爱心的真诚的表现,马卡连柯的"尽量多地要求一个人,也尽可能地尊重一个人",说的就是这个意思。

《论语》中记载着一件事:孔子有一天问询几个弟子的志向。子路对曰:"千乘之国,由也为之,比及三年,可使有勇,且知方也。"冉求对曰:"方六七十,如五六十,求也为之,比及三年,可使足民,如其礼乐,以俟君子。"公西赤对曰:"宗庙之事,如会同,端章甫,愿为小相焉。"曾点对曰:"莫春者,春服既成,冠者五六人,童子六七人,浴呼沂,风乎舞雩,咏而归。"孔夫子听罢,对几个弟子的回答分别作了点评:"为国以礼,其言不让,是故哂之。""唯求则非邦也与?安见方六七十如五六十而则非邦也者?""宗庙会同,非诸侯而何,赤也为之小,孰能为之大?"面对曾点,孔子则是"吾与点也。"①

不同学生有不同的追求,这里展现的是孔子与弟子们用智慧和心灵构建起的一副师生相长,其乐融融的境界。既有循循善诱,仁爱宽厚,也有沁人心脾的批评,被批评也如沐春风。它让我们看到的是批评中的关怀,批评中的获得与给予。孔子给予学生的点拨,是一种批评,也是一种关爱,一种责任。从这个意义上说,批评他人与爱他人具有同样价值和意义,对于个人的进步,乃至整个社会文明的进步,社会的和谐都是不可或缺的。智者如此,《皇帝的新装》中的小孩不是一样的吗?

批评是人类伟大的发明,批评的权利不是专制权利或上天恩赐的,是人类文明推进的锐器。丧失批评,文明必然趋于停滞,没有批评,艺术必然走向奴役,精神必然走向衰亡,没有对批评的批评就不会产生真正意义上的批评。因此,在一定意义上说,人类文明史几乎就是批评史。换句话说,一个人的成长也必然是一部被批评史。无论是文学的,政治的,历史的,文化的都可以诠释这一切。

应该承担教育责任的人远远不只是教师,学生、家长、社会乃至任何一个公民都是教育的责任人。批评教育是整个社会的责任与义务,只是目前教育的其他责任人普遍缺席罢了。虽然本文中批评教育主要阐释高中学校的批评教育,但需要明确的是社会和家庭对批评教育的认识是不可或缺的教育链接和重要组成部分。

二、批评教育的合理存在

当学生成长中出现一些与社会价值要求相脱离的行为的时候,教育者会采用教育手段指出学生缺点,引导学生纠正错误,提高认识,增强自身教育能力。批评的产生是

---

① 金知明.论语精读[M].上海:学林出版社,2007.

教育目标的要求,是教育者责任感的体现,是学生发展阶段教育者针对其特征而施加教育影响的必然产物。

学生的生理心理发展阶段决定了他们有许多突出的阶段特点。从年龄上来看,高中阶段正是学生从幼稚走向成熟的时期,也是对自己的定位与对社会认识模糊的时候。生理上的成熟与心理上的不成熟构成了矛盾,使他们在成熟与幼稚之间徘徊,叛逆性极强。当面对社会规范的要求或师长的价值观教育时,他们会表现出明显的不适应与反感倾向。他们认为自己已经成熟了,已经懂事了,不希望大人还把他们当孩子一样看待,也不想受到来自社会、家庭和学校的各项规章的约束。因此,师生之间常常会出现许多冲突。其实他们希望得到社会认可,希望得到家长和老师尊重的心理我们是可以理解的,但是我们在尊重他们的意见的同时,也应该看清楚他们个性特征的另一面,就是不成熟的一面。在错误面前,他们往往会希望我们把他们当孩子一样来呵护和宠爱。在这时,你会看到他们很不成熟的一面,包括基本的尚未完全形成的是非观,是处在这个年龄阶段的孩子所反映出来的特殊特征。这个阶段是他们人生观、价值观形成的最关键时期,在学生的发育成长过程中是不可跳跃的,这时期与之接触最多的教师,是面对他们这种叛逆性心理的直接对象。

社会快速发展的影响在某种程度上加深了这些特征与不成熟。在今天多元的社会背景下,来自各方面的社会诱惑越来越多,传统的价值观正在受到前所未有的挑战,新的价值观又尚未成型。我们的学校教育目前面临一个多元价值冲击,学生个人的主体意识不断得到觉醒,网络为载体的大众文化的个性化表达与民主的意识增强,决定了这是一个彰显个性的时代,主体意识得到增强的时代,一个尊重人的自由选择和权利的时代,同样也是每个人对于自己的错误不容易接受的时代。这一特点在今天有它的社会群体性特征,自我意识外显,个体独立要求强烈,强大的自我膨胀倾向,这在学生身上同样表达得淋漓尽致。这一特性带有时代性与普遍性,今天的批评发生与批评内容的展示与以往时代相比,可以说比以往任何一个时候都来得艰难。

社会性人口结构特征也决定了学生家庭背景的独生子女心理复杂性。现在中国家庭对孩子的过分关注,造成这些孩子性格成长过程中不可忽视的弱点:其一,他们都表现出强烈的自我意识,凡事都是以"我"为中心,容易忽视周围他人的感受和对他人所造成的影响;其二,不会关心、帮助和理解他人,团队精神和集体主义精神比较淡薄;其三,感恩之心欠缺,对自己的父母、老师以及社会给予自己的关心与帮助都视为理所当然,视接受关爱为应该之事,不会感恩,也不知回报;其四,劳动观念较差,长期以来在家庭中有父母为之安排好一切的习惯，使他们缺乏劳动意识。

上述学生的显著特点具有明显时代特点与社会转型时期烙印，又有学生个体行为差异特征。学生身上存在的问题使学校教育难度增加，现有规章制度难以适应当今市场经济环境下成长起来的学生发展要求，学校批评教育水平受到挑战，教师对学生"说而不服"现象增多，社会"高度期望、过度保护"正成为一种教育通病。"无论是学校还是家庭，惩戒教育严重缺位。在专家们看来，如果教育是一枚硬币，奖励和惩戒应是它的两面。如今，很多家长更接受西式教育主张奖励、赞赏的理念，主张让孩子自己去体验、接受——太过宽容的教育，使其惩戒功能丧失殆尽。'就像教孩子过马路，首先要明确红灯停绿灯行的规则，警示不遵守规则而导致的严重后果。而不是任由孩子去体验。'芮仁杰甚至有些悲观，我们可能需要付出一代人的代价，才能察觉如今的'宽松'教育可能带来的问题。"①

虽然惩戒教育与批评教育是不完全相同的概念，但是学生成长过程中必要的批评教育将是不可或缺乃至十分重要的，过去教育家的教育思想与现行教育思潮在这一观点上有着一致的认识。正如夸美纽斯所说："我们可以从一个无可争辩的话题开始，就是犯了过错的人应当受到惩罚。但是他们之所以受到惩罚（因为做了事不能变成没有做），是要使他们日后不去再犯。"②

三、批评教育的积极意义

批评是教育的应有之义。没有批评的教育，是不完全的教育。没有批评的教育，是不合格的教育，不科学的教育。不会批评的教育，是低效、无效的教育。

1. 传递正确的教育观念

批评是很有价值的一种教育方法。教育心理学认为，教师正确的评价，恰当地动用表扬与批评，是激励学生进步的重要手段之一。从人的发展历程和教育实践来看，批评具有独特的价值和功能，它对人的发展所起的促进作用，是表扬所不能代替的。同时批评教育有利于学生健康成长，可以弥补家庭教育的不足，肃清社会环境的不良影响。通过实施批评教育，促使教师纠正不愿意学生犯错误，甚至畏惧学生犯错误的想法，改变急功近利的批评教育方式。

---

① "过度保护"成为教育通病[N]. 文汇报，2013－6－7.
② 夸美纽斯. 大教学论[M]. 傅任敢，译. 北京：教育科学出版社，1999.

2. 引导师生全面理解教育

长期以来,我们过分强调批评的教育功能,缺乏对学生的尊重,赏识教育等基本被排除在外。现在则是在尊重学生的教育过程中,走进了另一个误区,或者说是极端,就是"重表扬轻批评",甚至出现了所谓的"无批评教育"。

开展批评教育的目的就是要从根本上帮助学生确立正确的"批评观"。学生懂得了批评的"学问",了解批评的"常识",就自然会理解批评,进而接受批评。让学生理解批评的责任主要由学校与教师承担。如果学校不告诉学生什么是批评,不告诉学生批评的意义价值,不告诉学生批评在人生成长与发展中的价值,或者说如果没有人告诉学生批评的正面积极的社会意义,那么,学生就不可能正确地理解批评,也就不可能正确地面对批评。学生排斥批评,与批评对立,甚至反抗批评,在遇到批评以后采取极端行为,根本原因就在于他们根本不懂批评,不理解批评。

批评教育是一种科学的方法与途径,为提高学生的素质打开了一个新领域。一个有胸怀有品质的人应该理解批评,乐意接受批评。这一过程是不断提高教师和学生学会理性思考的过程,也是不断健全学生心理的过程,是他们学会控制自己,调适自己,修正自己的过程。

3. 提高教师的教育水平

教育是一门艺术,批评教育更要讲究艺术。身为教师,教育学生时不可避免地要运用批评教育,让批评教育之花结出美丽的果实,关键在于教师要懂得尊重学生,把握分寸,注意批评的方式、方法,善用批评教育这门艺术。在探索批评教育的过程中,不断提高批评教育的艺术性,让批评教育充满人文关怀,帮助学生自觉认识和改正自己的错误,更好地实现批评教育的理想目的。陶行知先生"四个糖果的故事"就是一个很好的例子。

陶行知先生看到一名男生拿起砖头要砸同学,立即上前制止,并责令男生到他的办公室。等他来到办公室,那名男生已经到了。他掏出一块糖递给男生:"这是奖励你的,因为你比我早到了。"接着又掏出一块糖递给男生:"这也是奖励你的,因为我不让你打同学,你马上就住手了,说明你很尊重我。"男生将信将疑地接过来。老师接着又说:"据我了解,你要打的同学在这之前欺负了女生,说明你很有正义感。"随即掏出第三块糖奖励他。这时男生哭了:"老师,我错了,同学再不对,我也不能拿砖头砸他啊。"老师又拿出第四块糖说:"你已经知错,再奖励你一次。我的糖送完了,我们的谈话也该结束了。"

第二节　与时俱进的批评教育

教育需要与时俱进,教育转型发展中需要批评教育的重新认识与提高。批评教育的本质是为了让学生在自己的成长道路上拥有自我纠错与自我教育能力。实施批评教育的过程,是完善学生人格,也是不断提升教师教育智慧的过程。

一、基于立德树人的高度

十八大报告指出:"要努力办好人民满意的教育。教育是民族振兴和社会进步的基石。要坚持教育优先发展,全面贯彻党的教育方针,坚持教育为社会主义现代化建设服务、为人民服务,把立德树人作为教育的根本任务,培养德智体美全面发展的社会主义建设者和接班人。"

《国家教育改革和发展中长期规划纲要(2010—2020年)》确定把实施素质教育作为今后一个时期教育改革和发展的根本任务。为学生终身发展奠基,是学校教育的首要任务。加强和改进未成年人思想道德建设,善用批评教育,对于引导学生树立正确的世界观、人生观、价值观和社会主义荣辱观,培养学生健全、独立的人格,促使学生全面协调健康发展,具有重要教育指导意义。

批评教育在高中学生成长道路上有不可替代的作用。通过批评教育,完善高中学生人格,引导学生树立正确的世界观、人生观、价值观,是我们贯彻的教育方针在学校教育领域的具体落实。坚持育人为本、德育为先,实施素质教育,培养德智体美全面发展的社会主义建设者和接班人。

教育是教育者与受教育者之间的情感交流活动,是双方的对话与精神相遇的活动。对话是核心价值形成的基础,价值观不能依靠强制灌输的方法强迫别人接受认同。同样,批评也只有在对话的氛围环境中,打破自己封闭的框框,听取别人的意见。当我们批评他人的时候,我们自己也会时刻处于别人对我的审视、监督、批评之下,因为"人非圣贤,孰能无过"。

社会新形势下批评对象了解批评权利,批评角色的互换以及承担的教育责任,是促进教师不断发展的有力助推。我们教育者要充分做好准备,因为让自己成为一个批评者的同时,也时刻会成为被批评者。

成为一个被批评者是一种压力,也是一种督促,更是一种自我提高,它帮助教师更深刻地理解批评教育。当我们自己理解接受批评的同时，很欣然地接受他人对我们自己的批评，并不断修正、检讨自己，使自己心胸开阔。

通过批评角色主动被动的互换，教师在批评与被批评的过程中，自身不断得到考验，自我淬炼，加深对教育的理解，提高自身的教育境界。

二、关注自我教育的能力

批评教育是高中学生自我教育发展的需要。高中教育是学生世界观、人生观、价值观形成以及创新能力、实践能力发展的重要阶段，是学生自我意识强烈萌发的阶段。教师作为学生成长发展培养的引路人，就是"为了每一个学生的终身发展"，为学生成长、成人、成功提供知识和能力准备。通过教师的引导与批评教育常识介绍，引导学生正确理解批评教育，在理解中学会自我教育，提高自我认识能力，这应是高中教育的重要内容，也是学生成长的现实需要。教育的目的应该是养成一个能够自治的人，批评教育的目的正是如此。

《论语》中就有孔子批评学生的记载。宰予白天睡觉，孔子批评他"朽木不可雕也"，宰予后来却成了孔子的高徒。从批评到成才，它有一个过程，这其中就是自我意识的觉醒。法国作家都德的小说《最后一课》中的小弗郎士不也是在韩麦尔先生真诚的批评声中逐渐懂事而走向成熟的吗？那是一个起点，自我觉醒的开始。

"四颗糖果的故事"，人们关注的是故事中蕴含的教育智慧，但是这样的智慧是为了学生自我教育的发生而做的，而不是仅仅让我们看到学生的感动。学生感动的背后应该是学生理性思维的产生，自我认知的提升。一次又一次感动，只是教育的浅层次，不是教育的最终目的。正像苏联教育家苏霍姆林斯基曾说过的，"我深信，只有能够激发学生去进行自我教育的教育，才是真正的教育。"①

三、聚焦学生人格的完善

今天教育实践与教育批评言论中，常常会产生教育极端行为，出现一边倒的现象。从批评到赏识，惩罚到哄骗，激励到挫折，无不都是东风压倒西风般，一股教育思潮"独占鳌头"，不合时宜违背潮流的皆被视作背叛或落伍，批评教育也一度被视为一种陈旧的教育方式。2009年教育部颁布《中小学班主任工作规定》，明确班主任的适当批评教

① 苏霍姆林斯基.给教师的建议[M].北京：教育科学出版社，1984.

育权,从另一角度说明今天批评已经被社会和实际教育视为某种障碍,成为教育者的一种"畏途"。事实上,学生的教育,人格的完善需要多种教育思想与手段的综合作用去完成,单一的教育行为会使学生产生偏差和局限。

人的发展是全面的,教育应该是全体的、全面的、全人的。教育者对学生的表扬鼓励,对学生的批评鞭策都是教育过程中必不可少的环节。我们不能把对学生的"批评教育"与"赏识教育"对立起来,同时,也不能把挫折教育等同于批评教育。教育实践证明,正面鼓励是对孩子们进行教育主流的有效方式,对中小学生来说,成功更是成功之母。我们要对学生严格要求,不能放纵、放弃对学生缺点、错误的矫正,要针对不同的学生采用不同的方式对有错学生进行批评教育,要把"赏识教育"与"批评教育"有机地结合起来。

批评的前提和宗旨都是对学生的关爱、理解、尊重和希望,而不是伤害。倘若将批评理解为一种希望、一种关注、一种尊重、一种肯定、一种信任,那么,教师对学生的期望值越高,关注度越高,也就越希望他做得更好,对学生行为的指正——批评可能越多。对某一行为的肯定或否定,在一定程度上决定着该行为是否被重复,而批评是对学生不当行为的否定表达。如果基于批评的这种解读,我们可以得出"没有批评的教育是不完整的教育"的结论。在提倡表扬、鼓励、赏识的同时不应忽视批评教育中的积极作用。学生像幼稚的树苗,需要教师去呵护,但同样需要我们教育工作者去"修枝剪权",促使其积极向上、健康成长。如果有人质疑批评的话,那应该是"错不在批,错在无方"。

四、彰显教师的教育智慧

批评教育有成效,关键在于教师批评分寸的把握,就是要求批评方式、方法遵循学生的年龄特点和身心发展规律。不同年龄、不同层次、不同个性学生都有自己的特点,尊重学生,注重采用与学生交流沟通的独特的方式,才能因材施教。

为什么今天批评会成为一个焦点问题? 它与教师、学生、家长不理解批评、不了解批评的价值有关。学生认为这是一件丢面子的事,心理上不接受,情感上有抵触,不愿意接受批评。造成这种现象的背后还有一个很重要的原因是今天的一些教育者没有经过"批评"的训练,不会科学地使用"批评",仅仅是用自己的求学过程中耳濡目染的,同行交流的感性批评教育实践知识,用师承的不变的社会生活经验而不是教育规律去批评教育学生,结果可想而知。

"四个糖果的教育故事"中陶行知先生在与学生谈话的几个阶段设计及奖赏给王

友四颗糖果的过程中,向我们呈现了教育智慧、谈话艺术和隐含的心理学、教育学的基本原理,这其中"心理平等"、"心理赏识"、"心理诱因"、"心理强化"等内容,不是简单地批评与赏识的问题。实际上,关于"批评",作为一种常识,或者作为一门科学,作为一门艺术,我们教育者知道的实在太少了,大部分人对于"批评"的认识大概是"无师自通"的。

社会的深刻变化,教育改革的不断深化,学生成长的新情况新特点,对教师提出了严峻挑战。实施批评教育既是学生面对错误、承担责任、唤醒意识、完善人格、发展个性、战胜自我的过程,也是教师不断提高教育智慧的过程。它使我们从感性的批评教育走向对批评教育的理性思考,从天然的权利赐予到权利的应用界限思考与批评艺术提高,这本身是教师专业化的提升。

表扬是自然本能体现,而批评、批评教育是理性的再现,能够正确接收、理解、恰当地运用是理性的思考。开展批评教育实践研究活动,敢于面对,敢于挑战,敢于实践,本身是教师教育使命、责任感与教育价值理想的体现。我们要有深厚的教育理性思考,要有丰富的教育实践经验,我们清楚"一招鲜"不应该是教育者的法宝。无论是原生态的,还是模仿传授的,或是粗放的批评终究与今天素质教育要求个性化施教是有相当距离的,只有我们自身在教育实践中得到发展提高,批评教育得到认可和理解支持,教育才会得到更多尊重。

第三节　相互并行的赏识教育

高中阶段教育的目的是提升学生人格,发展能力为社会服务,因此,需要我们运用各种教育思想和教育手段指导帮助学生更好地成长,这包含了批评教育,也包含了赏识教育的运用。这两种教育方式之间并不矛盾,而是相互并行。

赏识教育尊重人性,承认差异,用发展的眼光指导学生成长,弘扬教育主体的个性发展,在当今社会具有突出的时代价值。教育是一个复杂的系统的工程,如何正确运用好赏识教育与批评教育在今天是一个重要的课题。"赏识"和"批评"就像小鸟的两翼,我们不能将它们割裂开来,孤立地偏重哪一方面,或是摒弃哪一方面。每个学生都有可以赏识的地方,自然也有可批评之处。

一、赏识教育的含义

赏识教育在今天成为教育主流思潮,除了教育价值观与传统的思想支持外,也得到心理科学研究成果的巨大支撑。人类除了最基本的生理、安全需要外，更高层次的需求就是对尊重的需求，希望得到他人的肯定和欣赏，得到社会的肯定性评价，这是人们心理的最高需要。

1. 赏识教育来源与特点

赏识教育是以赏识为手段进行的教育，它可分为广义的赏识教育和狭义的赏识教育两类。赏识教育就是发现学生优点，及时充分肯定学生，并且通过心理强化，不断培养学生的自尊心和自信心，使其不仅具有进取的信心，也能有不断进取的获取进步的动力。因而，赏识教育从本质上说就是一种激励。这里的赏识教育主要指狭义的赏识教育，即学校里教师对学生的赏识教育。

赏识教育抓住人性中最本质的需求，从渴望得到赏识、尊重、理解和爱出发，承认学生差异，允许学生失败。注重学生的优点和长处，看到学生，抓住学生的优点不放，"小题大做"，逐步形成燎原之势，唤醒每一个学生的内在激情与成功期望，正如清代教育家颜元说的，"数子十过，不如奖子一长"。人性最本质的愿望，就是希望得到人的赞赏，赏识教育是保护孩子成长的天赋，激发孩子内心的潜力，所以赏识教育是生命的教育，是爱的教育，是充满人情味、富有生命力的教育。

2. 赏识教育传统与心理学支持

教育界乃至社会各界对赏识教育的推崇，既有时代的教育特征要求，又有中国文化传统基础与心理学研究成果的支持，所以，赏识教育既是一种神奇而又大众普通的教育方法，也是一种新鲜而又传统的教育方法。赏识成为赏识教育是有发展过程的，有其传统文化的支持与传承。

中国传统书籍中很早就有"赏识"两个字，但它们是两个概念，各有各的含义。"赏"有"赏赐"、"欣赏"、"赏识"等意，"赏不加于无功。"（《韩非子·难一》）"欲取鸣琴弹，根无知音赏。"（孟浩然《夏日南亭怀辛大》）"善则赏之。"（《左传·襄公十四年》）"赏贤使能以次之。"（《荀子·王霸》）上述引文可以看到，"赏"有赏赐、奖赏、欣赏、赏识、称扬、尊重等含义。"识"是指知道和认识的东西，以及由此引发的"见识"。"赏识"两个字合二为一，则是指对人的才能或价值给予赞赏。《欧阳修传》说："奖引后进，为恐不及；赏识之下，率为闻人。"[①]这里的"赏识"是指对人的才能或价值给予赞赏。

赏识进而发展到今天的赏识教育是人们看到了赏识思想与手段对于人的个性发

---

① （元）脱脱，等.宋史·欧阳修传[M].北京：中华书局，1974.

展具有强大的激励作用。恰当的激励可以激发学生的成长动力,也吻合今天时代发展对教育的要求。当然,赏识与赏识教育还是有很大区别的。

"马斯洛需要层次理论是'赏识教育'的理论渊源。教育心理学还认为,渴望被别人信任、被重视、被看得起是学龄儿童或青少年最大的心理需求。特别是青少年正处在生理和心理的成长高峰期,他们的独立的自我意识尚未完全形成,非常在乎他人对自己的看法,特别希望能得到别人的羡慕、好感和赞扬,渴望得到老师和其他成人的尊重,肯定和赏识便成为这一年龄段的第一心理需求。"①

自尊心和自信心是人的精神支柱,是成功的先决条件,教师对学生的相信是一种巨大鼓舞力量。"罗森塔尔效应"中的期望心理说明教师给学生自信,学生就会有高成就。对学生尊重,帮助其自信心建立恰恰是赏识教育的核心价值思想。

二、赏识教育的理念

赏识教育即"赏识成功的教育"。赏识是一种理解,更是一种激励,它体现了以人为本的教育,以学生为中心的教育思想,是在承认差异、尊重差异的基础上产生的激励为主的教育方法,它帮助学生获得自信,产生自我价值认同、发展自尊动力基础,是引导学生积极走向成功的有效途径。

1. 以人为本的教育思想

赏识教育是使人将自身能力发展至极限的最好方法。教师对孩子的点滴进步能否给予充分的肯定与热情的鼓励,不仅仅是一个方法的问题,更是一个教育观念的问题。

教育改革的根本目标在于培养人,提高受教育者的素质,使之在思想道德、智力、体魄和精神生活等多方面获得健康和谐的发展,并且有广泛兴趣和丰富多彩的业余生活,成为接班人和建设者。当今社会迅猛发展,需要进一步挖掘人的潜力,人的潜力不能充分发挥的社会,必定是停滞、萎缩的社会。同样,如果教育不能使人的潜能得以充分发挥,这种教育也必定是死气沉沉的教育,是失败的教育。因此,教育改革的目标决策,要为人的主动性、积极性及潜力的发挥创造充满生机的环境和条件。教育价值强调人才的能力培养,教育改革的关键是人们对教育价值观念的转变。

很显然,赏识教育就是为了保障每一个学生的成长得到的关注和激励,这是以人

---

① 程婷.近几年来关于赏识教育的研究综述[J].辽宁教育行政学院学报,2009(7).

为本的教育理念的体现。你用什么样的眼光看待学生,就会出现什么样的学生。

2. 尊重差异宽容失败

赏识教育关注的是每一个学生,而不仅仅是一部分优秀学生,它与我们目前很多教育人员的教育思想行为有很大区别。在教育过程中,赏识教育用欣赏鼓励的态度去看待,评价受教育者的一言一行,对于落后学生也不例外。它承认差异,允许失败,符合学生生命成长的规律。它能看到的是让学生树立健康自信,鼓励发现和发挥学生的长处和潜能,使其最终走向成功。

我们习惯于用统一的标准去教育差异性很大的学生个体,用划一的教育手段对待个性差异巨大的成长中变化的学生,很多人无法用个性化的教育手段指导富有个性的学生,也不太宽容失败。赏识教育承认差异甚至欣赏差异,允许失败,哪怕孩子一千次跌倒,也坚信孩子第一千零一次地站起来,让他们能够看到自己的力量,才能挖掘自己的潜能,不断朝着既定的目标前进,满怀信心获取成功。因此说赏识教育也是爱的教育。

3. 激发自我赏识

赏识教育的归宿是学生自我的赏识与自我教育能力的树立,也就是苏霍姆林斯基所说的"自我教育的教育,才是真正的教育"。从这个角度来说,自我教育是一个人在道德修养上的自觉能动性表现,自信是健康心理的重要标志。悦纳自我,对自己赏识是自信的基础。自我赏识,也是一种自我觉醒,自我教育,体现了主动的意识。具有自我赏识,旨在鼓励人们永远不要停止在一个水平上,要不断地学习,不断地实践,不断地前进。

今天赏识教育中我们比较多地关注他人赏识,忽略对自身赏识的意识树立。关注他人的赏识,将希望完全寄托于他人的评价上,而忽略了本体自身的自我欣赏与自我教育能力的发展,对学生自信的培养是不利的。引发自身赏识,看到自己的价值,可以为个体的人格健全和素质发展增添可持续发展的后劲。自我赏识发展,从实质上说,是人格的健全和素质的发展完善。赏识教育是人性的教育,是成功的教育,也是一种自我教育。赏识教育的根本归宿在于引导学生寻找自己的声音,达到自我教育。如果完全将一个人的成长寄希望于外在力量,那么我们会很失望的。

三、赏识教育的误区

在今天,人们普遍接受赏识教育理念,并且将这一教育思想贯彻在教育行为中,取得了很好的成效,但是在赏识教育的实施中出现了许多误区,以至于对赏识教育乃至其他教育思想产生怀疑。赏识教育不是简单地表扬,正如批评教育不是简单地批评一样。赏识教育既反对一味地指责、抱怨,看不到学生的进步,也反对一味地表扬、夸奖和奉承。目前在赏识教育问题上存在这样几个误区。

1. 等同于表扬

"赏识教育就是多表扬学生,表扬学生总没有错。"这是一种典型的赏识教育认识上的错误,存在盲目表扬行为,这一盲目的背后是简单化,进而使赏识教育变得庸俗化。

我们知道,赏识教育必须有鼓励、表扬,这种鼓励表扬并不能等同于赏识教育。鼓励表扬等只是赏识教育的一种手段、一种途径、一种方式。认为表扬就是赏识教育,这种认识不仅是片面的,而且在实践中也是有害的。有这样的认识,产生在教育实际行为中,就是盲目表扬,分不清什么时候表扬,什么时候批评,更缺乏"识"的能力。这种盲目表扬的害处在于学生无法正确认识自己,它只是改变了学生的心理感觉而非现实行为,长久不当表扬中长大的学生缺乏自我进步的动力,这种盲目也会出现用表扬替代批评教育等其他教育行为。

2. 过度的泛化

在大力提倡素质教育的今天,赏识教育可谓一大热门话题,许多家长教师,甚至社会都奉之为教育的灵丹妙药。诚然,尊重学生,对学生多肯定、多鼓励,对帮助他们树立自信心,激发其潜能,培养他们的创造力,帮助他们拥有一颗健全的心灵不无裨益。然而,我们还应清醒地认识到,赏识行为不能过度。现在似乎存在着一种倾向,认为没有"夸",便没有教育,只有"夸"才是最科学的教育方法。

凡事过犹不及。过度使用赏识行为,就会让孩子在不知不觉中滋长骄傲情绪,从而变得盲目自信。如果不因材施教,过度赏识可能会让学生变得自负。夸奖不落到实处,赏识没有度,赏识没有物,这不是真正的赏识教育。赏识的本质,是基于取得进步的基础之上的表扬与激励。反对的是一味不加区别的滥赏,否则只有负效应。泛滥的表扬,不是赏识教育。赏识和批评教育要相辅相成,恰当运用才会让学生增强信心。

3. 排斥其他形式

"赏识教育不需要批评。"这是今天众多教育者理解和实际教育过程中出现的另一个问题。众所周知,青少年正处在身体和心理双重发展时期,可塑性很大,审美观、世界观还未完全形成。年龄特征所决定,即使是优秀学生也会犯错误。因此在帮助他们树立自信，多发现他们身上闪光点的同时，也必须引导他们不断地反省自我，找出自己身上的不足，然后扬长补短。赏识教育不回避批评，赏识和批评并不矛盾，它们两者是辩证关系。

无论是赏识教育，还是批评教育，都是教育实践的产物，有其独到的教育价值。赏识教育有其巨大的教育价值，但是无限夸大赏识教育的价值，忽略其他教育的价值，拒绝其他教育形式，忽视学生成长过程中需要多种教育元素的整合，以为赏识教育"包治百病"的话，那是教育错误的开始，长久不利于学生的全面发展。

四、与批评教育同行

在高中阶段提升完善学生人格，促进学生健康发展，运用各种教育思想和教育手段指导帮助学生，辩证认识并恰当运用好批评教育与赏识教育，是目前学校教育的一项重要工作。

1. 成为教育工作中的双翼

马卡连柯有"要尽量多地要求一个学生，也要尽可能地尊重一个学生"的教育原则，说明了教育是影响与干预学生成长的一个过程，它既需要赏识、鼓励，也需要适当及时的批评以纠正学生前进的方向。赏识教育和批评教育，就像是鸟的两翼，缺一不可。赏识教育与批评教育是一对辩证关系，作为完整教育的组成部分，提倡赏识教育的同时，也不能忽视批评、惩罚的作用，如果一味地"赏识""表扬"，缺乏必要的批评指正，那是不负责任的教育、不完整的教育。

批评教育是一种发展指导，赏识教育也是一种发展指导，是站在不同的发展角度而出发的。过去很多人信奉"不打不成材"的教育理念，如今很多人信奉"好孩子是夸出来的"教育理念。这两种教育想法是教育者与读者理解的偏差与偏激思维造成的结果。

赏识和批评教育应是教育的双翼，只有赏识没有批评惩罚的教育应该是不负责任的教育，至少是不完整的教育。同样，只有批评而没有赏识的教育，是缺乏人性尊重和个性发展的教育，这完全是与社会发展需求背道而驰的教育。正确认识"赏识教育"和"惩罚教育"的辩证关系，使二者有机结合，相互配合才能有效地发挥赏识教育与批评教育的双翼作用。

2. 建构恰当的"黄金比例"

表扬与批评是日常教育中有效的教育手段，不能一味地表扬，也不能一味地批评。

"过度表扬"与"过度批评"对学生的健康成长都极其不利。如何把握赏识教育与批评教育两者之间的度的确是一个棘手的问题,也是一个教育艺术问题。"赏识教育"和"批评教育"都是双刃剑,运用得当就会起到激励向上的正作用,运用不当就会起到抑制向下的反作用。

5.6∶1——赞扬与批评的黄金比例。这是学者艾米丽·希菲(Emily Heaphy)和咨询顾问马尔西亚·洛萨达(Marcial Losada)进行研究得出的结果。希菲和洛萨达发现,参与者彼此间积极评论与消极评论的比例,将对团队表现产生重大影响。首先,消极评论很容易引起注意,如同在你耳边重重一击;第二,消极反馈能够防止陷入自满或集体迷思;第三,我们自己的研究显示,消极反馈能帮助领导战胜严重的弱点。注意,是"严重"弱点。① 这一研究是否是科学定论,有待于进一步验证,但是它提出了一个问题,批评教育与赏识教育等不同教育方法的综合使用"黄金比例",以及我们在实际教育中把握赏识与批评的尺度与转换问题。我们在教育孩子的时候要善于运用表扬和批评,表扬和批评既要讲究一个"度",又要讲究糅合。教育过程中,赏识与批评不是那样泾渭分明,可以简单操作的,需要教育心灵、智慧、哲学的把握,才会使得教育孩子的方式显得艺术、温情、轻松。所以所谓的批评与赏识的"黄金比例",更多的是指特定环境下的教育手段的艺术使用,赏识与批评相辅相成,而不是墨守成规的照搬。

"四颗糖果"教育故事中,陶行知先生将赏识和批评运用的出神入化,并艺术性地将批评化作一种赏识,以"赏识"为底色,发现每个学生的优点,为师生之间对话沟通搭建起一座平等的桥梁,在此基础上适当地批评,或在赏识中蕴藏着批评。这不仅于身心健康无害,而且还有利于培养学生正确的人生观,塑造其优良的心理素质,促进其身心发展。在这里,合理的批评本身也变成了一种鼓励,为学生认可和感激。

3. 胆识相间发展指导

教师教育学生,既要用积极的眼光看待学生,以激发学生的成长潜能,也要指出和纠正学生的问题,让学生的成长有一个正确的方向,这就需要教师既有教育之胆,又有教育之识。

批评教育要求有"胆"。批评教育重在胆,勇于承担。"人非圣贤,孰能无过?"对犯错误的学生进行批评,可以培养他们敢于担当、勇于负责的品质,而这正是现代人应该具备的素质。本书许多章节专题涉及,此处不赘述。

---

① 5.6∶1赞扬与批评的黄金比例[N].江南时报,2013-4-4.

赏识教育重在"识"。赏识的前提是"识"，就是能够发现认识学生身上潜藏着的德行，细微的进步。只有具备伯乐般的眼光，才能真正认识学生身上的长处。有识，才会有真正的赏，所以，赏识教育贵在"识"，"识"在"赏"前。只有在"识"的基础上，才能对学生"赏"得有价值，有激励，才是一种自信的褒奖。不然就是一种无节制的表扬，对于具有一定鉴别力的学生而言是一种侮辱。

如学校开展"梦"诗歌朗诵会。某班以"小小的自己，大大的中国梦！"为题参加比赛，班级主创人员从求教语文教师确定主题，安排演出人选，斟酌"小小的自己，大大的中国梦！"主题，邀请教师指导配乐，最后约请艺术教师加工指导，不断加以改进，乃至发动人员四处借道具。最后节目以高分获得一等奖，学校安排在家长会上做汇报演出。演出结束后，班级节目主创人员说，"主创一个节目，要考虑的事实在是太多太多了。在过去的两年里，我们这个集体有过太多太多美好的回忆了。我想把这次的节目做好！给班级里的同学的记忆里，再多加一份回忆。仅此而已。"

是学生美好回忆促成一台高质量的节目。在整个节目的制作演出中，看到的是学生的主动激情投入，是一个团队的成熟，教师成为其帮手，这是学生自我教育内心成长的体现。它需要的是我们教师的适时的"识"，看到整个过程中所隐含的教育价值，学生成长的张力，并且在尽有的空间和时间上提供"欣赏"机会。所以，赏识不是简单的表扬，需要有一双发光，能够看到"光点"的眼睛。

透过这个事例，我们可以认识到，赏识是很多促进学生成长的催化剂中的极为有效的一种，它能够激励、唤醒、鼓舞学生内在的积极因素，从而使很多的不可能成为可能。

总之，表扬不可能解决一切教育问题，批评也不能解决一切教育问题，过度表扬会养成孩子的自负和孤傲，过度的批评会使孩子产生逆反心理和消极态度，造成的后果都是不堪设想的。批评要得法，表扬一样也要得法，两种教育手段要相得益彰。所以，表扬、批评两种教育手段合理实施，科学运用，才能达到更好的教育教学目的。

教育的最终目的不是传授已有的东西，而是要把人的创造力量诱导出来，将生命感、价值感唤醒。学校是一个大舞台，表扬、批评、奖励和惩罚，什么都应该有，这样我们的教育才会更丰实、更生动、更有效。缺少批评或是赏识的，或缺少其他的教育方式，都是一种脆弱的教育，不负责的教育。

批评教育在教育的实践领域阻力重重，源自教育者及社会对于批评教育的认识与具体教育行为上的偏差所致。赏识教育大行其道既来自其教育思想的支撑，也来自社会各界对其的盲目推崇,造成误区并带来了与教育实际不对称的效果。

虽然目前批评教育还是赏识教育都难以"讨好"学生,但是教师如果正确认识批评教育与赏识教育以及两者的关系,在具体教育行为中能够因人而异使用赏识教育或批评教育方法,根据时机场合把握赏识教育和批评教育,根据学生改进情况使用赏识教育和批评教育,相信这两者一定会有很好的"合作"。

第三章　探究批评教育的本质

学生的成长过程就是道德认知、道德行为不断修正的过程，也是科学素养和人文素养不断积累的过程，更是身体素质和心理素质日益成熟的过程。因此，在这一过程中，错误在所难免，再完美的人也会犯错，何况是观察力、判断力、心智还不够成熟的中学生。面对学生的错误，请不要拒绝批评，要敢于批评，善于批评。批评是比表扬更高深的一门艺术，它可能比表扬的效果更管用。批评和表扬都是教育的一种手段，两者缺一不可，否则都不是完整的教育。批评的目的是指出学生的错误和缺点，帮助学生认识到自己的言行、活动方式与社会要求和他人的差距，引导学生积极寻求弥补的方法，尽可能减少错误带来的损失，提高学生的受挫能力，促进其健全人格的形成，激发其自尊心、上进心，督促自己将内在的要求化为积极的有社会价值的行为，成为符合社会要求的健康的有益于社会发展的合格公民。批评是一种关爱和导航，更是督促和挽救。批评具有独特的价值和功能，它对人的发展所起的促进作用，是表扬所不能代替的。

第一节　关爱意义的批评教育

关爱是教师必须遵循的职业道德规范，从伦理学角度来看：关爱就是人道性关怀，在教育过程中应充满浓浓的人情味，让受教育者感受到爱的温馨、体验到责任的动力、享受到成功的喜悦，让教育不再是冷冰冰的令人望而生畏的过程，而是让人倍感亲切、充满活力、洋溢激情的神圣事业。从教育学角度看：关爱是通过教育者对被教育者的尊重、关心、严慈相济、帮助、引导，从而激发起被教育者对教育者的尊重、爱戴之情，从而将关爱之情传递给他人。

世界上有各种各样的爱,有的是甜蜜的爱、有的是无私的爱、有的是纯洁的爱、有的是苦涩的爱……批评就是苦涩的爱,批评是对自己做的事的一种否定,接受批评的过程是对过失的认知、判断等方面进行一次重新审视和改变的过程;是从错误中吸取经验教训,从苦涩中成长、成熟、成功的一个过程。因此在批评过程中如何让学生感受到你的关爱,是实施有效批评的关键所在。

下面就从三个方面来阐述在平时批评教育中应怎样体现关爱,让学生感受到关爱,同时回应你的关爱,以达到批评教育的目的。

一、关爱的教育意义

关爱从字面上解释是关心和爱护。关心和爱护是我们每一位老师必须遵循的职业道德规范。2008 年修编的《中小学教师职业道德规范》的第三条明确规定:"关爱学生。关心爱护全体学生,尊重学生人格,平等公正对待学生。对学生严慈相济,做学生的良师益友。保护学生安全,关心学生健康,维护学生权益。不讽刺、挖苦、歧视学生,不体罚或变相体罚学生。"正如鲁迅所说"教育植根于爱",爱因斯坦也曾说过,"只有爱才是最好的教师"。可见,关爱学生是教育的前提和出发点,更是灵魂和归宿,没有爱就没有真正的教育,那么如何关爱学生?

首先关爱要了解、把握学生的思想心理律动。作为教师你要放下教师的架子,走进学生的精神世界,主动倾听学生的呼声。对每个学生的性格、情绪、兴趣爱好、家庭情况、知识储备、生活经历、所任年级学生的普遍心理特点和个案心理状况了然于胸,这样才能根据不同学生的特点、精心设计教育情景、有针对性地实施教育,让学生在真实生活中,通过体验、感悟,触动学生的心灵,传递你的关爱,让他们体会到你对他们浓浓的关爱之情,从而形成正确的世界观、人生观和价值观,提升道德发展能力,不断完善自我。

其次关爱要尊重学生,善于换位思考。教育的最终目的为了让学生自己约束自己。因此,在教育过程中教师必须拥有站在学生的立场考虑的"学生的心"。尊重学生,要把学生看作一个个活的生命,不是教育的对象,尊重他们的人格、个性,站在学生的角度,来审视他们的所思所想、烦恼与快乐、困惑与成功,尽你所能为学生的健康全面发展创设空间。学生出现问题,应多调查事情的缘由,用学生的眼界、思维方式去分析问题存在的背景,思考问题产生的后果,摸清学生对问题理解的前结构,设计出适合学生教育的方案,通过多方对话,在认识不断重组中达到视界融合,在潜移默化中让学生体会到你的关爱,从而真正达到"教是为了不教"的教育境界。

关爱要客观公正、一视同仁。作为教师,无论学生富贵还是贫穷、才华横溢还是资质平平、乖巧懂事还是调皮顽劣,我们都应给予关爱,无私地、公正地、纯洁地、真诚地关爱每一个学生。客观公正有利于得到学生的信赖和尊重,有利于将你的关爱传递给他们。反之,教师的偏私不公,会造成师生之间的隔阂和不信任,无法将你的关爱传递。因此教育者一定要在平时教育中平等地对待每个学生,树立正确的教育观,努力改变对学生的评价标准,不惟成绩论英雄,越是品学兼优的学生,更应挑剔、严格的关爱,帮助学生树立高远志向、正确认识自己、锤炼自己受挫的能力,让他们在不断审视自己的不足中成长;对于所谓的"刺头",要尽可能发现学生身上的闪光点,了解学生成长过程中不为人知的故事,帮助他们找到造成目前状况的原因,指出改变现状的方法,帮助其树立信心,发现自己的价值,体验进步、成长的快乐,让每一个学生在原有基础上有所进步,达到他们应该达到的水平,沐浴在教师关爱的阳光之下。

总之,关爱学生大致体现在三方面,一是在思想、道德和行为习惯上加以严格要求,用你的人格魅力、信任、尊重去影响学生,让学生学会做一个顶天立地的人;二是在学习学科知识上要求全力以赴,讲究方法、效果,用你的耐心、精湛的专业知识、一流的课堂教学技能来满足学生日益增长的探求知识的欲望,让学生发自内心地接受你、尊敬你;三是在生活上适时、适当地加以悉心指导,发自内心的关心、爱护,让学生感受到集体、教师的爱,并努力营造愉悦、轻松的环境以提高学生的心理承受能力,以便以后更好地适应社会。

二、关爱的发展指导

许多老师为了帮助提高学生的成绩起早贪黑,放弃休息时间,义务为学生补课,但还有许多学生、家长不领情;许多班主任为了帮助学生养成良好的学习、生活习惯,引导学生树立正确的世界观、人生观和价值观,反复教育、叮咛、说教,弄得自己精疲力竭,但收效甚微;许多老师为了帮助学生改正错误,防止学生步入人生歧途,进行及时、严厉的批评教育,但反而引起逆反,甚至造成冲突。为什么自以为付出了关爱,但学生非但未体会到你的关爱,产生积极的教育效果,反而让学生产生误会,导致教育无效、甚至反效呢?

除了教育者秉持中华民族内敛、不善于表达自己的情感外,更主要是由于关爱没有建立在学生发展指导视野基础上。

要厘清何为学生发展指导视野下的关爱,首先要弄清教育是什么? 对教育一词的理解是仁者见仁,智者见智。在《说文解字》中,"教"解释为"上所施,下所效也";"育"解释为"养子使作善"。教育就是启迪智慧、绽放心灵,是心灵唤醒与转向,以心灵塑造心灵,以个性影响个性的过程,教育是心灵互动成长的艺术。因此,学生发展指导视野下的关爱是用教师的关心和爱护触及学生的心灵,让他们体会到你的关心和爱护,并逐渐学会将他们的关爱之情传递给他人。教育就是人性教育,在教育过程中充满人情味,让受教育者感受到爱的温馨、体验到责任的动力、享受到成功的喜悦,让教育不再是冷冰冰的令人望而生畏的过程,而是让人倍感亲切、充满活力、洋溢激情的神圣事业。

学生发展指导视野下的关爱是秉持为学生的一生发展和终身幸福美满奠定基础的教育价值观。在应试教育风行的今天,教育者在学生评价上要坚守不惟分数论优劣,没有差生,惟有差异,努力守望着自己的教育理想。不把学生当成容器,按照自己理解的"好学生"标准随意地塑造,而是把学生看成一个真正的、有思想的活生生的人来看待。正如朱益明教授主编的《普通高中学生发展指导研究》一书中指出:"每个学段都应该成为学生个体成长生涯中愉快的学习体验和经历,尊重他们的感情、人格、个性,维护他们的人权和尊严,为他们能够生存、发展自己、走向社会生活做准备,而不是单纯为升入上一级学段做准备"。尤其是高中生,他们身上所表现的各种特征还处于变化、发展之中,他们还有许多潜能未被挖掘出来,教师应用包容、尊重、公平、关爱来帮助学生找回自信,唤醒他们沉睡的思维,充分挖掘学生的潜能,与学生一起分享成长的过程。教师还要善于利用自己良好的心理学知识与技能,愉快、乐观的心境,昂扬的工作作风,走进学生内心世界,成为学生心灵的朋友,及时有效地指导干预学生的心理健康水平,在师生情感交流互动和心灵交融的过程中,成为学生的心灵导师。

三、关爱的批评教育

人的成长过程就是道德认知、道德行为不断修正的过程,也是科学素养和人文素养不断积累的过程,更是身体素质和心理素质不断成熟的过程。因此,在这一过程中,难免会犯错,尤其是中学生观察力、判断力、心智还不够成熟,随着数字化、信息化的日益普及,学生信息汲取渠道越来越多,无法正确地筛选信息,再加上正好处于叛逆期,很容易造成认知偏差。面对学生的错误,不能放任,不能视而不见。不敢批评学生不是爱学生的表现,而是害学生。为了讨好学生,放弃原则,放弃批评教育的权力,不及时指出学生的错误,学生会愈发以自我为中心,经受不了一点挫折,甚至漠视生命,像前几年许多知名学校学生跳楼事件和今年各地多所大学校园命案频发的悲剧现象会愈演愈烈。因此批评和赏识都是教育的一种手段,只有赏识没有批评的教育是不完整的教育。

接受批评教育的过程是对过失的认知、判断等方面进行一次重新审视和改变的过程,从错误中吸取经验教训,从苦涩中成长、成熟、成功的一个过程。批评是一个苦涩而痛苦的过程,为了能让学生体会到你的关爱,首先要让学生养成接受批评的良好心态。要让学生明白:再完美的人也有犯错误的时候,受到批评是日常生活中不可避免的事件,只有真正关爱你的人才会无私地批评你。让同学回顾一下,在他们的成长过程中,受到谁的批评最多呢? 父母、教师、亲朋好友,只有精心呵护你、真心关爱你的成长的人才会无私地批评你,不要把批评看作是找茬、要你好看、不够哥们……而应看作是一种爱和关怀。能直言不讳地批评你的人,是关心爱护你的人,是助你成长的人,就算有时批评的方式方法无法接受,或者批评出现了偏差,但也是出于对你的关爱,要抱着有则改之,无则加勉的态度加以理解。人无完人,批评者也可能犯错,因此要教会学生及时与批评者进行沟通,释放自己的情绪,诉说自己的想法和观点。虽然批评是苦涩的,批评是对自己做的事的一种否定,但为了你爱和爱你的人,要学会坦然面对批评。并且更要让学生明白:对于缺点或错误,无人问津,无人指正,无人批评,那将是一件很悲哀的事情。批评者并不是想得到什么收获和实惠,往往纯粹是无私的。所以,当你受到批评时不要害怕、不要恐惧、更不要有抵触情绪,而要学会坦然面对,倍加珍惜这份不易察觉的关爱。

其次,在批评学生时要通过对话,走进学生心灵,让学生感受到你对他的良苦用心。批评学生时切记不能因恨铁不成钢而随意指责,应针对不同学生、不同错误、设计不同的方法进行批评教育,但无论用何种方法,要传递你的关爱,触动学生心灵。你要给学生一个解释、说明的机会,聆听他行为背后的原因,帮助学生找到问题所在,有针对性地指出不足,引导学生积极寻求弥补的方法,尽可能减少错误带来的损失,达到批评教育的预期效果。通过沟通对话,让学生认识到自己的言行、活动方式与社会要求和他人的差距,从而激发其自尊心、上进心,督促自己将内在的要求化为积极的有社会价值的行为,促进自己健康成长。

案例 3-1

有一个坏脾气的男孩,他父亲为了帮助他改正这个缺点,给了他一袋钉子。并且告诉他,每当他发脾气的时候就钉一个钉子在后院的围栏上。第一天,这个男孩钉下了 37 根钉子。慢慢地,每天钉下的数量减少了,他发现控制自己的脾气要比钉下那些钉子容易。于是,有一天,这个男孩再也不会因失去耐性,乱发脾气。他告诉父亲这件事情。父亲又说,现在开始每当他能控制自己脾气的时候,就拔出一根钉子。一天天过去了,最后男孩告诉他的父亲,他终于把所有钉子给拔出来了。

父亲握着他的手,来到后院说:"你做得很好,我的好孩子,但是看看那些围栏上的洞。这些围栏将永远不能回复到从前的样子。你生气的时候说的话就像这些钉子一样留下疤痕。如果你拿刀子捅别人一刀,不管你说了多少次对不起,那个伤口将永远存在。话语的伤痛就像真实的伤痛一样令人无法承受。①

这位父亲很聪明,若用简单的说教或指责,是起不到任何批评教育的效果的,不良情绪会产生什么后果,孩子心里是很明白的,但就是自己控制不住。如果一味讲大道理,只能导致孩子逆反,情绪更失控,这位父亲通过让孩子在围栏上钉钉子,一方面让孩子在发脾气时有情绪宣泄的地方,更主要的是让孩子体验感悟坏脾气不仅给自己带来不良情绪,而且发脾气时说的话,会造成永远的伤害,无论你事后如何去弥补也无济于事。这位父亲不仅改正了孩子的错误,让孩子体会到了他对儿子的爱,更主要的是让孩子也要学会去爱别人。

这里说的批评教育,并不是单纯的指责、训斥、讽刺、挖苦,更不是大动肝火的责骂、体罚,而是对学生不良思想品德、行为习惯、态度价值观的一种否定,目的是通过批评传递你的关爱,让学生认识到产生错误的原因、后果,乐意接受你的批评,并能及时改正错误。

第二节　导航意义的批评教育

批评不仅深藏着批评者对被批评者的关爱,而且更反映着批评者对被批评者的一

---

① 新浪博客. 十中 2009 级四班. http://blog. sina. com. cn/s/blog_708885580100v39l. html,2011-10-23.

种期盼和导航。批评犹如在大海中航行时看到的灯塔,它正确引领学生的人生旅途。尤其是中学生因为思想还不够成熟、观察和判断还缺乏理性标准,在人生之路上难免不犯错,作为教育者如果对学生的错误不及时指正,学生就会像断线的风筝,很快偏离了前进的方向和目标。因此,教师对学生的缺点、错误应及时进行教育,指出缺点错误造成的后果与影响,阐明其言语、行为的不当之处,唤起学生新的认识需要和成就需要,并确立起行为的奋斗目标,使他们的品行朝着社会、家人、友人期望的正确方向发展。

一、导航的教育意义

导航在现代汉语词典中的解释是利用航行标志、雷达、无线电装置等引导飞行或轮船等航行。随着时代的发展导航也被赋予了新的含义:由于互联网的兴起而兴起的网站导航,帮助上网者找到想要浏览的网页,想要查找的信息,基本上每个网站都有自己的网站导航系统为网页的浏览者提供导航服务,也有专业的导航网站提供专业导航服务。

随着时代的变化,导航的含义和用法也发生了变化,用到网络上,更多地为浏览者在海量信息中提供服务,供你舍取。导航一词与教育结合,也被赋予了新的含义,即,不是简单的通过命令的方式,带领学生到达我们想要学生到达的地方,按照我们的模式随意塑造学生。因为这不是真正意义上的教育,这样的教育太过强硬,没有把学生当作一个有血有肉、有思想的人来看待。

这里所说的导航,是教育者要尽可能通过对话用疏导、启发、开导等方式引导、辅导、指导学生,给他们以自我选择的权力,让他们在教师影响与自我主动倾向间找到平衡点,逐步在摸索中明晰自己发展的方向,充分发挥自己的潜能,合理规划自己的人生。

《上海市中长期教育改革和发展规划纲要(2010—2020年)》(以下简称《纲要》)的核心理念就是:"为了每一个学生的终身发展",在《纲要》中明确指出:"关心所有学生的健康成长,努力培养好每一个学生,让每一个人具有理想信念、公民意识、健康身心和科学人文素养。"并对于中学的高端出口高中学校任务作了明确要求,"为学生成长、成人、成功提供知识和能力准备"。

中学教育的最终目的不是成绩,不应只着眼于有多少学生考取了某个大学,而应像飞机和船舶航行的导航系统一样,引导学生充分挖掘自己的兴趣和能力,丰富自己的精神世界,完善自己的道德、人格,提升自己的社会适应能力,最终能由学校走到社会,成为一个有益于社会发展的合格公民。因此,学校教育最终就是为学生成长、成人、成功提供导航。

二、导航的发展指导

所谓学生发展指导视野下的导航,就是教师不是倚重用命令、规训等手段为学生指明方向和方法,而是在重视学生主观意愿、现实状态和主动倾向的情况下对学生进行客观评估,帮助学生设计努力方向和方法,供学生参考与选择,让学生能正确认识自己、自我调适、自我实现,预防和矫正不良思想和行为,激发学生学科兴趣,尊重学生个性特点,让教育回归到为学生提供成长、成人、成功道路上的导航服务,真正促进学生的终身健康发展。

学生发展指导视野下的导航首先是要进行品行引导。《纲要》中明确要求学校:"引导学生形成正确的世界观、人生观、价值观。加强理想信念教育,坚定学生对中国共产党领导、社会主义制度的信念和信心。加强民族精神和时代精神教育,增强学生国家意识、民族情怀和改革创新精神。加强社会主义荣辱观和传统美德教育,培养学生守法、诚信、勤俭、感恩的道德品质和行为习惯。"

随着数字化、信息化进程的日益普及,经济的高速发展及多元文化的交融,学生知识汲取渠道越来越多,学生价值观念取向多元化,再加上现在家庭、社区、报纸、电视、网络媒体宣传较多的是消极的信息,即使是正面积极的报道也常过于理想化,缺乏可信度,使人产生疑惑,这对正处于世界观、人生观和价值观形成关键期,观察和判断缺乏理性标准的高中生冲击较大,不加以正确引导,会造成他们道德伦理观念差、思想意识和行为的相互矛盾。

因此,我们必须引导学生全面、客观且准确看待世界局势和社会现象,引导学生增强是非辨别能力,恪守公民的职责,引导学生理解并践行社会主义核心价值体系,使学生能健康、快乐的发展。

学生发展指导视野下的导航其次是要进行学业辅导。我们许多教师为了能提高本学科的均分、及格率,中午不让学生休息,晚上义务辅导,进行大量的题海战术,更有甚者,占用学生可怜的十分钟休息时间,搞得自己筋疲力尽,学生苦不堪言,造成学生厌学情绪蔓延。这不仅不是学生发展指导视野下的学业辅导,而且完全是违背教育规律的,是假借"爱"的名义的教育。

学生发展指导视野下的学业辅导,应在注重系统知识传递的同时,更加注重引发学生的自主参与和主体发展。在现行的考试制度下,掌握学科知识与学科素养对于学生非常重要,但学科兴趣对于学生发展而言,或许更加重要。学生的学科兴趣不仅有助于学生学习学科,还有助于学生参与学科发展,同样还有助于学生认识到学科与职业之间的关系。[①]

因此,教师对学生学业的辅导应体现在对学生非智力因素的激发上,端正学习态度、制定个人学业计划,激发学生学习兴趣,做好选课指导;在学科知识传授中重思维培养和学法指导,帮助学生掌握科学的学习方法和技巧、对不同层次的学生做好分类学科知识的辅导;在生涯指导方面要帮助和指导学生做好个人职业生涯规划,指导学生根据自己的学业水平、兴趣爱好匹配好相应的高校及专业,为学生步入社会实现自我价值做好铺垫。

学生发展指导视野下的导航还要进行健康指导。由于中国的计划生育政策,现在学生多数是独生子女,周围的玩伴很少,平时经常与电子产品为伍,生活在自己的虚拟世界,不懂如何与人沟通、合作与交往。由于现在的特殊家庭结构,6 个大人围着一个孩子,学生过惯"衣来伸手,饭来张口"的日子,造成了学生任性、敏感、极度以自我为中心,同时造成学生动手能力和生活自理能力极差。由于社会竞争压力加剧,家庭和学校教育走入误区,把学习成绩作为学生成功的唯一的评价标准,不断加码的学业负担挤占了学生睡眠的时间,锻炼的时间,造成学生身体素质每况愈下。加之长期的赏识教育,造成学生心理素质极差,经不起一点挫折,听不得一点批评。因此,对学生导航要侧重生活指导,帮助学生学会调整自己,尽快适应学校生活,锻炼独立生活能力。对学生进行人际关系交往指导,学会与人交流、沟通、协商、合作的能力,帮助学生把握男女交往之间的尺度,树立正确的异性交往观念,形成良好的自我观念、生活观、价值观。对学生进行心理调适指导,让学生掌握调节、控制、释放不良情绪的方法和技巧,正确处理学业和生活压力,正确对待来自家长、教师、同学的批评,保持健康向上的心境。对学生进行身体健康指导,激发学生的体育锻炼兴趣,确保每天锻炼一小时,指导学生掌握正确的健康知识,养成有益健康的行为习惯,保证充足睡眠,均衡膳食,使学生提高体质健康,为美好人生奠基。

总之,教师要对学生进行三方面的导航,一是引导学生形成良好的品行修养;二是

---

① 朱益明.普通高中学生发展指导研究[M].上海:华东师范大学出版社,2013.

辅导学生掌握支撑终身学习的深厚学能涵养;三是指导学生拥有积极健康的身心素养。通过导航让学生充分挖掘自己的潜能,描绘属于自己独一无二的精彩人生。

三、导航的批评教育

导航意义上的批评教育要有前瞻性和预见性。通过平时细心的观察、了解、对话,及时洞察到班级、学生心理、情绪、思想、行为上的细微变化,尤其是学生的不良情绪和不当行为习惯,即使没有造成不良后果,也要及时指出不足,加以正确的引导,指点迷津,同时唤起其对自己不当行为的警觉,及时调整不良情绪和不当行为,使其朝着正确的航向行驶。

案例 3-2

　　艾森豪威尔是美国第 34 任总统。他年轻的时候,经常和家人一起玩纸牌游戏。一天晚饭后,他和往常一样,又一次和家人一起打牌。谁知,这一次,他的运气特别差,每次抓到的都是很差的牌。开始他只是有些抱怨,到后来,他实在忍不住了,便发起了少爷脾气。他母亲看不下去,便正色说道:"既然要打牌,你就必须用手中的牌打下去,不管你的牌是好是坏。好运气是不可能都让你碰上的!"艾森豪威尔还是不理解,依然感到气愤。这时,他的母亲又说:"人生就和这打牌一样,发牌的是上帝,不管你手上的牌是好是坏,你都必须拿着,你必须面对,你能做的,就是让浮躁的心平静下来,然后认真对待,把自己的牌打好,做最好的发挥,力争达到最好的效果,这样打牌、这样对待人生才有意义!"艾森豪威尔觉得母亲的话有道理,便一直牢记着母亲的这番话,用母亲的话激励自己的人生,不再一味地抱怨生活,而是以一种平静加进取的心态,以一种积极乐观的生活态度,去善待人生中的每一次机遇,去迎接生命中的每一次挑战,勇敢地面对人生中的挫折和不幸,尽自己的最大努力去做好人生的每一件事……就这样,他从一个普通的平民,一步一个脚印地向前迈进,从而成为中校、盟军统帅,最终走进了美国的总统府,成了美国历史上的第 34 任总统。①

---

① 新浪博客.铃铛.把自己的牌打好[EB/OL]. http://blog. sina. com. cn/s/blog_49ea6a8e0100aihg. html,2008-07-26.

艾森豪威尔的母亲看到自己儿子打牌时表现出来的坏毛病,一碰到不顺心的事就喜欢乱发脾气,及时批评他,引导他明白人生不可能事事如意,无论遇到顺境还是逆境,都要发挥自己的潜能,努力做好当前的事,力争最好的结果。通过母亲的批评,艾森豪威尔对人生的感悟有了新的认识,并一直以积极的心态正确面对生活中的不如意和挫折,使他的人生航线沿着母亲导航的方向正确行驶。

导航意义上的批评教育要讲究方式方法,批评教育不是施展你的威风,让学生俯首称臣,而应通过批评,善于运用物质诱因和精神诱因来刺激学生的积极性,引导学生找到自己的问题所在,适时地、正确地、有艺术性地运用惩罚手段教育学生。合情合理、入脑动情的惩罚,才能让学生心服口服,心悦诚服地接受批评,帮助学生改正错误,同时避免类似错误再次发生。

案例 3 - 3

　　一次体育课上,一班同学与二班同学进行了一场篮球比赛。原本发挥良好的一班因为 A 同学的加入最终输掉了比赛。赛后,一班很多同学指责 A 同学,说他打球太独,没有团队精神,打乱了本来的进攻节奏,最终导致了球队失利。其中 B 同学就在班级上关于比赛"太独"与 A 同学起了争执,A 同学实在忍无可忍,和 B 同学动手打起架来,结果 A 同学受了伤,被送进了医院。[①]

假如你是一班的班主任,了解事情的原委后,你会怎样处理,你对学生进行怎样的导航呢?

可能有这样几种可能。一类班主任教师,可能马上把班级学生召集起来进行批评教育,聚焦友爱、纪律、集体荣誉感等关键词进行教育,强硬的对学生说"这次事件既输球,又输人,打架严重违反了学校的规章制度,更影响到班级的形象,以后无论发生什么事,先找教师,决不允许类似事件再发生。"这样批评教育收到的教育效果甚微,只能治标不治本。参与事件的同学,看到事件搞大了,有人进了医院,这完全大大出乎他们的预料,原本也是为了集体荣誉,逞一时之气,发生这样的状况他们的内心是内疚、委屈、害怕错综复杂地交织在一起,为了避免教师、家长的唠叨,只能表面上承认错误,以后会和同学友好相处,不再打架滋事,但心里并不服气,还在怪 B 同学,自己错了,还不

---

① 徐向东.人人都是德育工作者[J].思想理论教育,2013(2).

承认错误,还动手打人……根本没有找到发生错误的根本原因。

另一类班主任,首先询问 B 同学是否也受伤,是否需要治疗,然后赶到医院看望 A 同学,陪同 A 同学完成治疗,同时安抚 A 同学的情绪。接下来可以像本案例给出的方法进行教育。教师在课堂教学时,结合教学内容设计三个问题:谁是世界上最美丽的女人? 为什么她是世界上最美丽的人? 如何使自己成为最美丽的人? 伴随着同学们的零碎的回答,教师在黑板上写下同学们说过的词语"宽容、谅解、友爱……"然后话锋一转,指着空座问道,那你们是美丽的人吗? 同学们一起望向那个空位,一阵寂静……这类教师很聪明,结合教学内容,充分发挥了学科德育的教育功能,太直接的批评,学生会产生防备心理,教师听到的可能只是些肤浅的、表象的认识,通过间接的话题,让学生从旁观者的角度审视问题,可能比较客观、公正、深刻,学生也容易真正知道错误所在,比严禁的效果好得多。

还有一类班主任,用同样方法先安抚好学生的情绪,然后专门召开一次关于此事的班级事务性班会,分别请了解事件全过程的班委干部把事情的前因后果介绍一下,并询问 A、B 两位同学及其他同学是否还有补充。分别请 A 同学将他当时这样做的想法跟大家说一下,再请 B 同学谈当时的想法,还可以请其他同学补充。然后,提几个问题请大家讨论,1. 请大家站在对方的立场换位思考一下,对方做得好的和不好的地方在哪里? 2. 这件事可以避免发生吗? 3. 说说避免此事发生可以有哪些方法。4. 我们有缘成为同学,应如何相处? 以学生发展指导为前提的班主任想到的不是防止类似事件再发生,而是思考如何把较重大的群体性的事件处理过程当作导航学生的契机,不仅让学生明白此类事情造成的后果,同时也让学生明白避免此类事件的发生每个人都可以有所作为,而且更主要的是通过这样的议事,每个人都可以自由发表自己的观点,学会倾听别人的意见和观点,反思、修正、充实自己的观点,最后在尊重他人的前提下采取理解包容的态度,在尊重各方利益的基础上,达成本次会议的共识,在潜移默化中达到教育的真正目的。导航意义下的批评教育,不仅起到了教育的效果,而且可以达到引导学生学会勇于发表自己的见解;学会与他人相处、沟通的方法;学会倾听、吸纳别人观点的心态等方面素养的隐性教育的目的。

教师在批评教育过程中不应简单地告诉学生该做什么,不该做什么,而应该积极引导学生自己去寻找真理,在引导时尽可能做到情在言先、理在言中、意在言后,让学生在认同中化为自觉的行为。学生犯错,教师不但要及时加以批评,把他们从偏差和错误中拉回来,修正人生航向,使学生从中吸取教训,改正错误,避免错上加错,而且更应从细处着手，发现错误背后所蕴藏的教育价值，引领学生学会做人、学会生活、学会学习，沿着正确的航道迅速、健康地成长。

第三节　督促意义上的批评教育

环境和外力制约与个人成长是息息相关的，中学是学生心理、生理和思想从不成熟走向成熟的关键时期，出现错误和过失是再正常不过的事，犯错以后就需要身边的家人、老师、朋友及时指出，来约束他们的言行，督促其改正错误，养成良好的行为和学习习惯。批评犹如一面镜子，在学生犯错时，让他们看清自己，及时提醒、督促学生走直人生之路，顺利健康地成长，赢得成功的人生。

一、督促的教育意义

督促一词在《说文解字》中，"督"解释为"察也"，"促"解释一为近，时间紧迫，二为催，推动。督促解释为监督推动，使事情做好。多用于上级对下级，长辈对小辈。有促使别人去做的意思。

中学是学生生理和心理从不成熟走向成熟，对自我行为的自控和监管能力尚欠缺，对问题的认识比较片面不够深刻的阶段。这阶段是学生心智发展、人际交往、道德发展、世界观、人生观、价值观形成和社会规则逐步习得与养成的关键时期。

作为教师在对学生进行人生规划导航的基础上，要引导学生认真执行自己的生涯规划，及时纠正自己的不良行为习惯和掌握正确的方法和技能。由于学生大都未成年，虽然经批评教育能认识到错误，并也有向上向善的愿望，但自控能力较差、意志薄弱，经不住诱惑，还会一错再错，甚至破罐破摔，越滑越远。

按专家的说法一个习惯的养成需要 21 天的强化训练，因此教师要有打持久战的决心和毅力，经常检查、督促学生，发现问题错误及时指出，发现进步及时鼓励，让他们感受到你的监管与扶持。通过批评教育，使学生成为心灵充盈、精神丰富、德性健全、有益社会的合格的公民。

二、督促的发展指导

虽然批评不是以量取胜，反复批评中会引起逆反，达不到批评教育的目的，但在纠正学生不良习惯的错误时，贵在坚持。形成一个习惯不是一朝一夕，冰冻三尺非一日之寒。因此,在纠正学生的偏差时,要有打持久战的决心和勇气。帮助其共同分析偏差原因,让学生心甘情愿地参与到改正偏差的行动中来,经常检查和督促学生的表现,及时鼓励学生的每一点进步,让其体会到自己付出的成果及良好习惯带来的成功体验,健康、快乐地成长、成人、成才。

案例3-4

　　小刚是宁波奉化中学一个非常聪明的学生,数理化经常得满分,甚至加分题都能完成,但他的英语成绩却很差,常常不及格。英语老师周道义一直想方设法地提高他的英语成绩,但每到补课的时候,小刚不是说肚子疼,就是说家里有事,总找理由溜开。老师批评他,他嘻嘻哈哈打马虎眼,把事情岔开,老师拿他没办法。

　　没出周老师所料,期末考试中小刚的英语成绩又是所有科目中最低的一门——58分。周老师借机把小刚找来,先随便聊了聊,了解了一下小刚的学习情况,谈他哪科学得好,哪科学得差,什么原因等。然后拿起小刚的英语试卷,两人仔细地研究起来,结果发现凡是和背诵有关的题他都答不好。周老师以对待朋友似的口气问:"你是不是对死记硬背的东西不感兴趣呀? 答错的题大部分都是需要背的。"

　　这句话好像说到小刚的心坎里去了。没错,他虽然聪明,但就是懒,所有要背的东西他从来都不愿背。于是他急切地说:"就是啊,老师,考试最头疼的就是那些要背的东西,我向来都记不住,所以也就懒得去背了。"

　　"可是,小刚,虽然你很聪明,但天才还是出自勤奋的。英语不像数学那样,光凭聪明就能取得好成绩,它需要花时间去记、去背,比如说单词,你不去记是不可能会写的。只不过记单词也有诀窍,而不是死记硬背。只要你慢慢投入进去了,就会发现,学英语原来是件多么快乐的事情! 更何况如果你英语成绩太差,其他科就是再好总分也高不了的。这明显会影响你的整体成绩,影响你在班上的排名。"

　　听周老师这么一说,小刚恍然大悟,是啊,自己其他科分数那么高,可总分总是排不到前几名,原来都是英语拖了后腿。想到这里,他说:"老师,我知道自己错了,我也想学好英语,指不定哪天还可以跟老外打个招呼呢,可是我现在真的很反感学英语,我该怎样才能学好英语呢?"

周老师想了想说:"这样吧,如果我这会儿留给你的'小任务'你能完成,中午我检查合格了,剩余的时间你可以自由支配。"

"那好吧,不过希望这任务不要太重。"小刚不放心地说道。

"你放心,不多,凭你的能力肯定很快就能完成。"周老师向他保证。

"哈哈,那倒是。"小刚自信地答道。

周老师给小刚提出了一个具体的"小任务"——记住2个单词和第一模块的一幅图。小刚有些不相信地问:"啊? 就2个啊? 这么少?"

"嫌少啊? 那再加点吧!"周老师逗他说。

小刚赶紧把书拿走,说道:"哈,不少,不少。"然后冲周老师做了个鬼脸跑了。

就这样,周老师每天给小刚补课,补完课后又给他布置小任务,小刚也每天都能按时完成任务,不仅没有了当初的厌烦情绪,有时还主动超额完成任务呢。周老师看到他的进步,也经常表扬他。①

案例中的小刚是个非常聪明的男孩子,理科学习成绩很优秀。但他由于男孩的思维模式和懒散的天性导致英语学科偏科现象明显,调皮贪玩的他总找各种理由躲避周老师为他开的小灶。

对此,周老师不但没有责备他,反而跟他像朋友一样地坐在一块儿聊天,先消除小刚的对抗心理,拉近他和老师的心理距离,然后再慢慢转到英语学习上来。让小刚意识到英语学科的重要性,激发小刚学习英语的积极性,让他主动参与到周老师为他量身定制的补缺计划中。

小刚英语的差距不是通过一次谈话就能弥补,对英语的兴趣不可能通过一次谈话就能激发的,这需要为小刚进行课外补习,经常检查督促小刚额外任务完成的情况,让学生能看到自己付出努力以后的收获,逐步形成良性循环,慢慢改善小刚的英语偏科现象。

学生的习惯和态度的改变不可能一蹴而就,需要教师细心地观察他们的特点、分析其形成现状的原因、了解他们的心理变化,站在学生的立场思考问题,帮助他们认识到问题的后果,主动参与到教师的计划中来,最主要的是耐心地坚持不懈地督促学生完成任务,及时对学生的付出给予肯定和表扬,这样不仅可以改变学生的不良习惯和

---

① 李燕,徐波.名师最有效的批评细节[M].重庆:西南师范大学出版社,2009.

思维定势,更拉近了师生之间的距离,增进了师生之间的感情,使学生朝着我们希望的方向健康发展。

三、督促的批评教育

督促中发现学生犯错,是十分正常的一件事,学生成长的过程就是不断发现错误的过程,同时也是纠正错误的过程。面对学生错误,要有一个基本的判断,若这个错误是刚开始出现尚处于萌芽状态,或在班级带有普遍性的,或者性质很严重、影响很恶劣的,又或者是原则性错误和认知,我们就必须进行及时严厉的批评教育,防止事态扩大化,造成更大的错误或损失,同时也避免其他同学再犯。

案例 3-5

李嘉诚从意大利学艺回来后,把塑料花技术应用在了生产上,他的产品很受欢迎,生意十分火爆。由于产品供不应求,出现了降低产品质量来应付订单的情况。

他母亲庄碧琴知道此事后,对李嘉诚说:"儿啊,你记得老家开元寺法号叫元寂那个住持么?"未等李嘉诚回答,庄碧琴继续说道:"如今元寂年事已高,希望找个合适的接班人。候选人是他的两个徒弟。"李嘉诚静静地听着母亲说,并不插话。母亲接着说:"住持把这两个徒弟都叫到跟前,说:'我现在给你俩每人一袋稻谷,明年秋天以谷为答卷,谁收获的谷子多,谁就是我的接班人。'第二年秋天到了,大徒弟挑来满满的一担谷子,二徒弟则两手空空。住持却当众宣布二寂担当接班人。"

听到这里,李嘉诚打断母亲的话,问道:"不是说好谁收获的谷子多,就选谁当接班人么?"

母亲笑了笑,说:"是的。所以大徒弟听了很不服气地说:'分明我收获了一担谷子,师弟颗粒无收,怎么能够让他担任住持啊!'住持微微一笑,高声地对众人说:'我给一寂和二寂的谷子,都是用滚水煮熟的。显然,你师弟是诚实的,住持理应由他来当。'听了这番话,大徒弟也无话可说了,众人也都心服口服。"母亲忽然话锋一转,"经商如同做人,要诚信当头,那么就没有什么困难是你克服不了的了。"李嘉诚听罢母亲的话,恍然大悟,这才明白了母亲的用意。正是母亲及时的点拨,诚信经营方成就了李嘉诚的经营之道,不久之后,李嘉诚在商界站稳了脚跟并获得了巨大的成功。①

正是由于母亲睿智、及时的批评，指出了李嘉诚的经营中的不足，不应为了一点蝇头小利，放弃诚信的经营之道，及时纠正了李嘉诚的错误的企业经营思想，才有了现在功成名就的李嘉诚。

因此，教师面对学生道德认知上的偏差，不能因为不影响班级的管理，就放纵不管，或怕伤了孩子的自尊，而姑息迁就，不及时批评。如果学生不能认识到问题的严重性，可能导致学生继续犯错，会使学生在错误道路上越走越远，同时，还会造成其他同学对此问题认知的偏差，很容易产生"破窗效应"。

当然，及时批评也要讲究方式方法，并不是学生一犯错，就提高嗓音，当众劈头盖脸地批评。应该先弄清事情的原委，找出问题症结所在，针对不同的学生选择适合他们的批评教育的方法及时批评，在学生刚犯错的内疚感和压力双重作用下，认识到错误可能造成的后果，促使学生反思自己的错误，及时改正错误，使错误造成的损失或伤害最小化，达到批评教育的效果。

督促意义上的批评教育，是需要通过教师对学生进行耐心细致的思想工作，让学生认识到自己的言语行为、活动方式与社会要求和他人的差距，从而激发学生的自尊心、上进心，督促学生将内在的要求外化为积极的有社会价值的行为，促进道德行为上的自律。

第四节　挽救意义上的批评教育

俄国文学家托尔斯泰说过："只有什么事也不干的人，才不臻于犯错误。"因此，中学生犯错误是件再正常不过的事情，面对学生的错误，教师要敢于对学生进行批评教育，批评就好比医生给病人治病，它是对学生的错误、过失进行诊治，目的是挽救错误和过失造成的不良后果，帮助孩子重新规划人生。由于社会的转型变革，对正处于人生观、价值观、世界观形成期和心理、生理成熟期的中学生冲击很大。"问题学生"花样百出，校园意外、校园暴力、敲诈勒索频发，教师如何通过有效实施挽救意义上的批评教育，把"问题学生"从危险的边缘解救回来，矫正不良品行、疏导心理，最终达到转化

---

① 罗莎，门淑敏.生活中的批评的艺术[M].北京：中国时代经济出版社，2009.

和挽救的目的，是所有教育工作者共同探讨的问题。

一、挽救的教育意义

挽救一词在现代汉语词典里的解释为：从危险中救回来。挽的解释是：拉，牵引的意思。

随着世界经济格局的急剧变化，中国正面临着社会转型阵痛期，商业社会的功利趋势下学生难免会接收到消极、阴暗的信息，影响学生建立正确的道德观。大众传媒和文化的监督不力，暴力色情、敲诈勒索、变相赌博的老虎机等影响了学生的是非辨别能力。社会竞争的压力越来越大，再加上我国的特殊家庭结构，及部分家庭教育不力等原因，每所学校或多或少都有一些"问题学生"。

这些学生在学习、品德上暂时出现一些问题，跟不上班级的整体要求，完不成课程标准规定的目标，在思想品德和心理品质上存在一些问题或障碍，反复出现违反与其年龄相对应的道德准则和纪律，出现侵犯他人或公共利益的行为。

对于这样的学生，教师不能放任不管，而应对他们实施挽救意义上的批评教育，走进学生的心灵，尽力让他们脱离现在所处的环境，与家长、学生共同仔细全面分析导致问题的原因及由此造成的后果，有针对性地实施批评教育，耐心引导问题学生，帮助他们疏导心理、矫正不良行为习惯，重新拉回正确的人生轨道。

对问题学生实施挽救意义上的批评教育时，不要操之过急，要讲究策略和时机。由于问题学生对教师的批评已经产生了免疫，他们大多数在班级属于"弱势群体"，得到老师的批评多、表扬少，同学交往避而远之的多，真诚友爱的少，家长怒而不争或祖护溺爱的多，正确引导教育的少。

因此，对问题学生实施挽救，首先要消除学生的戒备心理，与他们建立平等、良好的师生关系。对学生真诚相待，让他们体会到教师对他们的关爱和期待，通过对话沟通，能进入学生的心灵，让学生乐意接受你的批评，为达到你想要的理想教育效果做好铺垫。其次，分析原因，指点迷津。与学生和家长共同分析学生形成不良思想观念和行为习惯的真正原因，让学生明白自己的不足，知道其行为与教师、家长、社会所期望的差距，了解自己行为所带来的严重后果，以及改变现状或缩短差距所需要付出的艰巨努力。再次，教师批评时要注意场合与时机。针对不同性格、气质、情绪、心理的学生要选择批评教育的切入点和恰当的方法，让学生心甘情愿地接受批评，达到批评教育的目的。最后让学生能体验成功。教师要关注学生的每一点变化与进步，及时地给予肯定与表扬,并提出新的要求,及时提醒学生要咬牙坚持,否则可能功亏一篑。

二、挽救的发展指导

随着互联网的高速发展,先进的科技、快捷的信息,给学习生活带来了翻天覆地的革命性变化,互联网突破了时空、地域的限制,为学习生活提供了丰富的信息资源,具有拓宽思路、解放思想、激发创新潜能、提供虚拟实践的场所等正面影响。但也带来负面作用,尤其是一些青少年的"网瘾",导致他们无心学习,出现旷课、逃学,彻夜不归,离家出走,甚至走上了违法犯罪的道路。

网瘾成为中学教育中一个非常突出的问题,面对这些沉迷于网络的学生,教师需要有效地实施批评教育,及时挽救他们,帮助他们消除网瘾,回归现实生活,合理正确地使用网络,真正体会网络带来的正能量。

案例 3-6

陶宏开是美籍华人,2002 年退休后回国担任母校华中师范大学的特聘教授。他成功帮助众多沉迷于网络游戏的孩子找回自我,被称为"网瘾克星"。

陶教授曾经接触到一个名叫陈海阳的"网瘾"学生,他的性格比较内向,不是很会说话,还曾三天两夜待在网吧不回家。从一开始,陶教授就感觉到陈海阳其实是个很单纯的学生,内心也很想上进,玩游戏对他而言,好比是戒不了的毒,需要帮助他!于是,陶教授便经常给陈海阳打电话,旁敲侧击地问他晚上在家做些什么,晚上是否做作业,上网时爱玩什么,哪些游戏比较好玩,在网上聊天认识的人感觉怎样等等。每次回答,陈海阳几乎都是短短的几个词语,或是,或不是,很简单。但他的回答又很直接,不回避什么。想到就说,说完就没有了。

一个周六的下午,陶教授突然接到了陈海阳父亲的电话,说:"儿子又去网吧了,中饭都没回家吃。"陶教授一边安慰陈海阳的父亲,一边叮嘱他:"孩子无论何时回到家都千万忍住不要发火,一切等我电话联系到他本人再说。"事后,陶教授知道陈海阳当晚 7 点左右回到了家,父母忍住了怒火,只扔给他一句话,说陶教授已打电话找他了。

第二天一大早,陶教授就拨通了陈海阳家的电话,问陈海阳昨天出去干什么了时,陈海阳只是简单地说:"去网吧了。"于是陶教授接着问:"是不是学校里布置了什么作业,需要上网找资料?在网吧里呆这么长时间,是否找到了自己所需要的资料?"这下陈海阳像打开了话匣子,连忙说:"政治老师布置了一个作业,我本来想去网吧找些资料。哪知道后来还是熬不住,玩起游戏就忘记了时间,感到肚子饿就回家了,但也已是晚上了。"陶教授又问陈海阳回家后父母的反应,他用满带迷惑的口气说:"以前我这样他们肯定骂了,可昨天他们什么也没说,就说你下午来过电话了。难道是他们懒得骂了? 不会吧!"

陶教授语气坚定地告诉陈海阳:"周六的事我暂且不评论对错,但以后遇到上网,必须做到:一是出门时告诉父母你去哪里了,最好告诉他们你去了哪个网吧;二是要按时回家吃饭。这些都是为了不让父母太担心。如果你能做到这两点,由我出面做你父母的工作,让你每周六都能有半天时间去上网。"电话那头,停了近一分钟,陈海阳还是答应了。

周一上午,陶教授趁陈海阳在学校读书,赶紧打电话到他家,与他父母交换了自己的想法和策略,并再三恳请他父母按照自己的计划去做,先退一步,给孩子一个缓冲的时间。如果他真的忍不住,就先打电话给我。

又一个双休日来了,陶教授一大早就给他家电话。问他几点去网吧,电话那头先是停了会儿,然后说:"你怎么知道我会去? 万一我不去呢?"陶教授说:"你还是去吧,只要遵守我们的约定,你父母那儿我来解决。要不然双休日两天你会感觉少了什么,浑身会不自在的。"当晚,陈海阳的父亲就给陶教授打电话说:"儿子这次去了一个早上,12点不到回来吃中饭的,下午就很安心地待在家里了。"从那以后,陶教授每个双休日都用电话联系,只是提醒他去上网,其他什么都没有多说。

就这样坚持了2个多月,一天,在电话里陶教授又与陈海阳"开条件"了。他要求陈海阳以后尽可能做到周一到周五晚上不去网吧,如果去一定要告知父母,不能超过2次且每次不超过2小时。双休日如果有特殊原因冲掉了上网的时间,一定保证在第一时间内补回。

记得临挂电话前陈海阳还问陶教授:"你怎么监督我? 万一我做不到怎么办?"陶教授很平静地对他说:"不需要监督,一切靠你自己。如果你觉得需要帮助,我会随时提醒你的。"从那以后,陶教授双休日的电话依旧,但渐渐地,督促他上网的少了,询问他学习生活的多了。如今的陈海阳已经从虚幻的网络中回归现实,成了一名积极向上的好学生。[①]

---

① 李燕,徐波. 名师最有效的批评细节[M]. 重庆:西南师范大学出版社,2009.

案例中的陈海阳同学是一名比较严重的网瘾者,陶宏开教授为了帮助陈海阳同学戒除网瘾,巧妙地运用了"以退为进"的沟通方法,先全面了解陈海阳情况,通过闲聊,消除了孩子的戒备心理,并与其建立良好信任的沟通关系。当孩子再一整天泡在网吧时,并没有采用严厉批评或谆谆教导,而是询问上网的原因,在双方心平气和的状态下达成规定上网限制要求的共识。针对孩子的特点为他量身定制了挽救计划,在与家长取得认同的前提下,允许孩子在完全摆脱网瘾之前有一个缓冲期。在经常的交流督促中,肯定孩子的进步,同时不断给他提出新的要求,从督促上网到渐渐地询问学习和生活,使孩子摆脱网络的诱惑,把他拉到了教育者所希望的正轨上,真正健康成长。

教师面对有网瘾倾向或网瘾的同学,千万不能放弃,更不能抓住学生喋喋不休地给他们讲大道理或进行严厉的训斥,这完全不能解决问题,只能使学生在网瘾的泥潭里越陷越深,无法自拔。教育者要详细了解孩子形成网瘾的原因,及时与家长沟通,争取家长配合,帮助家长找出家庭教育中的不足,消除家长的焦虑情绪,不能采用简单粗暴的方法,同时让家长对网络能有正确的认知,针对学生特点和家长共同制定实施批评教育的方法。对网瘾学生实施批评教育时,切记不能心急,要有打持久战的准备,一定要选择合适的教育时机、交流沟通时注意切入的角度和语气、根据学生交流的表情,适时调整对话的内容,建立良好的沟通语境,走进学生的心灵,成为学生最愿倾诉的对象,这是实施挽救的基础。通过平等的对话,让学生对网络认知有新的认识,坚持原则的事寸步不让,小事上宽容,在理解的基础上与学生达成使用网络共识。最关键的是经常与学生进行交流并对其督查,及时肯定学生的努力,取得成绩及时表扬,让他们体验成功,同时根据学生的表现,在学生认同下不断提出新的要求,让孩子逐渐走出网络虚拟世界,回到真实的现实世界。

三、挽救的批评教育

所谓的"问题学生"还是"后进生"在每所学校、每个班级或多或少、或严重或轻微、或综合或单一地相对存在着,作为教师做好他们的转化挽救工作,让每一个学生健康成长是我们义不容辞的责任。他们的转化挽救工作不仅仅关系到班级良好班风、学风的形成,若不加以关注让他们抱成团,还可能波及整个学校的良好风气形成。现在的学生大都是独生子女,一个问题学生对于学校来说是个体,而对于家庭来说就是全部,在东方文化中又把孩子的未来看成是一个家庭的希望和一切,做好一个学生的转化的挽救工作,也是为社会和谐和安宁作出了自己的一份努力。

对"问题学生"的转化挽救工作首先是建立在信任和关爱基础上。无论学生做出多么出格、多么令你生气的事，你首要做的是平复心情，与学生平等地交换思想，让他们体会你对他们的关爱，建立良好的师生关系。

其次"问题学生"产生的原因是错综复杂的，因此，要和家长共同分析，了解学生形成问题和错误的症结所在，帮助学生找到转化挽救的方法，学生的转化挽救工作也必须是一把钥匙开一把锁，因人而异，有针对性地开展工作。接下来，通过平时的交流谈心走进学生心里，从心开始疏导，了解他们的所思所想，让他们接纳教师的建议和要求，主动参与到其中。督促学生的表现，及时给予适当的表扬，同时借助家长、同学、社会的全力，让他们体会到家长为了他们，也在努力地改变教育方式方法，感受到集体的温暖，重新感受到自己在家庭、班级中的价值和归宿感。

最后，教育者必须清醒认识到"问题学生"的转化与挽救工作是长期的、艰巨的任务，允许学生有反复，但原则性的问题坚决不能让步，及时指导和纠正错误及不当认识，让他们走出困境，健康发展。

案例 3 - 7

秦老师新带的班级中有个叫小辉的学生，他从进高中开始就以打架、旷课、敲诈勒索而闻名全校，大家都对他避而远之。秦老师一接班，首先对小辉作了一个全面的了解。小辉家境较好，父母忙于做生意，平时对小辉缺少监管，为此他结交了一些社会不良少年；父亲较严厉，母亲又较溺爱，使他养成了说谎、抽烟、旷课等坏毛病；小辉是一个聪明、思维敏捷、思想成熟、学习基础较好的学生。

接着秦老师到小辉家去家访，不提以前的事，与小辉就暑假做了什么、准备考什么大学、你的梦想是什么等进行了深入的交流。并明确告知小辉，我不关心你的过去，我关注你的未来，不管你以前怎样，我相信，通过你我的共同努力一定会实现你的梦想。

开学的前几周，小辉的确像换了一个人似的，一些恶习没有出现。可就在秦老师感到得意之时，周五中午政教主任把她叫了过去，说小辉周四又和原来的不良少年混在一起，把其他学校的一名学生鼻梁打断了，受伤的家长告到了学校。

整个下午秦老师一直在思考如何更有效的对小辉进行批评教育，心想这小子倒沉得住气。晚上，秦老师与小辉的父母通了一个电话，告知小辉的情况，共同商量对策。然后，打电话给小辉，明天下午来家访，让他通知家长。

秦老师到了小辉家首先表扬了小辉,最近在校的表现,但话锋一转说:"小辉,暑期家访是我新接一个班级必做的功课,但开学前几周双休日家访是我做班主任以来的第一次,你知道我今天来家访的目的是什么?"

上来小辉还想隐瞒打架的事情,后来发现秦老师的话里有话,就低下头不再言语,秦老师和小辉的父母按事先商量好的与小辉进行了深入交流,了解到了事情的真相。自秦老师暑期家访后,小辉的确想与以前做一个了断,但以前的朋友帮过小辉,这次这个朋友请他帮忙,他不好意思拒绝,本想这次帮忙是还他的人情,以后不再有任何瓜葛了。不想一有冲突就控制不住场面了。

秦老师看到小辉已经敞开了心扉讲出了原因,秦老师帮助分析这样的做法的不妥和后果,要求认真对待学校处理决定,鉴于小辉认识的态度,会与政教处老师进行沟通,尽可能减轻处理。但与小辉进行了签约,以后再发生违纪情况,就退回原籍学校。

虽然小辉还是时不时地有些小的状况,但总体状况还是沿着秦老师与家长共同制定的方向发展。不想寒假一上来,秦老师发现小辉整个状态有些反常,上课有气无力,作业也经常不交,秦老师从侧面了解下来小辉是为情所困,最近交了一个女朋友。当天下午,秦老师把小辉找过来,进行了一次长时间的促膝谈心。首先肯定了这是一份美好的纯真的感情,但也是没有结果的青春故事。帮他分析了怎样的人生是精彩的,每人有每人的选择,你可以为了所谓的爱情放弃高考,也可以为实现自己的梦想,暂时放下美好的感情,到六月高考结束后还可以经营你们的感情。这是你的选择,更是你们共同的选择,你们都已成年,相信你们会作出正确的抉择。

经过秦老师的耐心开导,小辉总算不辜负老师的期望,很快恢复了备考状态。

但随着二模考的惨败,一度让小辉产生了放弃学业的念头,秦老师还是一如既往地用自己的爱去影响他、感化他!最终,小辉还是正常地参加了高考,考入了大学。现在的小辉不仅重新走上了正轨,而且还是一个懂得珍惜与感恩,充满阳光活力的大学生。

案例中的小辉是一个思想成熟,对社会和人生有自己的看法,那些教条的理论在他眼里根本无半点说服力。秦老师抱着不抛弃、不放弃的原则,循循善诱,放下身段,走进学生的心里,摇动学生冰封许久的心灵。只有让学生认可你、信任你,才能接纳你、听你的话、按你的要求规范自己的行为。针对小辉是一个讲面子、讲义气的学生，秦老师整合教育合力，与家长共同商议对策；抓住教育契机，在合情、合理、可控的范围里，通过与小辉签约来约束他的行为，在一定程度上起到了一定的约束、引领的作用。

教师平时要关注学生的点滴变化，用真心、真情去爱学生，用他们的思维、立场去思考，分析利弊，引导他们自己学会选择。这样更容易被学生接受并产生共鸣，学生也会在教师的帮助、引导中变化成长。问题学生的转变不可能一蹴而就，在转变过程中允许学生反复，教师要充分做好学生反复的心理准备，并用持久、包容的爱去发现潜在的上进心、引导学生的发展、挖掘他们的潜能，用自己积极的情绪走进学生心灵深处，用自己的正能量去摇动学生心灵，让每一个学生的生命更鲜活。

总之，批评是教育内在的客观要求，体现了教师对学生的一种关爱和导航，更是一种督促和挽救。教师应通过批评为学生指点迷津、唤醒心灵、疏导心理、明辨是非、纠正不良习惯和品行，促进学生健康、快乐成长。

第四章　建立批评教育的原则

批评和表扬一样,是教育的一种方法。批评的最终目的是指出学生的错误和缺点,帮助学生认识到自己的言行、活动方式与社会要求和他人的差距,引导学生积极寻求弥补的方法,尽可能减少错误带来的损失,提高学生的受挫能力,促进健全人格的形成,激发其自尊心、上进心,督促自己将内在的要求化为积极的有社会价值的行为,成为符合社会要求的、健康的、有益于社会的合格公民。对于犯了错误的学生实施有效的批评教育,并不是一件简单的事情,毫无原则的随意批评,或不分场合的说教,是很难取得批评教育的效果的,而且还可能造成学生的逆反心理,易伤人。

批评既是人际交往中不可避免的一种方式,又是进行心灵沟通的一种手段,更是不断自我完善的一种动力,因此,想取得批评教育的理想效果,我们教师必须掌握批评教育的原则,注意批评的技巧,使批评充分发挥它的正能量,让学生在批评教育中自省、自律、自强,拥有积极健康的心理,茁壮成长。为此,必须在对学生进行批评教育中建立必要的原则。

第一节　对事不对人

教师在实施批评教育时,一定要做到对事不对人,把错事与人分开,只批评错误的事,不批评做错事的人。批评时不要借题发挥,无限上纲上线,更不要随意加上自己的个人主观臆断,这样不仅不能客观公正地找出学生错误与问题原因所在,而且容易激发学生产生不良情绪,不利于学生对错误与问题的深层认识。批评时更不能进行人身攻击,把学生以前犯的错都翻出来,旧事重提,揭学生的短处,把学生的尊严践踏在脚下,这样只能招来逆反和对立,会造成学生的错觉,认为教师故意和他过不去,体会不到教师恨铁不成钢的良苦用心，不仅达不到批评教育的目的，反而会让学生在错误的道路上越滑越远。

一、对事不对人的含义

对事不对人是指：只对事件的选择和处理方式进行评判，不对人格、个性等层面等进行攻击。"对事不对人"：就是目的放在双方促进事情有效进展的过程，同时注意自己的情绪，而不把对方的否定意见引申到人格、人性等层面的方式。

批评教育要建立在关爱尊重学生的前提下，在批评时，不能借批评搞人身攻击，侮辱学生的人格，揭学生的隐痛和短处的语言冷暴力倾向，出现体罚或变相体罚的现象。这样只能引起学生对教师的猜疑、反感、对立，甚至他们会纠结一些同学处处与教师唱反调。批评是为了帮助学生认识错误，改正错误，与本次错误没有关系的旧事、短处不要随意联系，因为这样只能造成师生关系紧张和恶化，根本无益于问题的解决，反而会使问题变得更复杂，一个错误没有认识改正，新的错误又出现了。

批评学生时还要注意方式方法，一事一批一评，只对本次犯的错误进行批评，千万不要把以前犯的错误，一起叠加起来再批评一遍，这样的批评是学生最反感的，也会给学生一种暗示就是教师只记住我犯的错，不会记得我的进步和付出。所以在批评的时候只对这次事件进行批评，不应以量取胜，错误的事件越多，学生就越不知道从何改起，不知老师这次批评的重点是什么，只知道在老师眼里反正做什么都是错，干脆躺倒不干了，你也拿我没办法。

批评学生时要把握学生的心理脉动，犯了错的学生一般都有自责、保护心理，对错误或问题的认识首先会寻找许多客观的原因，为自己开脱，寻求自我心理安慰，因此，批评学生时，先把事与人分开，消除学生的心理保护，师生之间只是对错事本身各自的认知出发，在对话沟通中学生容易接受并重新认知，最终达成共识。对事不对人的批评可以让学生对错事也有一个比较客观公正的认识，不仅约束自己的不良行为，防止学生再犯类似的错事，更主要的是通过在精神上的引领、成全、培育，使它成为指导学生行为和做人的准则。

二、就事而论事的立场

对事不对人，第一层意思是就事论事，把错事与人分开，只批评错误的事，不批评做错事的人。虽然事情是人做的，错误也多数是人为因素造成的，但批评尽量做到对事不对人,从心理学角度说批评是一种负强化法,若批评时借题发挥,无限制的上纲上线,过多的加入个人感情色彩,只会招来逆反和对立情绪,不利于学生接受批评和个性发展。批评时一定要客观,要对学生所做的事本身造成的危害,客观分析,讲清道理,提出要求,让学生真诚地接受批评和帮助。教师的批评应着眼于放在如何提高学生对这件事的认识上,帮助他改正错误,而不是揪着错误不放。

案例 4-1

  小明是某普通高中高二的学生,一个周五的下午小明和几个好朋友出去玩,回家已经很晚了,一进门母亲就问:"你到哪里去了?"

  "和几个好朋友去玩了。"

  "和谁一块去的?"

  "就是初中几个好朋友。"

  "准又和职校几个在一起,是吧?"

  "是,还有其他学校的。"

  "你怎么又和他们混在一起了,上次不是已经明确告诉你以后不要和他们在一起,你怎么总是不长记性。上次就是他们把你叫去打架的,这几个孩子品质不好,以后让我知道你和他们在一起,小心我打断你的腿,你们在一起准不干好事,又去网吧是不是啊。"

  "没有,我们只是去逛街了。"

  "你少骗人,男孩子逛什么街,和职校几个在一起不出事才怪呢。有逛街的闲情逸致,还不如多看看书,你已经高二了,这次期中考试考得又不好,再不抓紧,到了高三怎么办,你考不取好的大学,就找不到一份好工作……"

  "老妈,整天读书读书,你烦不烦,不要联想太丰富,不就出去玩玩,没干什么坏事,你至于吗?

  "我说一句都不行了,还敢还嘴,你现在还靠我们吃了,就这种态度,一点也说不得,我这不是为你好吗?我怕你这样下去又和……"

  妈妈越说越激动,小明越听越心烦,还没等妈妈把话说完,就自己走进房间,砰的一声关上房门,不再理会妈妈。

上述案例中的小明只是犯了一个错误,就是没有准时回家,而母亲无限制地引申,指出了小明一连串的缺点错误,一听与几个好朋友出去玩,马上联想到几位职校的老同学,翻他们的老账,用十分肯定的语气,判定他们又去干坏事,而且事无巨细最后总是回到学习。小明的母亲看到孩子周五下午没有准时回家,心情非常焦虑和担心,怕小明是否又要老毛病再犯,所以小明一进门就像审犯人一样,咄咄逼人,唠叨不休,反反复复,动不动就是学习,把考不上大学看作世界末日,这样会使孩子感到厌倦、听力疲劳,产生自卫心理,导致逆反,积怨在心,不把母亲的批评当一回事,还会找出所谓的一大堆理由来与你对抗,使母亲的批评无法顺利有效地进行下去,甚至可能变本加厉,不但改正不了放学不及时回家的毛病,而且会做出更加出格的事情。

如果现在场景变成这样。

"这么晚,你到哪里去了?"

"和几个好朋友去玩了。"

"回来晚怎么也不事先打个电话,我和你爸很担心,再过五分钟你不回来,你爸打算出去找你了。"

"对不起,让你们担心了。我知道了,下次一定先打个电话回来告诉您一声。"

"不过我还是希望你像以前一样放学准时回家。行吗?"

"好。"

"那你去洗洗手,我把菜热一下马上吃饭。"

其实孩子那么晚回来,心里也有一丝担心和内疚,若家长不注意控制自己的愤怒情绪,孩子一进门便劈头盖脸、乱批评一气,让他原来的一点愧疚、一点担心都坦然无存,反而让他的负罪情绪得到释怀,甚至母亲一连串的批评,让他感受到父母对自己的不信任,说了那么多的不是,他也不知道哪个是重点,会找各种理由,为自己的错误开脱。根本达不到批评孩子晚回家的目的。因此,家长批评孩子的错误时首先要控制自己的情绪,若感觉自己情绪不佳,干脆下次再批评,加入某种情绪进去的批评同样达不到效果,甚至比不批评更糟。其次,要让孩子体会到你的关爱,它是开展有效批评的前提。当孩子看着父母焦急的神态,饭菜冷了还在等他,孩子的害怕和内疚会加剧,多数不会下次还犯同样的错误。因此在批评别人时不要揪住错误不放,不要小题大做,无限扩大错误,导致负面情绪产生。

对事不对人容易让被批评者客观地看待错误或缺点,另外对事不对人还体现了批评者处事的公正公平的态度,也是对他人的一种尊重和与人为善的处事方式。这样做就可以让学生感到你是站在平等的立场与他们交流,是真正关心和爱护他们,从而愿意接受批评意见,更加信服。

三、不提旧事不揭短处

对事不对人,第二层意思是不把旧事、不相关的事重提或揭短。有句俗话说得好"打人别打脸,骂人别揭短",这句话同样可以适用于批评教育上,旧事重提,揭人短处,讽刺挖苦,是打击人的方法,而不是批评教育人的方法。揭别人短处会令人感到自尊心严重受到伤害,引起反感,从而处处与你为敌。揭短还表现在不提旧事,过去的事已经过去了,如果与现实没有什么必然的联系,就不应该提起,即使有联系,也不能直接拿来联系,否则很容易伤人的。以前的错误,应该随时间流逝了,不能总是念念不忘,这样会让学生感到我在你们眼里永远翻不了身,犯过一次错,一辈子被念叨,不知何时能挺胸抬头做人,会产生消极情绪,不利于改正错误。

案例 4-2

小峰是某普通高中高三学生,自小家庭离异,父母又各自组建了新的家庭,小峰长期与祖父母生活在一起,平时他几乎得不到父母的关心,高一时由于交友不慎,与社会上一些不良少年勾结在一起,经常打架滋事、敲诈勒索同学,有一次参与了偷窃,被派出所拘留了两周。经过此事,在片警、班主任老师、家长的共同干预下,小峰认识到了错误,彻底与社会上的不良少年断绝了联系,在学校各方面表现都相当不错。

到了高三学校进行了重新分班,班主任和任课老师都已更换,小峰与新老师之间磨合不是很顺利,再加上到了高三学业难度突然加大,第一次月考成绩较差,小峰心理压力很大。有一次在上数学课时跑到操场去打球,被班主任老师发现了,再加上上次抽烟正好也被他撞到。于是,班主任老师决定给他点颜色看看。班主任把他带到办公室,对他进行了一番批评后,随口又说了一句:"你呀!真是江山易改,本性难移,看看你家里的样子,你就不能有点出息吗?"

班主任的这句话深深地触到了小峰的伤疤。由于他不像别的孩子一样,面对压力和问题可以和父母商量,自己只是通过吸烟和逃课打球来宣泄一下自己的紧张无助情绪。班主任老师拿他的家事和以前的事来说事,还隐射他,他一激动,就一边拿起椅子上的书包，跑出了办公室，一边愤怒地对班主任说"你有事说事，不要拿我家里的事和以前的事说事，你下次再这样，小心点。"

后来，在原来班主任老师的关心下，小峰承认了自己的错误，高考也考取了比较理想的学校，但对高三班主任一直耿耿于怀，也不太愿意回母校，即使回母校，也从来不去高三班主任那里。

作为老师应特别注意批评学生时，不要含沙射影，有过严重错误，已经改过的人比较敏感，也不要说未经深入思考、脱口而出的话，这样可能引起别人的误解。所以，我们无论多么生气、多么恨铁不成钢，批评学生时千万不要说"江山易改，本性难移"、"你无可救药了"、"我都说了N遍了，你怎么这么老不改好呀""不知道你爸妈是怎么教出你的""是不是又出去干坏事了"等等这些定性的、武断的、与本次批评无关的严重伤害学生自尊的话语，这样不仅不能传达教育的意图，只能招来反感，产生对立情绪，使批评教育完全违背了帮助学生改正错误和缺点的初衷。

对事不对人还要切记，绝不能借批评的机会搞人身攻击，侮辱他人人格。过去的事已经过去，尤其是曾经犯过严重错误的人，一旦已经有明显的改正错误的决心和信心，再犯错时，批评一定要注意方式方法，千万不要旧事重提，让他已经好了的伤疤，再次被揭开，这是一种极度伤人的事，可能会使其一蹶不振，重走老路。即使是犯了与上次一样性质的错误，也不能把老问题联系起来批评，这正如人不可能踏进同一条河流两次的道理是一样的，我们应帮助他分析犯错的原因，慎重地、婉转地提出批评，帮助他认识到错误的严重性，督促他改正错误。更何况上述那位学生的错误与以前无论是性质还是类型都有本质区别，就更不应该，旧事重提，揭人的痛处，我们应用发展的眼光对待学生的缺点和错误，不要老是揪住学生以前的错误和缺点不放，一事一批一评，不要翻老账，真正帮助学生改进不足。

发现别人的缺点和毛病比较容易，但批评别人时千万不能把眼光放在他人的短处，而应善于发现别人的长处。

案例4-3

美国南北战争期间，林肯为了稳妥起见，一直任用那些没有缺点的人担任北方军的统帅。可事与愿违，他所选拔的这些统帅在拥有优势的情况下，一个个接连被南军打败，有一次几乎丢了首都华盛顿。

　　林肯很奇怪,经过分析,他发现南军将领都有着明显的缺点,但同时又都具有各自的特长,而南方的总司令十分善用部下的特长,所以能连连取胜。于是,林肯毅然任命格兰特将军为北方军总司令。

　　当时,有人告诫林肯说格兰特将军嗜酒贪杯,难当大任。其实,林肯对格兰特酗酒的嗜好十分清楚,但他更清楚在诸多的将领中,唯有格兰特将军才是决胜千里的帅长。后来的事实也证明了格兰特将军的确有此才能,最终领导北方军战胜了南方军。①

　　由于家庭背景、生活习惯、文化教育等方面原因,不可能找出一个十全十美的完人,每一个人都有自己的长处与短处,越是有个性的人,往往越容易有他明显的不足之处,因此我们在平时学习生活中不要以己之长去揭人之短,而应学会取人之长补己之短,真诚地指出别人的不足,督促并协助其改正。教师一定要明确自己的目的是为了解决问题,为了使学生在今后学习、生活、工作中做得更好。只有对事不对人才能起到批评教育的功效,如此批评才不会招致学生的猜疑和不快。

　　总之,在批评时只有对事不对人,言语得当,合情合理,目的正确,才能让做错事的人从中受到启发,达到批评的效果。

第二节　实事求是

　　批评必须建立在调查研究的基础上,不能偏听偏信,即使亲眼看到的也未必是真相;批评必须建立在公信的立场上,不偏不倚,客观公正地指出缺点和错误的核心和根本;批评必须建立在真诚以待的理念上,给学生一个解释说明的机会,站在学生的角度,透过现象分析学生犯错误的真实原因,通过对话,帮助学生形成正确的认知,共同制订改正的方法,真正达到批评教育的目的。

一、实事求是的含义

　　"实事求是"在现代汉语词典中的解释是从实际情况出发,不夸大,不缩小,正确地对待和处理问题,求得正确的结论。辞海中"实事求是"的解释是:根据实证,求索真

---

① 罗莎,门淑敏.生活中的批评的艺术[M].北京:中国时代经济出版社,2009.

理。"实事求是"一词，最早出现于东汉史学家班固撰写的《汉书·河间献王传》，原本指一种严谨的治学态度和方法，是一个经学和考据学的命题，也是我国古代学者治学治史的座右铭。

"实事求是"也是我党必须始终坚持的思想路线和工作作风，更是毛泽东思想的精髓所在。1941 年 5 月，毛泽东对"实事求是"作了科学的解释。他认为："实事"就是客观存在着的一切事物，"是"就是客观事物的内部联系，即规律性，"求"就是我们去研究。[①]

几乎每人都知道"人非圣贤，孰能无过"的道理，但事实上人还是喜欢听表扬和赞美，不喜欢听批评，尤其是现在生活在蜜罐里的中学生，更是听不得批评。批评是一门艺术，教师批评学生必须要掌握科学的批评教育的原则和方法，增强批评教育的实效。当面对学生的错误与缺点时，不要急于批评，而要亲自认真调查研究，给学生解释说明的机会，还事件以本来面目，同时通过表象，分析造成错误和缺点的主客观原因，找到形成错误或缺点的症结，有理有据地与学生开展真诚平等的对话，让学生明白缺点错误造成的后果，提高对错误和缺点的认识，欣然接受你的批评。

总之，教师必须时刻提醒自己，批评的目的是为了让学生接受建议和意见，帮助其改正错误和缺点，让他们健康、快乐地成长。因此，在批评学生时一定要坚持实事求是的原则。

二、立足于调查研究

实事求是就是在批评前，要调查了解，搞清楚事情的前因后果，不能偏听偏信，也不能将传言当事实，应当还原事件的本来面目。对于自己并不清楚的事情不要急于评论和加以批评，不可以盲目地以自己原有的认知去崇信和判断，只看表象，缺乏调查的批评，可能会招致误会，导致师生关系对立，不利于正常地开展教育教学活动。

调查研究的方法有许多，如访谈法、观察法、文献法等，在批评教育中的调查研究较多地运用观察法和个别访谈法，通过与犯错同学对话、与目击者和家长交流、细致观察，切记不能道听途说、捕风捉影，从而掌握大量正确信息。透过事件表象运用归因、综合等分析判断，弄清事情真相，防止疑神疑鬼、无中生有或将污蔑的谣言信以为真，客观公正地面对错误，而不要冤枉好人。

---

① 毛泽东.毛泽东选集.第 3 卷[M].北京，人民出版社，1991.

案例 4-4

李万明老师是云南省的一位班主任老师,有一次遇到了"眼见不为实"的事件。

一次上课铃响了,李老师开始了例行的"监督"工作,同学们都很快地跑回教室。过了一会儿,上课的老师也进了教室,第二遍铃响过后,李老师的目光刚要移开,突然看见班中颇为顽皮的男同学吴金波跑进教室。李老师当时就想:"这小子肯定是课间跑操场上玩去了,才会上课迟到! 这是我亲眼所见,准没错!"一下课,李老师就走进教室,把他叫到讲台前,严厉地批评他上课迟到。平日里大大咧咧的他这下可急了,李老师分明看见眼泪在他眼圈里转。"您冤枉人,我根本没玩,下课同学们围着李老师问问题,然后李老师又叫我帮她把作业本抱到办公室去,这才晚的!"李老师的脑中"轰"的一下,是呀,怎么忘了,为了调动他的学习积极性,我和数学李老师商量好让他当数学课代表的呀! 李老师知道错怪了他,连忙道歉。他却气呼呼地走了,以后几天都不怎么理李老师。

都说"眼见为实",可李老师亲眼所见,还是错怪了同学,这是深刻的教训。孩子的心是稚嫩而脆弱的,伤害了就很不容易愈合。我们作为教师,每当在批评学生之前,一定要先问问自己,事情搞清楚了吗? 事实是这样吗? 我批评得有理有据吗? 千万不能凭主观想象就草率处理。①

正如案例中的李老师,亲眼看到小吴同学上课迟到,但也未必是事实,这并不是由于李老师经验不丰富。在《孔子家语》卷五"困厄"第二十卷记载了"颜回偷食"的典故,像孔子这样伟大的教育家也有过像李老师一样的经历,并告诫我们:"我亲眼看见的事情也不一定是正确的,何况是道听途说呢?"因此,在教育学生时一定要秉持实事求是的原则,碰到事情先要亲自调查研究,了解整件事的来龙去脉,搞清事情的缘由。草率批评可能引起误会,激化矛盾,不但达不到批评教育的目的,反而使问题复杂化。批评是为了教育学生改正错误,但它的前提必须是对方确实犯了错误。不正确的批评,不仅影响师生的感情,而且会让教师在学生眼中的威信受到影响,甚至会失去学生对教师的尊重和认同,教育效果也将大打折扣。

实事求是还要求教师善于通过学生错误或缺点的表象,精准地找到错误或缺点的

① 高澄清. 用智慧造就孩子[M]. 武汉:湖北教育出版社,2009.

症结所在,标本兼治。

案例 4-5

　　有这样一则寓言:有一天动物园管理员们发现袋鼠从笼子里跑出来了,于是开会讨论,一致认为是笼子的高度过低。所以它们决定将笼子的高度由原来的十公尺加高到二十公尺。结果第二天他们发现袋鼠还是跑到外面来,所以他们又决定再将高度加高到三十公尺。

　　没想到隔天居然又看到袋鼠全跑到外面,于是管理员们大为紧张,决定一不做二不休,将笼子的高度加高到一百公尺。

　　一天长颈鹿和几只袋鼠们在闲聊,"你们看,这些人会不会再继续加高你们的笼子?"长颈鹿问。

　　"很难说。"袋鼠说:"如果他们再继续忘记关门的话!"

　　这则寓言告诉我们:只看到错误的表象,抓不住错误的核心和根本,批评犹如隔靴搔痒,起不到任何效果。[①]

　　平时班主任工作繁忙,学生出现问题往往头痛医头、脚痛医脚,学生迟到、作业不做就只批评迟到和不做作业,很少深入下去了解学生迟到和不完成作业的真正原因,在对待学生错误和问题时就像动物园的管理员一样只想用堵的方法,经常采用"盯、管、跟"的管理方法,弄得自己精疲力竭,但效果往往平平,即便表面太平,但离开视线的校外却暗流汹涌。因此,批评教育最核心的是要抓住学生错误和问题的根本,了解学生的心理脉动和思想认知,有针对性地进行批评才能让学生信服,也便于帮助学生制订切实可行地改正错误和缺点的方法,提高批评教育的实效性。

三、学生有解释机会

　　实事求是还表现在批评教育时给学生一个解释说明的机会,给他们话语权,倾听学生对事件的真实心声,这不仅有助于减少由于我们的思维定势和主观臆断等原因造成判断的失误,而且还有助于你能真实了解学生犯错误的原因。由于每个人的立场观点不同,思维习惯不一样,认知能力有差异,会导致学生犯错误原因各种各样。有的是

---

① 罗莎,门淑敏.生活中的批评的艺术[M].北京:中国时代经济出版社,2009.

故意恶作剧,有的是无意识为之,也有可能好心办坏事,有的是态度问题、有的是能力问题等等。给学生一个解释说明的机会,对所犯的错误有一个全面、正确的了解,使批评更具针对性,让学生心悦诚服地接受批评。

案例 4-6

  孙明霞是山东省泰山学院附中的教导主任。有一次,中午临近放学时,一位毕业班的班主任带着他们班里一名叫小刚的男生来到孙老师的办公室。这位班主任老师非常生气地对孙老师说:"这个学生交给你了,我实在管不了。处分还是开除,你看着办吧! 我从来没见过这么不服管教的学生,把人家打伤还不承认错误,让他通知家长也不通知!"说完,那位班主任气呼呼地走了。

  孙老师抬起头看着这个足有 1.8 米的大个子男生,鼻梁上还有一道长长的划痕,正渗出血迹来。他昂着头站在那里。

  为什么打架呢? 为什么把人打伤了也不愿承认错误呢? 为什么不愿意按老师的要求叫家长呢? 孙老师的脑海里闪现出一连串的问号。

  为了缓和气氛,孙老师从包里掏出纸巾,心平气和地说"看你鼻子受伤了,我给你擦擦。用不用去医院看看?"

  小刚本来犟着脖子,一脸满不在乎的表情,但看到孙老师发自内心的关心,有点不知所措了,赶紧说:"没事,没事……"

  这时,孙老师拉了把椅子,说:"既然没事,那就先坐下来平静一下吧。"

  小刚开始说什么也不肯坐,只说了一句:"我站着就行了!"但孙老师一个劲地示意他坐下,并且没有责怪他的意思,就坐了下来。

  孙老师问:"看样子你是和同学打架了吧?"

  小刚没有说话,只是点了点头。

  孙老师接着问:"被打的同学与你关系不好吗?"

  小刚抬起头看了一眼孙老师,说:"不是,我们是朋友。"

  "既然是朋友,你们为什么打架呢?"

  "我让他擦黑板,他不擦!"

  "噢,是应该他值日,你让他干他不干?"

  "不是,是我值日。下课的时候同学喊我有事,我想让他帮我擦擦黑板,但是他不擦。"

"所以你一生气就打了他?"

"没有。我吼了他几句,他便骂我,还拿圆规朝我比划,划破了我的脸。于是我就抬手打他,结果把他推倒了,头碰在凳子腿上磕破了。"说完,小刚低下了头。

"我明白了,他受伤不全是你的错,对不对?"小刚点点头。孙老师接着说"看来这件事情的确不能全怪你,朋友之间有事让他帮帮忙,也是未尝不可的,他怎么能不帮呢?"

小刚没想到老师这时还会为他说话,于是抬起头用一种感激的眼神看着孙老师。

弄清了事实,孙老师开始了对他的教导:"这些情况你们班主任知道吗?"

小刚摇摇头说:"不知道。我还没说,他就开始骂我,根本不让我解释。他根本就不了解事情的真实情况。"

"看来,你们班主任在这个问题的处理上确实有点欠妥。但我反过来要问你一句,如果别人让你替他值日,你是否会同意呢?要是你正好有事不能帮别人值日,你该怎么办?"

小刚无言以对,脸上逐渐浮现出一丝懊悔的表情。

孙老师接着说:"虽然这件事的责任不全在你身上,但他伤得很严重,你却只是皮外伤,我想你现在一定很后悔吧。为这么点小事却发生了流血事件,要是开始知道会这样,你一定不会动手吧?"

小刚眼中闪现出了泪水,使劲点了点头,说:"是的,孙老师,我错了!"

最后,小刚主动向那位被打的同学道了歉,一场风波就这样平息了。①

案例中小刚的班主任面对突发事件,只看到事件的结果,两位同学打架,一位同学头被打破,没有很好地调查整个事件的来龙去脉,没有给学生一个解释说明的机会就教训学生,不仅没有起到批评效果,而且造成师生关系紧张,最后班主任一生气,直接把学生上交到教导处。而案例中的孙老师先让学生情绪平静下来,然后认真倾听整个事件的过程,及时给出公正、合理的判断,进而引导学生认识到自己的错误。

由于教师的认知水平和思维角度与学生存在着很大差异,若以教师的认知和思维

---

① 南山凤. 重庆南山凤教育博客. 批评要有理可循、有据可查[Z]. 2009 - 03 - 01. http://nacsq. blog. 163. com/blog/static/4065643520092193373O6/.

模式随意批评别人,会有失公允。因此,要在批评时做到实事求是,批评前先给学生一个解释说明的机会,听听他做这件事的原因,不要以自己的认识去判断学生的话或行为,学会换位思考。

当然,解释说明并不是让学生推卸责任、强词夺理,而是让学生把事情的来龙去脉讲清楚,把他要表达的意思完整听明白。要相信,几乎没有人是故意犯错,教师要相信每一个人都有一颗向善的心,犯了错都会有或多或少的懊悔之意,也让学生有一个情绪宣泄的机会。通过解释说明能对犯的错误有一个全面、清楚的了解,然后,才能有针对性地进行批评或指出不足,这样才会达到教育的效果。

所以,批评他人时,事事要实事求是,弄清错误的起因、真相、责任、后果,找准错误的核心和根本,耐心分析错误产生的深层次原因及导致的后果和影响。有针对性地进一步摆事实、讲道理,帮助学生认识错误,在批评时,千万不要忘记给学生一个解释说明的机会。这样批评才能做到有理有据,使每一个受批评者都心服口服。

第三节 因人而异

批评教育中的因人而异原则,是指对不同的人要采取不同的批评方式,它是因材施教教育原则在批评教育实践中的最好体现。由于人的性别、职业、年龄、性格、气质、习惯、经历、自身素养、知识结构、道德修养不同,接受批评的承受能力和方式也有差别,每个人都是独一无二的个体,因此在批评时要区别对待,对不同的人采用不同的批评方式。

一、因人而异的含义

因人而异的字面解释是:"因人的不同而有所差异"。它遵循了因材施教的教育原则,因人而异一词最早出自鲁迅《准风月谈·难得糊涂》,然而因人而异的教育思想产生的雏形,并为之努力的实践要追溯到两千多年前的我国儒家学派创始人孔子。在《论语》中就记载了许多他根据弟子的个性差异、阅历、禀赋等特点,给予不同的指点和要求,进而给予不同的发展指导。

案例 4-7

孔子的学生子路和冉有,都向他提出同样一个问题"听到自己认为应该做的事就可以马上去做吗?"孔子对子路说"有父兄在上,不征求他们的意见,怎么可以自作主张呢?"孔子对冉有说:"只要听到这件事应该做,就要毫不犹豫地去做。"公西华对此大惑不解。孔子说:"冉有遇事犹豫不决,我的回答是为了肯定其信心。子路粗鲁好胜,我故意给他泼点冷水。"①

在案例中,孔子根据冉有、子路不同的处事方式,同样一个问题,给出了截然不同的两个答案,这正是对因人而异教育原则作的最好的诠释。近代著名教育家蔡元培、陶行知都非常重视因材施教和因人而异教育原则的实施。不仅在我国长期以来一直非常重视这一教育原则,世界教育经典中也不乏因材施教和因人而异教育原则实施的记载。例如,捷克教育家夸美纽斯(1592—1670),他在主张"一切青年男女都应该进学校"的同时,也承认青少年学生存在着"性格的区别","有些人是伶俐的,有些人是迟钝的,有些人是温柔和顺从的,有些人是强硬不屈的,有些人渴于求取知识,有些人较爱获得机械技巧"。他的《大教学论》第 12 章从第 18 节到第 31 节,针对如何对这些不同性格的人实施不同的教育作了生动而又具体的论述,体现了他因材施教的教育思想和教学艺术。② 前苏联教育家苏霍姆林斯基曾说过"教育工作的实践使我们深信,每个学生个性都是不同的,而要完成培养一代新人的任务,首先要开发每个学生的这种差异性、独立性和创造性"。可见教育必须根据不同学生的特点,施与不同的教育方法,才能使教育发挥最大效能。

因人而异也是贯彻学生发展指导理论的重要体现,在朱益明教授主编的《普通高中学生发展指导研究》一书中提到学生发展指导的三个原则之一是尊重当代学生的特点,明确指出"研究学生的个性特点是高中教育与指导不可轻视的重要内容之一,教育工作者都需要认真而客观地了解和分析学生的个性特点,并将它们转化为教育与指导的基础和资源"。可见,对学生的指导也需要根据不同学生的个性特点进行,更何况是批评教育呢? 批评本来是对学生的行为和认知的否定,人都有一种本能的自我保护心理,对批评的逆反效应是很正常的现象。因此,当学生犯错时,为了使批评教育发挥正向效能,就要求老师要根据学生的平时表现、认知水平、行为习惯、性格等特点,因人而异选择最适合他们的批评方式,指导学生改正错误和提高认知。学生发展视野下的批

---

① 罗莎,门淑敏. 生活中的批评的艺术[M]. 北京:中国时代经济出版社,2009.
② 李俊红. 浅谈因材施教原则的重要性[Z]. 河套大学人文学. http://www.docin.com/p-439596.html.

评教育更需要因人而异。

二、因人而异的批评

学生之间由于先天的遗传、后天的培养等原因存在差异,因此我们根据学生的不同个性气质、家庭背景、志趣爱好、认知水平、思维习惯等特点,选择最合适的教育方式,有针对性地指导学生认识并改正错误。

气质是人与生俱来的外貌和风度,按巴普洛夫划分方法,将人的气质分成为四种类型:胆汁质、多血质、黏液质、抑郁质。每一种气质的人其心理特征不同,在批评的过程中,要注意因人而异。

胆汁质的人是以情感发生的迅速、强烈、持久,动作的发生也是迅速、强烈、有力为特征的。属于这一类型的学生,为人都比较热情、直爽、精力旺盛、脾气急躁、心境变化剧烈。精力旺盛时情绪高涨,精力耗尽时情绪一落千丈,易动感情、自制能力差,性格外向。在给这类学生提出批评时,先稳定对方情绪,不必使用太多的感情色彩的语言,以协商、心平气和的语气摆事实讲道理,让他们想明白错误的原因及造成的后果就可以了。

多血质的人以情感发生迅速、微弱、易变,动作发生也迅速、敏捷、易变为特征。偏于这一类型的人,大都活泼好动、敏感、反应速度快、热情、健谈、喜与人交往、注意力易转移、志趣广泛但易变、环境适应能力强,在变化中寻求生活的质量、爱幻想、缺乏耐心细致,具有外倾性。在给这类人提出批评时,先要做足功课,尽可能设计好对话、争辩的观点和立论的依据,并要在逻辑关系和道理上多下功夫,让学生充分发表自己的见解和想法,在师生对话中使他的认知结构达到重组,明白错误的原因,让他们心悦诚服地接受批评,并化作自觉的行为。

粘液质的人是以情感发生缓慢、内蕴、平静,动作迟缓、稳重、易于抑制为特征。偏于这一类型的学生大都安静、稳重、反应缓慢、情感不易外露、沉默寡言、善于忍耐、注意力不易转移、自制力强、严肃认真、灵活性不够,因循守旧,具有内倾性。在给这类学生提出批评时,要注意自己的语音语调,耐心倾听学生的诉求,真诚地帮助他们解惑,共同寻找弥补的办法,鼓励他们放下思想包袱,改正错误。以激发他们的潜能和积极性,增强他们的活力为主。

抑郁质的人是以情感体验深、有力、持久,动作迟缓无力、优柔寡断为特征的。属于这一类型的学生大都沉静、易相处、办事稳妥、反应迟缓,孤僻、敏感、感性、善于觉察他人不易觉察的细枝末节,具有内倾性。在给这类学生提出批评时,一定要注意方式方法,不能当众批评,点到为止,对话时避开敏感话题,或一些推测性的语句,想方设法找到对话的共同语境,建立良好的对话基础,尽量消除他们的距离感,让他们感受到自己仍然被认可。

案例 4-8

小建是一个较典型胆汁质气质的学生,暴躁、冲动,不合心意就大吵大闹,对老师有较敌对的情绪。

有一次小建和同学踢足球,由于同学小明犯规将他新买的足球服撕了一个很大的口子,他一定要小明赔偿,小明感觉又不是自己故意弄坏的,打球擦擦碰碰是很正常的事,不肯赔,为此两人言语不合就吵起来了,一怒之下,小建动手打了小明。班主任王老师知道后,把小建带到办公室。

小建从一看到王老师的一刻起,已经作好了被老师批评的准备,所以上来就摆出一副"死猪不怕开水烫"的样子,王老师一看这副架势,先关切地对他说"小建,你有没有受伤。"

小建诧异地看着老师说"没有。"

王老师接着说:"打架这件事不完全怪你,老师已经知道了详情。"看着老师没有批评自己反而安慰自己,小建的情绪慢慢平静下来。

王老师接着说"他把你衣服撕坏了,也有责任,但是同学之间发生矛盾应该会有解决的办法,用武力是不能解决问题的,万一将同学打伤怎么办,你想过后果吗?"

小建轻轻地说:"当时没有想过,头脑一热,就动手了,现在知道了打伤同学受学校处分是少不了的。"

王老师接着说:"我们撇开处分不说,你与小明平时有过节吗?"

小建说:"没有,我们平时关系还不错。"

王老师接着说"如果小明受伤住院了,你会不会自责?"

小建抬起头看了看王老师,愣了一下轻声地说:"会的。"

王老师乘势说:"原来还是不错的伙伴,现在为了一点事情,大打出手,你考虑一下,一件衣服和你们的友情能相提并论吗?"

小建慢慢地低下了头,王老师接着说"你知道自己的问题出在哪里?"

小建说:"知道,我遇事不够冷静,不能控制自己的脾气。"

　　王老师笑笑说"不错，自己已经找到了问题的症结。你就是火爆脾气，以后遇到事，先控制一下情绪，碰到自己解决不了的问题，你可以找老师帮忙解决。"

　　小建不住地点头。以后小建遇到事尽量克制自己的情绪，遇到不能解决的问题，会主动找老师商量。渐渐小建的火爆脾气改掉了许多。

　　案例中的小建是个典型的胆汁质气质的学生，王老师察觉到了小建的敌对情绪，针对学生的特点，从询问是否受伤来安抚学生的情绪，并表示对学生的过激行为予以理解，同时指出他的不良脾气给他与同伴带来的伤害，使小建注意到了控制情绪的重要性，以后渐渐学会了管理自己的情绪。

　　如何因人而异地实施批评，除视学生的个性差异外，还要看所犯的错误性质而定。对于那些经常出现的普遍性错误或可能会发展成普遍性的坏苗头最好用严厉"刚"的批评，以儆效尤，避免别人再犯。但高中生正是是非观念形成的关键时期，学生犯严重错误时必要的严厉是需要的，只有承受了痛苦经历，才能成长。但过于严厉的批评，也可能激起被批评者的逆反心理，因此教师也应学会用柔的方法，即用婉转的方式指出错误，通常不是直接指出，而是用别的事例和婉转的语气来提醒犯错误者，以促其自我省悟和改正。

　　当学生犯错误时，刚不可少，柔也别有妙处。比如对那些消极颓废、行动散漫，或自我意识淡薄、被动，或不正视自己的过失且爱察言观色、侥幸心理较强的人，教师应"下猛药"，通过语言、语调的强刺激，以"刚"促使其醒悟；对于反应快、脾气暴躁、否定心理明显、行动情绪化的人，最好采用"春风化雨，点滴入土的方式，以柔克刚，用商讨的口吻，稳定他们的情绪，然后再平心静气地把批评的信息传递给他们，改变他们可能存在的对抗动机；而对性情机敏、疑心较重、自我防卫意识较强的人，则应刚柔共济，灵活多变地运用教育方法，以迅速冲破对方的心理防线，使他们较快地意识到批评教育的目的。因此，根据不同学生的特点，教师要善于巧用以柔克刚、以柔制刚、外柔内刚、刚中寓柔等方法，这样才能达到批评的预期效应。

　　总之，批评学生就如同医生治病，把准病人的脉，根据不同学生的气质特点、认知水平、行为习惯，因人而异地给予他们批评，这样才能使批评达到事半功倍的效果。

三、因人而异的要求

　　因人而异的批评不仅有助于学生认识到自己的错误和问题对自身成长带来的阻

碍,并能使其自觉约束自己的行为,而且能否根据学生个性、爱好、认知水平因人而异地批评也是衡量教师是否成熟、是否优秀的标准之一。因此,在批评教育中掌握好因人而异的原则,使批评发挥它的正向教育效能,教师必须要注意以下几个问题。

第一,公正、公平地对待每一位学生,是实施因人而异原则的基础。

在批评学生时切忌根据学生的身份、家庭背景、你的喜好采用不同的批评,比如对班干部、你喜欢的学生犯了错和颜悦色地、婉转地指出缺点错误,对屡教不改的行为偏差生或你不喜欢的学生要么不管三七二十一严厉批评,美其名曰为了学生好,或者就听之任之。作为老师一定不要以自己的喜好来影响自己的教育行为,无论对什么样的学生一定要做到教育公平,用广博的胸怀、公正公平地对待每位学生。学生犯错时,根据学生不同的特点,因人而异选择不同的批评教育的方法,体现批评教育的艺术性。

第二,全面、客观地了解每一个学生的秉性特点,是实施因人而异批评教育原则的前提。

只有知道学生的特点,才能有针对性地选择合适的批评教育方法,使学生能坦然面对批评,充分发挥批评的正面导向作用。这就要求教师平时要善于观察学生的言行举止,通过对话了解学生的兴趣志向、思想心理、家庭背景,归纳分析学生的性格、脾气、兴趣爱好、才能、志向等;还要学会耐心倾听学生不同的诉求,尽可能不随意打断学生的讲话,让他们完整地表述自己的观点和意愿,在尊重学生的前提下,以协商的口吻提出一些建议和要求,供学生参考和借鉴,减少他们的自卫和对抗情绪,建立良好的师生关系;教师还要学会用心去感受学生的弦外之音,善于分析和捕捉学生的真实意图和诚意,寻找共同话语频率,真正走进学生的心灵,成为学生的人生导师。

第三,实施因人而异批评教育原则,要灵活运用,切忌生搬硬套。

学生是一个鲜活的生命个体,你的教学生涯中绝不会碰到一模一样的学生,教师要根据不同学生灵活选择批评教育的方法,切忌生搬硬套。比如上面从心理学角度将人归纳为四种气质类型,但在现实生活中人们所表现的气质也不可能都是典型的某一种气质类型,往往是混合型的气质,所以在批评的过程中,要针对不同状况,灵活运用各种方法,以达到批评的目的。

第四,实施因人而异批评教育原则,除考虑学生个性气质外,还应考虑年龄、阅历、家庭背景等综合因素。

比如对阅历较丰富、自我意识较强的学生进行批评时,只要在其关键处进行提醒就可以了;对于心理年龄不够成熟、自我意识较差的学生进行批评时,你必须讲清利害关系,可以借鉴别人的方法或经验婉转地指出他的缺点和错误,使其认识到自己的缺点和错误,作出诚恳的自我批评;对于自尊心较强而缺点、错误又多的学生,应采取渐近式批评,即由浅入深,逐渐指出其缺点和错误,而且一次只能批评一件事情,从而让学生从思想上逐渐适应,逐步提高认识。不要一下子全盘托出,使其背上沉重的思想包袱,反而达不到预期效果。同一个错误,对于家长配合和教育程度不同,学生年龄段不同的都应给予不同的批评。

总之,批评教育学生的方法不能千篇一律,而应根据学生不同的家庭背景、生理心理年龄、认知水平、行为习惯、气质特点、性别差异等,因人而异地选择教育方法,使批评教育收到良好效果。

第四节 适时适度

从批评的性质上看,它是为了帮助学生认识到自己的言行、活动方式与社会要求和他人的差距,引导学生积极寻求弥补的方法,尽可能减少错误带来的损失,提高学生的受挫能力,促进健全人格的形成。批评是一种关爱和导航,更是督促和挽救。所以当学生在学习、生活、工作中出现错误的时候,对其进行批评的目的是解决问题,而不是要将其批得体无完肤,"置于死地而后快"。因此,批评要把握时机和分寸,根据学生的认知水平、心理承受能力等合理选择语言和语气、方式、方法,让学生信服,并激发其自尊心、上进心,督促自己将内在的要求化为积极的行为。所以批评者一定要掌握批评的分寸和时机,既能惩前毖后,使其不再犯类似的错误,又不至于挫伤他的自尊心,使其心悦诚服地接受批评。

一、适时适度的含义

批评教育中的"适时"是指掌握批评时机,老师要准确了解学生的道德认知水平、心理变化、注意运用环境场合、时间、方式、语言,把握好批评教育的恰当时机,捕捉学生错误中的教育价值,通过借题发挥等方式,让学生自觉地反思自己的错误和问题,在潜移默化中提高道德认知,能乐意接受你的批评,使批评教育最优化。

从心理学角度看,当学生刚犯错时,对周围信息的反应会特别敏感,多数学生既有对错误的懊恼之意,又担心家长老师的批评,会找各种原因为自己开脱,此时的思想矛盾最剧烈,也是教育的最佳时机。对正在或刚犯错的学生实施批评,要先消除学生的对抗紧张情绪,再通过借题发挥或者铺设台阶等方法,把握批评教育的时机,在尊重学生自尊心的前提下,让学生感受到你的关爱,消除学生的恐惧感,让他真切地认识到自己的不足,自觉地改正错误。

从物理声学角度看,当达到"同频共振"时会发生强烈的声波振荡,它的能量可以摧毁任何建筑。同样批评学生时,教师善于找到与学生的共鸣点,创设心灵相融的最佳时机,摇动学生的心灵,打开心灵之门,能在最短时间内让学生认识错误,心悦诚服地接受教师的建议和意见。

批评教育中"适度"是指要把握批评的量和度,做到轻重适度。批评时,轻描淡写、蜻蜓点水、过于含蓄的批评是起不到任何教育效果的,甚至会让处于不成熟期的中学生在错误的泥潭里越陷越深;批评过重、过量、过猛,只会招来学生的逆反、对立、过激,不但达不到效果,恐怕会适得其反。因此批评切忌以量和猛取胜。

英国思想家曾说过"如果教师使学生过分地无地自容,他们便会失望,而制裁他们的工具就没有了。他们愈是觉得自己的名誉已经受到了打击,则他们设法维持别人好评的思想就愈加淡薄。"

我国明代学者吕坤在《呻吟语·慎语》中说:"责人到闭口卷舌、面赤背汗,犹刺刺不已,岂不快心!然,浅隘、刻薄甚矣!故君子攻人,不得过七分,须含蓄以养人之愧,令其自新,则可。"不留情面地责备别人,直到对方哑口无言、面红耳赤,无地自容,仍还喋喋不休,这样尽管能够满足自己一时的痛快,其实也暴露了批评者自己心胸狭隘,为人刻薄的一面。所以,君子攻击别人特别注意要把握分寸,决不超过七分火候,以便留有余地,使对方感到惭愧,良心发现,从而改过自新。因此我们在批评别人时要把握批评的度,批评过了或不及都不能达到理想状态,不要只顾将自己的情绪发泄,而不顾学生的感受,将学生批评得体无完肤,这样是起不到批评教育的效果,同样,批评太轻,又不足以警醒对方。

总之,批评学生一定要寻找合适的时机和把握批评的尺度,让学生体会到你的尊重、关心、爱护、帮助之意,欣然接受你的建议、督促、导航、挽救之情。

二、批评教育的适时

批评教育要选择适当时机,对于原则性的错误要及时批评,不能拖延;对于学生经常出现的普遍性错误,发展下去可能会造成严重后果的错误,要进行直接、当众严肃批评,避免再有人犯错,不过要在事前或事后做好解释工作;对于牵涉面较广的突发事件,要保持冷静,亲自调查分析后,作出客观公正的批评;对于比较敏感、拿不准的事件或内向的学生,要采用冷处理。通过借题发挥,旁敲侧击,暗示或委婉地指出错误和不足,让学生在自我反思中达到说服教育的效果。

古希腊学者苏格拉底对待学生错误的看法,是通过种种诱导、暗示的方法,使学生自行意识到并改正自己的错误。苏格拉底在批评过程中充当了"产婆"的角色,而"婴儿"即正确的结论则是学生自行"分娩"出来的。所以,人们把这种方法称为"产婆术"。

学生犯错是再正常不过的事了,批评教育也是每一位教育工作者必须要履行的义务。教师不必恐惧批评,只要清楚批评的目的,充分了解学生的特点,既能指出学生的错误,又能给学生留面子,这样的批评教育就会水到渠成。不过由于学生和环境是在不断地变化的,所以,教师要学会随机应变,选择恰当的时机,帮助学生明辨是非,认识错误造成的后果,引导学生朝着正确的方向健康成长。

案例 4-9

小永和小强是河南濮阳第三中学的学生。有一天上课时班主任王老师发现他俩在小声说话。王老师看了他们一眼,说话声音马上停止了,但不到一分钟,又开始讲话,好像在议论或争论什么问题,而且声音越来越大。王老师再次注视他们,但他们居然旁若无人,毫不理会老师的"特别关注"。

王老师故意咳嗽了一下,全班同学除了小永和小强都看了老师一眼,转而将目光投向了他俩。谁知他俩还是若无其事地继续他们精彩的"辩论",谈笑风生。王老师强压怒火,站在讲台上略带严肃地说了句"小永、小强,不准讲话!"

他们马拉松式的争论总算停止了,并不好意思地低下了头。

王老师装作若无其事,继续讲课。

下课后,王老师悄悄将两人叫出教室,来到人少的地方,拍拍他们的肩膀,然后以平常的语气说:"小永、小强,马上就要考试了,你们还能保持着这么乐观、积极的心态,很好!"

两人耷拉着脑袋,等待老师的批评。听到老师的话,两人抬起头,但仍不好意思正视王老师。

"没错,"王老师继续说道,"我们的人生就是需要积极乐观的心态,以积极乐观的心态去看待每一件事物,特别是在这么紧张的备考的关键时刻,特别需要有革命乐观主义精神。"

王老师接着说:"老师特别欣赏你们两人在课堂上的积极表现,主动发言,踊跃参与,这是非常值得肯定的。不过,积极发言、踊跃参与,有时候也要注意场合。像刚才同学们在上课,你们的表现就略显得有点过分了。试想,换一个角度看看,如果是你们听课,你们周围的同学旁若无人地大声讲话,你们会怎么想?"

"当然会很生气。"小永和小强坦率地回答。

"是啊!"王老师接着说,"刚才你们一直说话,我用各种方式提醒你们好几次,你们都不知道吗?"

"知道。"

"你们再换个角度想想,如果你们是老师,我在课堂上一直吵闹,你们会怎样做?"

"把你揪出来。"他们笑笑。

"老师刚才没把你们揪出来,你们理解老师了吗?"

"理解了。"

"所以,你们应该知道以后怎样做了吧?"

"老师,我们保证,以后不会影响他人了。"他们脱口而出。

王老师轻轻拍拍他们的肩膀:"老师相信你们!"

之后,在课堂上,小永和小强的表现依然积极主动,不过却再没有出现不考虑他人、不注意场合的行为了。[①]

案例中学生上课讲话的情境相信几乎每位教师都碰到过,有的教师会采用简单粗暴的方式及时加以阻止,可能即时效果不错,但学生心里不一定服气,以为你小题大做,不但起不到教育的效果,反而引起抵触情绪,影响师生关系。而王老师在多次提醒、暗示无效的情况下,用严肃、简短的话语制止了他们的行为,继续上课。课后王老师为了减轻他们在公共场合批评的心理压力,把他们叫到了人少的地方,先安抚他们的情绪,用期待式婉转语气肯定了他们的优点,同时乘机指出了不足,并让他们用换位思考的方式体会到自己的言行对同学和老师带来的影响,王老师恰到好处地把握了批评教育的时机,引起学生的心灵共鸣,既给予学生受尊重和被关爱的需要,又让学生主动反思自己行为的严重性和危害性,通过自我剖析、自我教育、自我修正来改正错误,

---

① 李燕,徐波.名师最有效的批评细节[M].重庆.西南师范大学出版社,2009.

使批评在良好的心灵对话气氛中进行,起到了事半功倍的效果。

三、批评教育的适度

批评教育要恰到好处,过了就易产生对立或逆反,不及就起不到警醒的作用。当代美国著名哲学家、社会学家戴尔·卡耐基在谈到"怎样不伤感情、不引起憎恨而又改变他人"时,曾强调要"间接提醒别人的错误",反对"简单斥责"式批评。他认为,这是一种既尊重他人感情,又迅速改变他人行为或想法的有效批评方式。

案例 4-10

　　在广州一个著名的大酒家,一位外宾吃完最后一道茶点后,顺手就将一个精美的景泰蓝食筷悄悄"插入"自己的西装内衣口袋中。这一举动正好让一位服务小姐看到了,小姐不动声色地迎上前去,双手擎着一只装有一双景泰蓝食筷的缎面小匣子说:"我发现先生在用餐时,对我国的景泰蓝食筷颇有爱不释手之意。非常感谢您对这种精细工艺品的赏识。为了表达我们的感激之情,经主管批准,我代表本店将这双图案最为精美并经严格消毒处理的景泰蓝食筷送给您,并按照大酒店的优惠价格记在您的账簿上,您看如何?"

　　那位外宾立刻就明白了小姐话中的弦外之音,在表示了谢意之后,说自己多喝了几杯白兰地,头脑有些发晕,才误将食筷插入内衣袋内,并且聪明地借此下台阶说:"既然这种食筷不经消毒是不能使用的,我就'以旧换新'吧!"说着取出内衣里的食筷恭敬地放回餐桌,接过服务小姐给他的小匣子,不失风度地向付账处走去。①

学生犯错很少是敌我矛盾,即使是本质性的问题多数也是由于一念之差、稀里糊涂造成的,或者是由于社会阅历、能力不及等原因没有按他们预设的方向发展,若不是普遍性的问题,最好不要当众批评,中学生未成年,有许多可塑性,站在保护学生的立场,最好像案例中的那位服务员一样,婉转地提醒学生的错误,给他们一个台阶下,让他们心甘情愿地改正错误。

---

① 成钢.金口玉言——话原来可以说得更金贵.第五章批评更需要摆事实[Z]. http://www.motie.com/book/97_9416. 2011-08-06.

批评的目的不是让人下不了台,而是为了改正错误,让他的言行重新回到正轨上来。实际上,如果对方犯的不是原则性错误,或不是正在犯错误的现场,教师就没必要太直接地说"不"或单纯地指责学生"你这样做犯了××错误"。而可以采用旁敲侧击,不指名道姓,用温和的语言,只点明问题;或者是借用名人逸事、成语典故、对某些事物对比、影射,巧妙地借题发挥,"点到为止",让学生受到教育,从而起到一定的警示作用。

批评教育切记不以量取胜,一旦发现对方真心接受你的批评时,适可而止,千万不能变本加厉,不依不饶地抓住小辫子不放。还得注意不要过于频繁地批评同一个人、同一件事,同样的错误反反复复进行批评,无休止的批评达不到效果,只能令人产生逆反;过于频繁地批评同一个人就会产生心理学上说的"超时效应"。

有这样一则真实的故事:

案例 4-11

　　美国著名作家马克·吐温有一次在教堂听牧师演讲。刚开始的时候,他看着牧师站在那里手扶讲台滔滔不绝,不仅演讲的内容十分丰富,而且牧师的肢体语言也表达得淋漓尽致。

　　于是,马克·吐温觉得在募捐的时候,自己一定要比别人多捐两倍,来表示自己对这位牧师的尊重和支持。

　　然而,牧师在那里已经讲了四十多分钟,却依旧没有要结束的迹象。这让马克·吐温有些不快。又过了近三十分钟,牧师的演讲依旧没有结束。马克·吐温有些生气了,觉得他这样做只是在耽误大家宝贵的时间。于是,他决定在募捐的时候,只捐一些零钱。

　　又过了十分钟,牧师还没讲完,于是马克·吐温生气地决定,自己一分钱也不会捐,真是太过分了。结果,又过了很长一段时间,牧师终于结束了冗长的演讲,开始募捐了。当牧师端着募捐箱来到马克·吐温面前的时候,由于气愤,马克·吐温不仅一分钱未捐,而且,他还从箱子里偷了二美元。①

---

① 赵玉山.表扬的超限效应[Z].教育科学论坛.http://www.cnki.net/kcms/detail/detail.aspx? filename=ZYJS200711015&dbcode=CJFQ&dbname=CJFD2007&v=MjQxMDhaK2RxRnlubFVMdk1QelRCZmJHNEh0Yk5ybzlFWVlSK0MzODR6aDRYbkQwTFRnMlgyaHN4RnJJDVVJMbWU=.2007-11.

这种刺激过多、过强和作用时间过久而引起心理极不耐烦或反抗的心理现象，称之为"超限效应"。重复、冗长地批评一件事情，会使人从最初的内疚、不安、不耐烦，到最后的反感讨厌，甚至产生反其道而行之。生活中这类现象屡见不鲜。老师一日多次的批评，父母没完没了的唠叨都会使孩子产生反感和叛逆的心理。因此批评要适度，要掌握"犯一次错，只批评一次"。如果非要再次批评，那也不应简单地重复，要换个角度，换种说法。这样，才不会觉得同样的错误被"抓住不放"，厌烦心理、叛逆心理也会随之减低，才能起到批评教育的效果。

因此，批评教育时要关注学生的心理承受能力、给予足够的尊重，恰到好处地把握适时适度的原则。

当然，对事不对人、实事求是、因人而异和适时适度是批评教育中四个最基本的原则，教师面对的学生都是鲜活的生命个体，都各自有各自的特点和精彩之处，所以，批评教育一定要了解学生的真实需求，本着尊重、关爱之心，依据学生的特点、所犯错误的性质等，选择恰当的批评教育方式方法，帮助学生认识错误，改正错误，让批评成为助推学生成长、成人、成才的助力器。

第五章　选择批评教育的策略

　　批评教育既然是充满爱的教育，它的根本目的是起到劝诫引导的作用，因此，采用怎样的批评教育的策略来保证批评教育的效果，就显得尤其重要。在这方面，有很多教育工作者以及社会上非常关注此问题的专家曾经做过不同程度的论述，为我们提供了很多可以借鉴的经验教训。虽然不同时期面临的学生问题有所不同，但是其中必定有一些相通之处，我们的目的就是寻找其中可以作为普遍规律的内容，来为教育工作者提供一种思路上、方法上的启示。

　　本章即尝试从批评教育中的态度选择、场合选择、时机把握、语言智慧等四个方面来论述，从操作层面上初步探讨可以采用的方式、需要注意的方面等。又因为我们认为批评教育应是符合学校的伦理发展要求的，因此批评教育的策略就必然要考虑利益、教育善、教育分寸等涉及学校教育德性的三个内涵，其中审慎把握教育分寸在批评教育的态度、场合、时机、语言选择上就起着非常重要的思维指导作用。教育部颁布的《中小学班主任工作规定》第 16 条规定："班主任在日常教育教学管理中，有采取适当方式对学生进行批评教育的权利"，这里的"适当方式"即是体现了教育分寸的思维。这种思维应该作为我们批评教育时的指导思维。

第一节　态度的选择

一、冷静与理性

　　作为教育工作者，遇到学生问题，首要的是保持冷静、理性的态度，从而逻辑清晰、严密地梳理事件的起因、经过、结果，不断提醒自己的身份、所处的位置，初步勾画通过批评教育预计达到的目标，这是我们解决问题良好的前提和心理基础。

　　从心理层面上说,教育工作者除了扎实的专业能力之外,还必须要掌握必要的心理学知识,具备一定的情绪控制能力,也就是说必须既有智商(IQ),又有情商(EQ)。情商代表的是一个人的情绪智力(Emotional Intelligence)之能力,简单来说,是一个人自我情绪管理以及管理他人情绪的能力指数。作为教育工作者,既然面对的是心理上尚未成熟的未成年人,那么就势必会遇到学生的各种情绪表达,有时他们的情绪表达、行为方式存在着一定的冲击力,可能会对我们的情绪产生很大的影响,对我们的工作造成一定的压力,对我们的心理、情感造成一定的伤害,这个时候我们就需要自我情绪管理和管理他人的情绪,这种能力是非常必要的。

　　此外,教育过程是漫长的,批评教育的效果很可能出现反复,有些学生在短期内不理解教师的批评,甚至可能出现逆反效果,这个时候我们需要了解一个新概念——逆商(AQ)。逆商来自英文 Adversity Quotient,全称逆境商数,一般被译为挫折商或逆境商,是美国职业培训师保罗·斯托茨提出的概念。它是指人们面对逆境时的反应方式,即面对挫折、摆脱困境和超越困难的能力。作为教育工作者,我们自己也必须不断提高自己的逆商,提高对挫折的摆脱能力。

　　在过去的教师培养体系中,我们强调教师的德才兼备,而比较忽视作为这一职业必须具备的心理承受能力、心理调整能力、心理干预能力等,这就造成了有一些教师专业能力很强,但是却不太懂得如何管理学生,遇到一定问题容易情绪失控、失度,不但解决不了自己的问题更加解决不了学生的问题。而明显地,如果我们自己在情绪态度上"失控"、"失度",很容易发生"错判"、"误判",这样一来势必引发与学生的心理错位、情绪对立,难以解决问题。

　　我们常说"关心则乱","智勇多困于所溺",从心理角度来说,就是需要我们从情感、情绪中跳脱出来。有一个对于学生的抽样调查显示,相比于家长,学生更易于接受教师的批评,其中一个原因就是家长因为爱之深责之切,很容易谈着谈着就失去冷静,陷于情绪化之中,从而带动整个对话走向情绪化,而教师这个身份从某种角度来说,是一个旁观者,教师和学生的关系相比于家长和学生的关系来说,要"疏远"一些,在批评教育的时候,这反而成为一个有利条件,使我们能够"旁观者清"。我们要争取有一种"置身事外的智慧",把自己作为"外人",因为和利益无关(比如少考虑是否给自己添了乱,少考虑拉低了平均分,少考虑"一颗老鼠屎脏了一锅汤"),便不会感情用事,便会超脱于对错,考虑怎么解决。当然,教育者必须有感情,没有感情就不能理解对方的诉求,就不能把话说到对方的心坎里去,也不能热诚地尽心尽力,但是,"就像在荒野上迷路了,自然有人和你一起着急,但也要有人去四处探探路——一起着急的人会很多,四处探路的人相对少一些",我们教育者就是要做到临危不乱、不以物喜不以己悲的大智慧家。

因此,我们认为批评教育的态度选择中,冷静、理性是第一要素。在此前提下,才可能比较顺利地解决问题。我们要努力控制自己的情绪,不说气话,不做过激行为。设法使自己冷静下来的方法有:长时间延后,给自己点缓冲时间,使自己从当时的情景中抽离出来;如果时间不允许,不妨让自己深呼吸,默数 1 至 5;再或者批评前先询问对方有什么想说的,将话语权交由被批评者等等,总之要给自己留有一定的时间去平复心情。在此过程中,不断提醒自己:我要清楚地了解事情完整的过程——这决定着我的判断是否合理;我是一名成年人,是从事教育的专业人士,我面对的是心智、情感尚不成熟的未成年人;我的目的是解决眼前的问题,而不是使问题激化。

二、平等且尊重

在批评教育的过程中,我们不是单方面的施舍,相反我们是彼此需要。教育者需要的是信任、悦纳,被批评者需要的是平等、尊重。如果教师在态度上伤及学生的自尊心,就达不到教育的目的,因此教师要把学生的尊严放在第一位,著名教育家爱默生说过:"教育成功的秘密在于尊重学生,谁掌握了这把钥匙,谁就能获得成功。"

作为教育者有必要了解接受心理机制。接受反映教育者和教育对象两个主体相互作用的关系,接受是以相信和需要为前提的,接受意味着承认和相信。我们大部分人都有着一种普遍心理:当我们感受到对方平等、尊重的态度的时候,我们就愿意相信对方,愿意和对方对话交流;即使各有歧见,只要态度平等、尊重,就愿意继续寻求解决问题的方法;一旦与对方达成共识,就会严格遵守以表达同样的尊重,特别怕因为自己的违约而失去对方的尊重。了解到这种心理对我们开展批评时候的态度选择极其重要。而且对于我们来说,学生大都是心智情感不够成熟的孩子,他们在遇到问题时首先对外界有一种强烈的需求,即使表现出愤怒、焦躁、逆反,这看似是一种推卸、防御,其实说到底是因为他们自觉地陷于"无助"之中,他们把别人拒之于千里之外,恰恰是他们最需要别人的时候,也是教育者体现能力、表现价值的时候。这个时候如果我们从对方的需求出发,以平等、尊重的态度来对话交流,就容易走近学生。比如,我们不是开始就批评他犯了多么严重的错误,而是说"我曾经也犯过这样的错误,庆幸的是自己得到过别人的帮助,从这种心理困境中走了出来。正因为这样,所以我能够充分地理解你,也愿意同你一起努力寻找到一种方法,避免今后再发生同样的问题。你愿意吗?"

对于批评教育者来说,以平等、尊重的态度来对待被批评者,这种态度是发自内心的。我们要牢记自己曾经也是学生,也是犯过错误的孩子,以一个过来者的身份劝诫、引导、教育、启发我们的学生。教师要从心里相信学生的错误是偶发的,他们是有向善的愿望的,渴望获得生活上、学习上的指导,而不是从心理上彻底否定他们。换言之,"老师的尊重就是对学生的理解、信任和期望。老师要尊重学生,理解学生所存在的缺点和弱点。信任学生不是纵容学生犯错误,而是相信学生是可以改正错误的。报以希望,相信学生一定会成才,这本身就是一种动力,会使学生觉得老师看得起自己,会更加努力学习的"。[1]

我们要尊重学生,首先就是要避免居高临下、盛气凌人。心理学上有一个概念叫"非爱行为",就是以爱的名义对最亲近的人进行的非爱性掠夺。当批评教育者顶着爱的名义,进行一种强制性的所谓指引,让被批评者按照自己的意愿去做,不仅达不到教育效果,反而会激起被批评者的对立情绪。一旦出现逆反的心理,批评教育就会流于形式,进入不了学生的内心。社会心理学家凯尔曼认为态度的形成过程要经过三个阶段:依从、认同和内化。其中,依从指的是人们为了获得奖励和避免惩罚而采取的与他人要求在面上相一致的行为;认同指的是个体自愿地接受心目中榜样人物的观点、信念,使自己的态度与他们相一致;内化指的是态度形成中最重要的阶段。态度的形成是学习过程中经验积累的结果,其具体过程是从依从到认同再到内化。而明显的,居高临下、盛气凌人至多只能使被批评者依从。如果教育目的是内化的话,教师就必须在态度上和蔼可亲、尊重学生的人格、体现必要的信任,这样才能使他们产生认同感。

我们还要在语言中避免定性,避免说超出事情本身的话——因为语言是除了表情之外,最能体现人的态度的地方。既不能让学生丧失尊严,又要达到教育的目的,使学生变得坚强,要掌握这个"教育分寸"。否则,就容易造成消极的后果。赵月琴老师遇到过这样一件事——一位英语老师因一名女生上课不认真听讲,便当着全班同学的面说:"像你这样的姑娘不学习,没文化,长大了嫁都嫁不出去。"听到老师这样说,她羞愧极了,一下课就趴到桌子上哭起来,从此再也没有学习英语的兴趣了,学习成绩一落千丈,

---

[1] 赵月琴.把握分寸掌握平衡——教学中如何妥善运用批评教育[J].甘肃教育,2009(7).

最终没有考上高中,早早地走上社会。① 在这个案例中,这位老师就没有体现出尊重的态度,说了过分的话。其实,批评这位女生上课不认真听讲,完全可以有别的方式,比如"一个女孩子,如果能说一口流利的英语,一定会让人觉得特别 cool,特别受欢迎。"

当然,平等、尊重的态度也表现在细节中。我们批评学生的时候,如果自己坐着,不妨也搬个凳子请学生坐下;如果本来离得比较远,不妨靠近一些;和学生说话,表情要和蔼;不是质问,而是询问;不是居高临下,而是对话交流;谈的过程中递上一杯水;学生流泪的时候递上一张纸巾。这样的细节能打破人们心理上的壁垒,让对方真切感受到平等关爱、充分感受到被尊重的同时,也能消除心理隔阂,平心静气中认识自己的缺点和错误,进而在教育者的引导下鼓起勇气,修正和完善自己。这也就是古人说的"亲其师,信其道"。

当然,尊重的态度如果能在平时的教育教学过程中体现的话,在需要批评教育的时候,会出现一种非常正面的积极效果。这种尊重的态度比学生犯了错误之后体现出来的尊重有时候要更加有效,更加值得我们推崇。这里特别介绍一下宋雁秋老师提出的一个看法:运用情绪效应,实现情感共进。"古希腊有个杰出的哲学家叫漠克利特,他总是笑脸迎人,不摆架子,被人美称为含笑的哲学家。由此受到启发,现在的商店、宾馆的服务员都开展了微笑服务,目的是取得良好的情绪效应。同样如果教育工作者在平时给予学生多些笑脸,给予学生多些信任,那么在学生犯错误时即使我们严厉批评他,他也会认为是为他好,能虚心而较快地接受老师诚恳的批评。"②人与人之间的尊重、平等最能让对方精神愉快,充满动力。平等尊重的态度、融洽的气氛、热情爱护的语言,能让受教育者切实感受到被批评的目标是他的"行为"而不是这个人,相信这样的批评教育一定更有效。

我们要牢记苏霍姆林斯基强调的"如果你能让每一个学生在学校里抬起头来走路,那你就是一个成功的教育工作者","在影响学生的内心世界里,不应挫伤他们心灵中最敏感的一个角落——人的自尊心。"

三、倾听而求是

我们认为,批评教育过程中,充分了解事实是解决问题的必要条件。对于事实的

---

① 赵月琴.把握分寸,掌握平衡——教学中如何妥善运用批评教育[J].甘肃教育,2009(7).
② 宋雁秋.浅议批评教育中常见的不良心理反应与有效对策[J].科技信息,2008(18).

了解,一方面靠多方面的调查,另一方面要靠与被批评者面对面的对话交流。要让被批评者敞开心扉,揭示问题,这样才能共同寻找对策。这个时候,就需要倾听,在尽可能多地倾听的基础上,避免主观臆断,采取实事求是的态度,使学生心悦诚服地接受批评。

那么,为什么我们强调批评者要有一种倾听、求是的态度?

首先,每一个事件背后都有原因,很少有事情是孤立的,即使是突发性事件也必然有一个激发点,有一个过程;作为教育者来说,必须尽可能完整地了解事实。一般说来,学生比教育者更加了解当时的情况;即使学生有意曲解掩饰,仍然可以从中获得有用的信息。因此,我们要学会积极地倾听,尽量少地发言和打断。

其次,批评者并不一定对被批评对象有充分的认识。每个人的经历不同,因而个性有差异,只有了解被批评者的经历、个性、内心的真实想法,才能理解事情为什么会发生,才能理解他们为什么犯错,才能从内心明白有时候看似可恨的人很可能是可怜的。

只有倾听才能求是。如果批评时不给学生倾诉表达的机会,一味压制对方,让对方成为服从者,这样就永远培养不出有着公民意识的人。尤其在对事情真相并不完全了解的情况下,切忌凭印象、凭经验对别人开展批评。

有这样一个案例:

高一班级有两个学生在操场发生了争执,后来孙同学打了周同学。周同学的爸爸带着孩子到政教处来,因为孙同学已经有过处分了,所以周同学的爸爸态度强硬,觉得既然是孙同学动手打人,就要求学校一定要开除孙同学。而这位孙同学,确实吃过处分,在他的班主任眼里,他善于撒谎,品行不良,多次惹是生非。从班主任那里,我们得到的基本上都是负面信息。

我在找孙同学谈话的时候,有意识地引导他尽可能多地把事情讲给我听。孙同学说:周同学这个人很喜欢说脏话,全班甚至整个年级都知道,而且喜欢骂人。两个人因为课堂上回答问题发生了矛盾,周同学就多次当着同学的面谩骂他。这一次,他们在操场遇到,周同学又上来骂他,他实在忍无可忍就上去打了他。在这个过程中,我只是倾听,不下结论,没有发表自己的看法。遇到他说得不清楚的时候,就适时地提出自己的问题,他也很配合地告诉给我听。

事情的经过我大致已经了解了,但是我仍有一个问题:虽然周同学谩骂孙同学,为什么他一定要用打架的方式来解决呢?后来,放学的时候,按照我们学校处理学生问题的要求,我送他回家。在路上,他明显比在办公室放松了很多,主动跟我讲了他的故事:他的妈妈在他很小的时候就和他爸爸离异,从此就没来看望过他;他的爸爸在工作事故中跛了一只脚,现在只能干些不重的活。听到这里,我似乎明白了为什么他的性格有焦躁冲动的一面。我对他说:男子汉,要给自己争口气。不知道是不是因为我没有否认他而是鼓励他,后来,他每次见到我都喊老师好。有一天,他把以前很长很有个性的头发剃短了,特意跑到我眼前指给我看。他似乎是想告诉我他确实在改变。

这位同学在高三的时候给校长写过一封信,在信里他讲了更多自己的过去:本来自己的能力应该可以考上更好的学校,因为爸爸在考试之前跟他吵架,他有一段时间不肯学习,结果没有发挥好。来到这所学校之后,他根本不知道自己要什么,所以抽烟、喝酒、打架。——这算是另一种倾听吧。

在这个案例中,倾听的态度胜过了轻易下结论的态度;如果不尽可能多地倾听,我们就不能了解事情为什么发生,为什么这位同学有这样的行为,也就不可能在心理上和他接近,更不可能正面积极地影响他。这个案例,可以给我们教育者很多启发。

宋雁秋老师在《浅议批评教育中常见的不良心理反应与有效对策》中强调了六个常见的不良心理反应,其中定式思维,就是教师不依据实际情况,根据过去的经验感受来做判断;投射效应,就是过去学生发生的错误,被部分教师错误地映射在新一届学生身上;标签效应,就是平常表现不是很好的学生,被教师贴上了"否定标签",挫伤了他们的积极性。这些不良心理反应很容易影响批评教育过程,我们要引以为戒。要通过倾听更多地了解"立体的学生""具体的情况",关注不良行为的动机和过程。教育工作者要多倾听,多求是,避免定式思维、投射效应、标签效应。

而且,特别值得注意的是,一般说来,被批评者在受批评教育的过程中有一种"非自主感。在批评关系中,被批评者明显处于被动地位,感到自己是受他人支配的人。"①倾听的方式往往容易使被批评者感受到处于"主动地位"。如果我们能让被批评者有一种自我分析、自我反思、自我调整的感受,那么这样的批评应该是春风化雨、主动自觉的,这样的批评也会是影响深远的。

四、真诚并耐心

批评教育过程中,要保持真诚的态度,这基本已经是一种共识。有的老师还强调

---

① 宋坤强.试析批评教育的局限性[J].山东教育科研,2000(3).

真诚、同感、尊重与幽默是批评教育必须具备的四个要素①。事实上,学生虽然在很多方面不够成熟,但是他们却敏感得很。批评者是否真诚,学生是能够感受到的。"教育是一颗心感动另一颗心的事业",可以说,只有真诚才能打动学生,使他们真正信服,从而内化。

什么样的态度才是真诚的态度?这里我们借鉴心理咨询上的解释。心理咨询中的真诚是指在咨询过程中,咨询师以"真正的我"出现,没有防御式伪装,不把自己藏在专业角色后面,不带假面具,不是在扮演角色或例行公事,而是表里一致、真实可信地置身于与求助者的关系之中。心理咨询师真诚表达的第一个原则即淡化角色意识:在语言中不过分强调角色、权威和地位,而是以平等的朋友身份进行交流,这样更能表达真诚。真诚的咨询者是一个对自己、对他人和情境均能感到自然舒适的人。咨询师在咨询过程中,很容易因为所具有的"权威"地位而表现出权威的口吻,因此,咨询师要经常觉察自己的行为,避免过多地说教,使自己的语言表达平易近人。

对我们来说,批评教育学生的时候,是以"真正的自己"出现,是一个"立体的人",而不是一个制度操纵的工具,要尽量淡化角色。比如,在批评学生上课不认真听讲的时候,是因为我们发自内心地觉得认真听讲对于他来说是有意义的,我爱我的学生,希望他有收获有成长,而不是因为我是一个学科老师,他不认真听讲会导致平均分降低。前者是"真正的自己",后者是一个职业角色。再比如我们处理考试作弊,首先是因为我们觉得虚假的成绩不能如实反映学生的问题,从而造成了教师对于这个学生的错误认知,不能有针对性地讲解,也就不能解决这个学生学业上的困惑。因此,出于为学生负责任的考虑,我们严厉批评他,而不仅仅是因为觉得既然有考试纪律,就必须严格遵守。我们会发现,一旦从专业角色中解脱出来,教师就会带着"温情"去批评教育学生,这种温情也会变成教师前进的力量。

正因为真诚建立在对人的乐观看法、对人有基本的信任、对求助者充满关切和爱护的基础上,没有爱、信任就没有真诚,所以有的人认为真诚是内心的自然流露,不是靠技巧所能获得的。当然,除了爱与信任这个基础之外,在具体操作上也是有路径可循的。真诚应注意以下几点,这里我们仍然借鉴心理咨询中的做法:

第一,真诚不等于说实话,表达应有助于求助者成长。比如我们有时会遇到一些借读生(旁听生)纪律不好、学习落后,在批评教育的时候不一定要强调他借读生的身

---

① 周梅.让"批评教育"成为载歌载舞的水[J].中国教育学刊,2008(2).

份,如果淡淡地问:"你为什么要到这个学校来读书啊?"、"既然如此,那就好好干!"只要引起他重新思考来读书的目的,即可在思想上达到警醒的作用。第二,真诚不是自我发泄。表达要冷静、理性,尽量不将自己的不满、愤怒表现出来,除非痛心、感伤等可以引起学生共鸣的情绪。第三,真诚应实事求是,不能不懂装懂。我们在批评教育学生的时候,很可能遇到我们不懂的问题,这时候就要请教对方。比如,现在的班主任有时候会发现学生的 QQ 在上课的时候还在线,这个时候批评教育学生要问清楚到底是什么情况,因为有的学生是 QQ 超级会员,即使手机关机,也仍然亮着头像。第四,真诚应适度,不应有掩饰、虚假,但实际上问题并没有那么简单。第五,真诚还体现在非言语交流上,身体姿势、目光、声音、语调等都可以表达真诚,非言语行为是表达真诚的最好方法。我们的身体姿势是否表明我们是做好了准备,眼光是否充满感情,声音是否充满期待,语调是否温和,这些都会传达给被批评者。第六,表达真诚应考虑时间因素。

还有两个原则要注意,除了上文所说的淡化角色意识,还包括:

表达自发和自然——自发性是指语言态度上没有过分的矫揉造作,辞藻堆砌,而是最自然恰当地表达自己。在面谈咨询中,自发性还意味着在没有仔细考虑要怎样说或怎样做的情况下所表现出的机智。

适当流露自己——自我流露可以被定义为咨询者向求助者用言语泄露自己的个人情况。典型的情况是,咨询者可能会选择用言语分享的形式披露一些事情。它的价值在于增加相互的信任感并产生开放而有益的咨询气氛。可以缩短咨询者与求助者之间的角色距离。帮助来访者增加自我暴露的成分,促进来访者的自我表达。科米尔认为,咨询师适当流露应当注意以下几点:第一,中度流露;第二,时间不要占用很多,注意简洁;第三,流露在内容和心境上要和求助者相近。虽然科米尔谈的是面谈中的自我流露原则,但是很多地方都可以作为网络心理咨询的借鉴。自然也可以作为批评教育者的借鉴。

批评教育是一项综合性的活动,他需要非常多的态度准备,我们不能一一备述。最后我们来论述一下耐心。

在批评教育的过程中,即使我们做到了理性、冷静、平等、尊重、倾听、求是、真诚,但是因为有些学生有着过强的防御心理、逆反心理使批评教育的过程中很容易出现情绪激动、语言过度、不讲道理等情况。对此,我们首先要有认识,这是批评教育过程中经常出现的情境。既然是经常出现,就必然符合大部分人的心理和反应,理解了这一点,我们就不必要过度反应,而要耐心地对话交流。我们的批评教育就是建立在这样的一个现实基础上。这是我们手里抓到的一副牌,重要的是考虑如何出牌,而不是抱怨牌有多烂。

之所以需要耐心的态度还有一个原因,即一般人要接受和认同他人的看法取决于多种因素,比如当时的心理、所处的环境、个人的心智成熟程度、家长的配合程度、批评者的艺术水平等;同时,接受和认同需要一个过程,不是一蹴而就的;每个人在改正和成长的时候并不一致,有很多人还会出现思想、行为的反复。对于这些我们要有充分的心理准备。

耐心有很多种表现,比如不急不躁,用时间来解决问题等等。当然,还有一个特别重要的表现就是注意善后工作和后期成果巩固,这是耐心最为重要的表现。我们常常以为批评教育是一个时刻,这大错特错,事实上,批评教育是一个非常漫长的过程。不是教师对学生批评教育了,学生就一定会成长,很可能出现波折。批评教育的时候,只是种下了一颗种子,至于能否成长为大树,还需要时常除草、扶正。

第二节 场 合 的 选 择

批评教育的场合分为公开场合(或公共空间)和私密场合(或私人空间)。公开场合一般是指教室、公众聚集的地方、事态发生的地方、学生集体活动的地方;私密场合一般指教师的办公室、比较僻静的角落、人较少的地方。随着时代的发展,又出现了一种新的"场合"需要我们注意与利用,那就是网络空间。网络既有开放的空间,又有私密空间。我们通过网络与学生私下交流,指出他们存在的问题、努力的方向,这就充分利用了虚拟的"私密场合";在学生聚集的"群"里、学生空间的留言板里、班级博客里、个人主页的跟帖里,通过诙谐的语言批评教育、引导提醒学生,这就充分利用了虚拟的"公共空间"。而且虚拟的空间因为屏蔽了人物的神态,有一种距离感,所以不易产生直接的对立,在语言掌握好分寸的情况下,可能会产生比真实空间更好的效果。这方面非常有研究的价值。

批评教育的场合与效果的关系十分明显,这是从事教育工作者都能够感受到的。同样的一件事情,批评的场合不同,效果也不同。因此,在批评教育时,要把严格要求与尊重人格结合起来,充分考虑学生个性,选择合适的批评场合,以爱护被批评者为出发点,最大限度地保护他人的自尊心,同时,达到批评教育效果最大化。

一、考虑性格因素

一般说来自尊心特别强烈的学生、性格叛逆的学生、性格极不成熟的学生、性格冲动的学生不宜公开批评，一方面公开批评容易伤害他们的自尊心，另一方面可能因为他们的反应强烈造成不可预测的后果。有这样一个案例：班级里有一位学生没有做作业，老师在教室里批评他学习不认真，对自己不负责任，结果这位学生脸色突变，起身冲出教室。后来，老师急忙去追，谈了很久才使这位同学平复心情，回到教室。事后才知道，这位学生性格很不成熟，平时就容易和同学因为小事爆发冲突。对于这样的学生，私下批评就是比较合适的选择。

主见很强，过于自傲的学生，还有过于成熟的学生，也不宜公开批评，因为这样的学生一般有强烈的表达欲望。在公开场合批评，他往往会滔滔不绝地从自己的角度渲染理由，如果老师没有较强的掌控和语言能力，反而容易引起其他学生的应和，造成一定程度的混乱。比如，有一个班级里的学生，因为家里很有钱，较早地与社会接触，所以社会化程度很高，主见很强。有一次聚集同学在操场打牌，老师批评教育他，他滔滔不绝地说了几十分钟，不断强调打牌有利于智力开发等等，老师竟然也无可奈何，周围围观的学生从中获得了扭曲的乐趣。同样是这位同学，有一次不愿参加社会实践，不断述说没有意义，老师单独和他交流，他倾诉了半天，发现没有"观众"，乐趣也就少了很多，倾诉好了，竟然也跟着大家一起去参加集体活动了。

我们认为，性格摇摆、极易受周围人影响的学生可以适时地公开批评，一方面是"敲山震虎"，警示其他人不要消极影响这样的同学，另一方面有利于他形成自己的判断，从一定的环境中跳脱出来。比如，有的学生喜欢抄作业，觉得既然大家都在抄，自己抄抄也不是什么问题。有的学生受周围影响，自修课参与到聊天吵闹之中，聊天的人越多自己觉得越安全。对于这样的学生公开批评，反而更能引起他的注意。

学生的性格各有不同，同样的性格程度也有差异，因此，我们要用科学的态度，严谨的方法，来解决学生存在的问题。

二、根据事态性质

一般说来，性质较为严重、影响较大或者带有普遍性的人和事，适宜进行公开批评，以达到防止事态发展的目的，让大家都有警醒。比如，学生抽烟喝酒、聚众打架、考场作弊。这些性质严重、影响较大的人和事一般公开批评，根据校纪校规处分并公开通报。当然，我们也要注意，有些事情虽然性质不是特别严重但带有普遍性，也要公开批评,比如校内骑行,校内叫"外卖",我们就要看见即批评,这样就容易在"批评一个"的同时"教育一批",使同学们耳濡目染,养成校内推行、饮食简朴卫生的好习惯。

反之,则应采取不公开批评的方式,以达到既纠正了偏差,又防止了因小题大做而伤害被批评者自尊心。比如,一般的迟到,自修课聊天,作业没交等,在办公室交流一下,学生一般就会有改进。

三、不宜不分场合

1. 不加区分地在教室里开展批评教育

不少教师对于课堂上出现的问题,往往急于解决,甚至不惜"牺牲"正常上课的时间来批评教育学生。但遇到有些自尊心强、性格叛逆的学生,明明知道自己的行为不恰当,只因在全班同学面前不能掉面子,于是和教师顶嘴,教师的工作就容易陷入被动。相反,如果能够在比较私密的场合对话,则容易有较好的效果。而且,只要学生的言行没有影响正常的教学进程,教师就应该以一种"为大多数学生负责"的态度,"搁置争议,未来解决",这也是符合伦理的,否则"牺牲"课堂时间对个别学生批评,那就浪费了其他人的时间,其他人会觉得"城门失火殃及池鱼",觉得教师是因小失大,因少害多。沈亚弟老师在《对话,一种人文化的批评教育方式》中写到这样一个案例:

有一位同学在入团积极分子推选中落选,看得出他很失望与无奈。接下来他就不愿意配合征订团报了,并且说了:"我不是团员,我不需要。"课后我悄悄找那位同学,在一个没有其他人的地方进行交谈。我问他:"你知道为什么会落选?"他茫然不知。我就告诉他:"你确实还没有达到入团的境界,因为你自己认为不是团员,当你认为自己已经是团员了,那么你一定会对自己严格要求,积极向上的吧,你肯定会订那份团报的,对吗?"他马上醒悟过来,表示愿意订团报,而且在班级工作上积极多了。

这个案例中,如果我们在教室里开展批评教育,那就等于告诉全班这位同学境界很低,入团动机有投机因素,这样一来,就将这位同学彻底拒之门外,断送了他继续进步的机会。那样,我们就毁掉了一个孩子入团的可能。沈亚弟老师的做法,充分照顾了学生的尊严,给学生继续进步的机会,达到了非常好的教育效果。

2. 在人多嘈杂的地方开展批评教育

办公室是教师处理教育教学问题的常规场所,教师们往往习惯将被批评者喊到办公室里,殊不知这样的场合存在一定的弊端。教师们在办公室批评教育学生,其他教师在办公室里"高谈阔论"，偶尔有学生来寻求教师帮忙答疑解惑，不仅被批评者容易分散注意力，教育者本身也无法连贯教育，而且有的学生还会觉得在别的班级老师、同学面前掉面子，甚至比在自己同学面前更没有尊严，这样的批评教育效果就会打折扣。

有时候，办公室里的不少老师出于"好心"、"义愤"，尤其是目睹年轻老师在批评教育中面对一些性格执拗、强硬的学生有些招架不住之时，也来批评几句。对于这样的批评，学生会觉得是"落井下石"，根本不听，而且也无形中削弱了批评者的威信，反而助长了个别被批评者的气焰。

3. 在旁人面前批评

我们经常听到老师在批评教育的时候说："明天叫你的家长来一下。"不少老师以为家校联合，会有利于提升批评的效果。这种做法是要具体分析的。有些家长溺爱学生，反而不利于批评教育的开展；有些家长和学生关系紧张，学生本能地产生对抗心理；有些家长不善于批评教育，可能在批评的过程中产生新的问题，使原本的问题更加复杂。从学生的角度来说，他们也不愿意家长参与其中，觉得这样使自己在学校和家庭里的"生存环境"都受到了影响。

随着被批评者的成长，他们也更加关注自己在同伴中的形象，尤其是被批评这样的事情，本身就不光彩，他们自然不希望被很多人看在眼里。很多在老师眼中无可救药的被批评者，在同学群体中却有很高的人气和威信。因此，当同学在旁，尤其异性在旁时，如果对他们横加指责，不仅会给被批评者带来巨大的心理创伤，而且还会促使他们产生报复心理和攻击行为。

当然，作为一线的教育工作者，在批评教育学生的时候，也一定要合理把控，所谓的私密、僻静，不是说空无一人，而是相对来说无关的人比较少，但最好有超过两人在场，这样一来，万一有突发事情，可以协助处理，也可以避免很多难以解释的情况发生。

第三节 时机的把握

我们都知道批评教育的时机选择对批评的效果起着很重要的作用，也有教师曾经专门著文提出自己的见解。比如刘绍宗提出：第一、不宜在饭前饭后批评孩子。第二、不宜在睡前批评孩子。第三、不宜在众人之前批评孩子。第四、不宜在孩子兴头上批评孩子。第五、批评孩子的时间也应因年龄而异。第六、不宜在孩子身体不适、情绪不佳的情况下批评。① 这篇文章对于家长教育孩子有启发价值,对我们教师在校批评教育学生同样也有启发。这里,根据事件发生的时间提出即时批评和延后批评两个的时机,对于我们来说,重要的是在敏锐判断的基础上,确定什么情况什么人适合即时批评,什么情况什么人适合延后批评。同时,我们也要充分借鉴心理学、生理学上的理论。

一、即时的批评

对于自我防御心理、依赖心理和试探心理都强烈,不肯轻易承认错误,事后又常常矢口否认或转嫁错误给他人的被批评者,我们应该给予当场、当时、当事的批评教育,冲破其心理防线,促使他正面认识错误,改正错误。

另外,对于坦率直爽、性格开朗、思想基础比较好的被批评者,我们采用直接批评的方式,明确指出其错误和缺点,指出错误的性质、危害及纠正办法,让其很快抓住要领,反倒容易使其接受。相反,绕圈子、拐弯子,不直接指出问题,倒可能使其产生误解,认为老师对自己不信任。

二、延后的批评

对于脾气暴躁、性格倔强、容易激动的被批评者,尤其当争吵或打架后,此时此刻他们的情绪必定还处于激动、亢奋状态,一时之间会听不进半点批评教育的话,他们也很难认识、承认自己的错误。此时,教育者就应以静制动,待其情绪平复后再进行批评教育,避免和他们发生冲突,加重其心理压力,导致情绪恶化。

被批评者受批评后需一段时间恢复心理平衡,如果刚被批评不久又犯错了,立即批评,也会引发对抗反抗心理。可以先告知"你错了",以后找时机再分析批评。对于自我控制能力较差、抗挫折心理较强的被批评者,可以针对一些行为在尚未造成严重后果前,采用事前批评。比如:课间,被批评者在教室里疯狂的追赶、打闹,同学或教师可针对该行为可能造成的严重后果,列举实例开展批评教育,将意外伤害事故扼杀在萌芽状态。

此外,很多教师和家长特别担心学生的早恋问题,怕影响正常的学习,或者怕引发严重的后果,一旦发现男女同学亲近就会立即制止。其实,中学生对于异性产生好感

---

① 刘绍宗.批评孩子应注意时间选择[J].青年教师,2012(7).

是极其正常的,也是难以阻止的。在今天,很多学生初中就开始谈恋爱,高中的恋爱比例就更高了。我们这个时代,不是批评学生可不可以谈恋爱的问题,而是如何使他们正确认识的问题。关键要疏导好,使他们能够正确处理,掌握分寸,产生积极的作用。在这个疏导的过程中,就有一个时机问题。很多人都有一种心理,就是将他们的"爱情""扼杀在萌芽状态",那么这个时候是否是合适的时机呢?

心理学家德斯考尔等人在对爱情进行科学研究时发现,在一定范围内,父母或长辈越干涉儿女的感情,青年人之间的爱情也越深。就是说如果出现干扰恋爱双方爱情关系的外在力量,恋爱双方的情感反而会更强烈,恋爱关系也会变得更加牢固。这种现象就被叫做罗密欧与朱丽叶效应。

为什么我们批评教育要研究这种效应呢?因为有可能本来两个学生只是初具好感,还没有到早恋的程度,这个时候批评教育他们,反而可能使他们本来的不确定变成"坚定了他们的想法",他们觉得原来我自己还没有意识到我们两个人已经恋爱了。如果两个学生已经早恋了,教师发现之后,立即批评也很难产生好的效果,因为他们已经有"感情基础"了,反而可能使他们觉得教师是"焦母"、"刘兄",而他们则是焦仲卿与刘兰芝,顽固的"封建势力"力图拆散他们,反而更加强烈地要在一起。

这个时候,我们就需要耐心等待,等待合适的时机。比如,学生因为谈恋爱荒废了学业,在某次大考中成绩出现了大滑坡;或者因为和自己的另一半发生了矛盾影响了情绪。这个时候,找学生谈话,告知他:谈恋爱会给他带来很大的情绪波动,男女朋友吵一次架,会让对方整晚睡不好,几天心神不宁,精神不振,和周围的亲人、朋友也容易起冲突,严重影响自己的学习、生活,因此要好好处理自己的恋爱,变得成熟起来,要做一个稳重的人。或者告知他:真的喜欢对方的人,会为两人的未来规划,而不是沉溺于每天的聊天玩乐之中,整天"玩乐"的结果就是不久"完了"。这样一来,学生觉得老师是放下角色,从他们的角度考虑问题,反而可能接受建议。我们的生活中,确实有不少学生正确处理好恋爱问题,互相鼓励,共同进步,最后步入婚姻的殿堂,这样的人在生活中也会成为美谈。也确实有不少学生因为谈恋爱迷失了方向,使得自己和家长的关系紧张。作为教师,我们要多引导,使他们少走弯路,争取起到积极的作用。

这种情形不仅发生在男女的爱情之间,也会发生在许多地方。对于越难获得的事物,在人们的心目中地位越重要,价值也会越高。学者们尝试以阻抗理论(reactance theory)来解释这种现象,他们指出当人们的自由受到限制时,会产生不愉快的感觉,而从事被禁止的行为反而可以消除这种不悦。所以才会发生当别人命令我们不得做什么事时，我们却会反其道而行的现象。所以，我们在处理学生问题的时候，一定要了解和理解这种效应，从而指导自己的批评教育选择合适的时机，在学生觉得处于困境、"需要帮助"的时候出现，使批评教育取得良好的效果。

三、身心的时机

每一天的早读、课间操、自习和放学之前都是对被批评者进行批评教育的有利时间。但像放学后，被批评者一天学习下来，身心疲倦，急于回家，并不适合。当然，我们不能将所有这些时间都无一遗漏地加以利用，而是应当有所选择，或者是偶尔适当地加以点评，或者是形成一定的制度，在固定的时间或者一段时间内对被批评者进行批评教育。

对于一些屡犯错误的被批评者，当他们有困难时，伸出援助之手，给予帮助，当其深受感动之时，利用其情感变化，再委婉地指出其以往的过错，提出希望和要求。这样，被批评者定会欣然接受。

同时，特别要提醒一下：要避免经常批评，最好将诸多小问题集中起来一次性解决，而不是每发现一次小问题就批评一次。

四、登门槛效应

登门槛效应(Foot In The Door Effect)又称得寸进尺效应、"不用压力的依从"、拆屋效应。是指一个人一旦接受了他人的一个微不足道的要求，为了避免认知上的不协调，或想给他人以前后一致的印象，就有可能接受更大的要求。这种现象，犹如登门坎时要一级台阶一级台阶地登，这样能更容易更顺利地登上高处。

这个效应是美国社会心理学家弗里德曼与弗雷瑟于1966年做的"无压力的屈从——登门坎技术"的现场实验中提出的。

1966年，美国心理学家曾作过一个实验：派人随机访问一组家庭主妇，要求她们将一个小招牌挂在她们家的窗户上，这些家庭主妇愉快地同意了。过了一段时间，再次访问这组家庭主妇，要求将一个不仅大而且不太美观的招牌放在庭院里，结果有超过半数的家庭主妇同意了。与此同时，派人又随机访问另一组家庭主妇，直接提出将不仅大而且不太美观的招牌放在庭院里，结果只有不足20％的家庭主妇同意。

同类实验：实验者让助手到两个居民区劝人在房前竖一块写有"小心驾驶"的大标语牌。在第一个居民区向人们直接提出这个要求，结果遭到很多居民的拒绝，接受的仅为被要求者的 17％。在第二个居民区,先请求各居民在一份赞成安全行驶的请愿书上签字,这是很容易做到的小小要求,几乎所有的被要求者都照办了。几周后再向他们提出竖牌的要求,结果接受者竟占被要求者的 55％。

研究者认为,人们拒绝难以做到的或违反意愿的请求是很自然的;但是他一旦对于某种小请求找不到拒绝的理由,就会增加同意这种要求的倾向;而当他卷入了这项活动的一小部分以后,便会产生自己是关心社会福利者的知觉、自我概念或态度。这时如果他拒绝后来的更大要求,就会出现认知上的不协调,于是恢复协调的内部压力就会支使他继续干下去或做出更多的帮助,并使态度拓改变成为持久的。

不言而喻,前一组的家庭主妇同意率之所以超过半数,是因为在这之前对她们提出了一个较小的要求;而后一组的家庭主妇同意率之所以不足 20％,是因为在这之前对她们没有提出一个较小的要求。换句话说,前一组的家庭主妇的同意率之所以高于后一组的家庭主妇,是因为人们的潜意识里总是希望自己给人留下首尾一致的印象。

这对我们批评教育的启发是,批评教育时候提的要求可以是渐进式的,而时机把握,也可以是一种渐进式的。比如学生经常迟到,我们当然可以即时批评,但在即时批评的时候,如果我们先提出一个较低的要求:第二天比第一天早到 5 分钟,那么,学生就比较容易接受。在这个基础上,遇到学生再次迟到,提出更高的要求——比前一次早到 10 分钟,学生可能就愿意服从。我们会发现第二次时机明显是第一次批评之后创造出来的。这种登门槛效应我们要好好地使用,一方面学生能够从心理上肯定自己,自我保持一致;另一方面,我们也能够“看得见”学生的进步,逐渐增强对学生的信任与期望。

第四节　语言的智慧

我们说的语言智慧,不是狭义的“聪明、睿智、反应灵敏、能说会道”,而是说能够最大程度地使学生接受与认同,能够最大效果地解决问题,能够符合我们前文所说的冷静、理性、平等、尊重等原则,这样的语言才是智慧的,当然智慧的语言也确实体现“聪明、睿智、反应灵敏、能说会道”。下面,就从几个方面来谈谈语言的智慧。

一、语言的视角

我们说语言反映了内心的思想,语言的视角取决于思想的视角。“教师应深入对方的内心,以对方的眼睛来观察,以对方的心灵来感受,以对方的观点来思考"①,那么,我们在表达的时候,就必然需要选择一种符合学生视角的表达方式——尽可能是未成年人的而非成人的,尽可能是他们"能听懂"的语言而不是教科书里的话。

每一个学校尤其是高中存在这样一个现象,就是年轻教师大多特别受学生欢迎。学生愿意和他们亲近,愿意和他们说心里话,教师节的时候送给年轻教师的礼物最多,评选最受欢迎的教师也大多投票给年轻教师。老教师虽然花在学生身上的精力可能也很多,批评教育学生也非常诚恳,有的时候还"不厌其烦"地和学生谈心,可是学生未必那么喜欢他们。这究竟是为什么? 从心理学角度来说,是因为年轻教师和学生的代沟不是特别深,学生觉得和年轻教师有共同语言、共同爱好,学生说的话年轻教师听得懂,学生的爱好年轻教师也喜欢,自然他们的心理距离就会接近。

这对我们的启发就是,如果对学生开展批评教育,选择一种学生喜欢的语言可能会有更好的效果。随着时代的变化,每一代学生的喜好兴趣都不同,他们的语言表达方式也是有差异的。不了解这一点当然也可以交流,但了解了这一点我们的选择就会更多,很可能拉近彼此距离的时间就会快很多。

二、语言的表达

一是注意限度,忌言过其实。批评的语言要有限度,不能随意上纲上线,无限扩大。如:有一位教师批评学生的时候,喜欢借用被批评者的名字开展批评,比如某同学名字中有个"美",他就批评说:"你什么时候作业做得能和你名字一样美呢?";某同学名叫"吴勇",他就批评说:"你真是人如其名,这么简单的题目都不会,真是无用!"

试问,不会解题,就意味着一无是处吗? 如何能够因此而全面否定呢? 须知,只有实事求是的批评,才能使犯错误的被批评者虚心接受、自知理亏,在此基础上,才能有效帮助被批评者分清是非、认识错误,使犯错误的被批评者心服口服。

二是抓住重点,忌泛泛而谈。抓不住重点一般有两种表现:一种是泛泛而谈,不着边际;一种是有意无意地夸大、发挥。

批评者总会遇到被批评者的顶撞与抵抗,因为被批评者犯了错误后,容易产生心理防备,在进行批评时,如果不好好寻找"堡垒"的薄弱点,开口千言,离题万里,也不能一语中的。如果为了打破玻璃窗一事,教育工作者竟然从端正学习目的谈到树立远大

---

① 周梅.让"批评教育"成为载歌载舞的水[J].中国教育学刊,2008(2).

理想,从古代谈到近代,从东方说到西方,耗时两小时的批评教育不着边际,被批评者早已麻木。批评教育的切入口应选在被批评者最容易明白自己错了的那一点上。这一点不在于被批评者过错的大小上,而在于被批评者能不能立即"明白"自己错了。只有让被批评者明白了错处,他才能减少戒心,消除抵触情绪,静下心来听你的话,并反省自己的所作所为。批评者只有抓住被批评者最不能占理的"致命点"进行突破,然后"乘胜追击"才能取得事半功倍的效果。

如果批评不能针对具体错误,有意无意地加以夸大、发挥,也会引发被批评者的抵触情绪。有一位学生会干部有一天中午违反了学校规定叫了外卖,班主任对她进行批评,其中提到一句"杀了人然后道歉有用吗?"这位同学非常生气,觉得不过是叫了一次外卖,至于跟杀人联系到一起吗? 一怒之下,辞掉学生会干部职务。

三是谨慎措辞,忌怒不择言。近些年,许多学校里,校园事故频繁发生,大都由被批评者的心理问题造成,而引发这颗"隐形炸弹"的导火索往往与批评教育的方法不当,尤其是批评语言不当有关。揭露隐私、牵连他人、侮辱人格,这样的语言暴力在校园内随处可见。声色俱厉、语言粗暴,对被批评者的批评教育越简单,被批评者的对立情绪越强烈。

因此,在用语上,批评者需注意:一、不用比较式,如"你和＊＊＊一样没出息"或者"你和＊＊＊相比,真是天壤之别(挑拨被批评者关系)";二、不用挖苦式,如"你真没白活,比老师还高明";三、不用挑战式,如"我要是怕你,就不当老师了!";四、不用株连式,如"你别以为你妈是……,就瞧不起我这个老师"或"你跟你那没劲的爹一样";五、不用预言式,如"我算看透了,你这辈子都不会有出息";六、不用结论式,如"就你错了,全校也找不到你这种被批评者";七、不用记账式,如"我早晚跟你算账,走着瞧";八、不用挑拨式,如"同学们! 大家看,他这是什么行为";九、不用驱逐式,如"不想上课,马上出去";十、不用罢课式,如"我教不了你,我走,你教吧"。之所以不能用这些方式,是因为它们都是摧毁师生情感桥梁、打破被批评者心理安全底线的"恶性炮弹"。

赞美、理解、讨论、商量式的语言是金句,权威、责备、哀求、埋怨式的语言是禁句,相信我们只要具备了学生是教育主体的教育理念,口随心愿,自然就会有打动学生的语言产生。而学生们只要具备了和自己的同学共同成长的观念,也一定会愿意融入到和谐健康向上的集体中来。

四是表扬与批评相结合。有智慧的老师一般不会单独地使用批评的语言,往往在批评的同时,融入表扬的语言。这样一来,就会让学生感受到教师是客观公正地看待自己，是针对自己的具体错误批评教育，而不是否定他整个人；也会让学生感受到一点希望，不会从根本上完全否定自我。有一位教师在班会课上做调查，询问学生在成长的过程中最喜欢哪位教师的批评？为什么？有一位同学提到一位教师的时候说："因为他在批评我的同时，也在表扬我。"这是我们大部分人都会有的心理。

五是语言简洁不繁复，避免喋喋不休，也避免多次重复。

卡耐基说："在所有一切烈火中，地狱魔鬼所发明的狞恶的毁灭爱情的计划，喋喋不休是最致命。"可以说，喋喋不休对于所有人来说都有致命的杀伤力。心理学上有一个概念叫超限效应，什么是超限效应呢？马克·吐温听牧师演讲时，最初感觉牧师讲得好，打算捐款；10分钟后，牧师还没讲完，他不耐烦了，决定只捐些零钱；又过了10分钟，牧师还没有讲完，他决定不捐了。在牧师终于结束演讲开始募捐时，过于气愤的马克·吐温不仅分文未捐，还从盘子里偷了2元钱。这种由于刺激过多过强或作用时间过久，而引起逆反心理的现象，就是"超限效应"。

我们不少人都有过这样的经验：第一次挨批评时，学生的厌烦心理并不太大，但是在第二次，往往使厌烦度倍增。如果再来个第三次、第四次……那么批评的累加效应就会更大，厌烦心理就会以几何级数增加，说不定因而演变成反抗心理，甚至达到不可收拾的地步。除非是个乐天派或个性特殊的人，否则，一旦遭到批评，总是需要一段时间，才能恢复心理的平衡，遭到重复的批评时学生的反抗心理就高亢起来。他心里会嘀咕："怎么如此不信任我？"这样一来，学生的挨批心情就无法复归平静。可见，教师对于批评不能过度超量，表现在语言上就是要简洁不繁复，避免多次重复。

为避免这种超限效应在批评中的出现，教师应该切记，"学生犯了一次错，只能批评一次。"千万不要对同一学生的同一件错事，重复同样的批评。如果一定要再次批评，也千万不要像鹦鹉学话那样重复一次。应该换个角度进行批评。这样，学生也不会觉得同样的错误一再被"穷追不舍"，厌烦心理、反抗心理就会随之降低。

三、语气的风格

一般说来，学生在被批评教育时，因为紧张、自我防御会过分敏感，批评教育者的语气一旦不注意，很可能被学生误解；或者学生会将教师的语气"放大"，把语言"曲解"。同时，如果过分严厉，或者带有讽刺的语言则会伤害学生的自尊，不但不利于教育学生，反而可能使问题激化。作为教育者，就需要适时根据情况选择不同的语气、风格。尽量多的保持语气轻松；有时候语言风格要幽默——通过轻松的语气、幽默的语言将学生从紧张中解放出来。

尤其是幽默的语言，在批评教育的时候，是一种非常柔性的武器，值得我们去运用。苏霍姆林斯基说过："如果教师缺乏幽默感，就会筑起一道师生互不理解的高墙"。很多充满智慧的教师，在批评教育的过程中不断积累经验，将大道理用幽默的语言表达出来，不仅可以调节沉闷的气氛，还可以让学生佩服教师的智慧，从而达到教育的效果。

有一位教师孙梦灵根据自己的批评教育经历写了一篇《让批评变得幽默起来》，我们一起欣赏一下：

有学生上课讲话时，我会说："今天同学们真安静啊！看哪一小组保持得最久。"若发现学生在下面找（无关的）东西，我会问："你的宝贝找到了没有？"若有同学东张西望，我会提醒道："小心！眼珠掉了可不好找！"若发现有学生打瞌睡，我会询问"你刚才梦见了什么？"如此一来，课堂气氛马上就活跃了，学生的注意力自然也就集中了。这样教师达到了批评的目的，学生又不会反感，可谓两全其美。

一天，班里有同学上课迟到，我说："你的表是不是该擦油了呢？"学生回答说："我的表是新买的。"我说："那就是你的大脑该擦擦油了。"全班同学都笑了。我抓住时机接着说："上课晚几分钟不要紧，我可以下课帮你补上。可是你要知道人生不会等我们的，机会是补不回来的。我们应该养成守时的好习惯。抓紧时间就是抓紧生命，抓紧了时间就是抓紧了金钱啊。"同学再一次笑了，这笑声中有领悟，有促进。

有次测验，一位女生向前面男生"求援"，男生俯身让女生"借鉴"。看到这一幕，我不动声色地干咳一声，可他们居然浑然不觉，依然我行我素。看到这种情形，我便旁敲侧击地说："咱们考场有些男同学颇有英雄救美的精神，看到女生有困难便怜香惜玉施以援手。这种风格值得赞扬，可是在考场上这样做，违反了诚实守信的考场纪律，有英雄难过美人关之嫌了。"听了我的话，同学们都乐了，那个男同学的脸红得像熟透的苹果一样。之后，他一直端端正正地答题，再也没有什么违规行为了。

批评中利用幽默的语言，可在善意的微笑中暴露学生的错误之处，呵护了学生的自尊，又能达到教育目的。所以益智明理的幽默，折射出的是教师真善美的心灵之光。

第六章　运用反批评与自我批评

　　高中阶段是学生人格发展和思维成长的关键阶段,此时对学生进行适当的生涯发展指导显得尤为重要。对学生开展人际技能指导,帮助学生与他人建立起积极的人际关系;对学生进行沟通技能指导,指导学生用恰当的方式表达感受和意见;对学生开展自我反省指导,指导学生进行自我反思,发展批判性思维等等。

　　本章将论述反批评与自我批评的内涵以及其必需的环境支持。对学生进行反批评和自我批评指导的实质,就是对学生人际交往能力的指导和批判性思维能力的培养。学校努力营造适宜的文化环境,同时教育学生懂得反批评和自我批评的价值,指导学生灵活掌握反批评和自我批评的技能,对促进学生的终身发展有着至关重要的意义。

第一节　反批评的要略

一、反批评的含义

　　作为一个批评者,他应该遵循一定的批评原则,但在现实生活中,基于教师或者家长的性格、处理问题的惯性、对学生(孩子)缺乏深入了解或者自身教育观念的陈旧、教育技能的缺失等等方面的因素,虽然完全出于善意,但是他们的"批评"有时在学生(孩子)看来高高在上、缺乏根据、空洞无力或者不痛不痒,有时完全不正确,甚至不负责任,这样的批评并不能对学生(孩子)达到批评和警醒的目的。同时,作为学生(孩子)被批评了,限于对方的身份,对"批评"多半不作回应,或不敢做出回应。因为在传统的师生或亲子关系中,如果学生对"批评"做出辩护,就意味着是在挑战教师、家长的权威,是"大逆不道",所以不敢、不愿反驳似乎也在情理之中。

其实,在面对不恰当甚至是错误的批评时,除了保持沉默和内心的抗拒之外,学生可以适时做出适当的回应,即反批评。

二、反批评的意义

1. 有时批评教育是错误的

能否合理地确定对方的错误,是能否恰当地实施批评的根本。然而批评总是包含着批评者对他人他事的看法或意见。我们都知道,对于同一个事物,不同的人也许有不同的看法。除此之外,如果批评的诱因比较隐蔽,不那么显而易见,完全有可能会导致批评者未能充分了解,那么发生错误批评的情况在所难免。

案例 6-1

一节化学课上,老师让我们在试卷上做一道习题。因为间隙太小,又是要在公式上画箭头,于是我就把"化合价升高"写成了"化合价↑"。老师走过来,看完我的作业,便大声地说:"叫你写什么,你就写什么,搞什么创新,你以为你是谁!"我很委屈,但没有办法,只好把公式重新写了一遍。写完一看,连自己都看不清写的是什么。没办法,这么小的空格,一个公式三句话,两个公式得 6 句话。正在这时,老师走到了讲台上,再一次拿我的写法说事:"什么创新,告诉你们,我要你们写什么就写什么,哪那么多废话……"

他几乎又说了 5 分钟。我是个女孩子,脸皮薄,把脸埋进手臂,忍不住哭起来,一整节课都没听进去。

很多教师或家长的批评不当与对学生错误的确认不当相关。本案中的这位同学因为试卷上需要填写化学公式的空格留得太小,以至于用符号代替了文字表述,应该说是无可厚非的。即便站在要求学生答题规范的角度,老师也只需要轻轻指点。不明白学生的意图,随意批评学生是为了"创新",并且高高在上地指出"我要你们写什么,你们就写什么",不讲道理,要学生无条件遵从老师,这样的批评就不适当了。而且在学生及时改正了书写格式后,该老师非但没有停止批评,一再当堂拿来说事,最终引起学生的反感。学生没有选择反批评,一节课在郁闷中浪费了。

2. 促进批评者的改进

作为教师或者家长,似乎天然拥有对学生批评的权利。然而,对每个人来说如何实施批评都是一门艺术。如果看到学生的错误就批，不作必要准备，不讲究任何技巧，势必会招致学生的反感和反驳。学生的反批评，会促使教师或家长反思自己实施批评的过程，以便对学生的批评教育技巧做出改善，以便使批评教育更容易被学生接受。

案例 6-2

　　有一次徐先生到书房看一眼儿子摆在书桌上的周记，字迹潦草得没法看，而且一眼就发现了几个错字。他像以前那样摆开架势开始对儿子说教："看你写的字就知道你的学习态度，看你的学习态度就知道你的学习成绩。基础差点不要紧，要认认真真、踏踏实实，知道吗？""知道，从小学到现在，你跟我说过 N 遍了。这无聊的作业，我认真做了又会怎么样？"

　　这小子还顶上了，这是徐先生想不到的。话没法谈下去了，徐先生稳定一下情绪，暂停在这里。他想起自己做一行做久了，从当初的满怀激情、认真负责、踏踏实实到现在养成了"老油条"似的工作习惯，临到规范检查时，才发觉丢掉了最基础的东西，积少成多，只好突击弥补。如果把自己工作的实际情况告知儿子，向他检讨自己工作上的不足，让儿子记住自己的教训，这样谈话也许能进行下去。

　　徐先生深有感触地对儿子说："记得有句话说得好，简单的事情认真做，认真做的事情要反复做，反复做的事情要创造性地做，那样才会越做越有活力。"果然，儿子见老爸这态度，很受感动，主动做了检讨，并保证逐步而且尽快地改掉这种状态。

在本案中，徐的儿子最后如此"听话"，在于徐先生的尊重，而且他能够现身说法、自我检讨，以平等的方式跟儿子交流。当然，徐先生如果不受到儿子那天那句"知道，从小学到现在，你跟我说过 N 遍了"的反批评，可能无法及时静心思考自己教育儿子的方式有问题。在受到儿子的挑战后，徐先生作了反思，及时调整了自己的批评技巧。儿子角色转变了，以前是挨批对象，即便自己有过失也不愿改正，而现在做出反批评，在父亲的批评方式改正后也自觉做出自我反省。

3. 促进和谐的人际关系

在一个健康的环境里，应该有中肯的、持续的批评声音，也应该有对批评的回应、接纳和辩护的声音。在一个学校，"批评"与"反批评"良性互动能够促进良好师生关系的形成。因为给予学生反批评的机会，就是给予学生回应、解释的正当机会，也是教师倾听的机会。行为背后有动机,动机背后有需求。从学生的反批评中教师可以读到学生的行为动机和内在需求,学生也能通过进行反批评得到合理宣泄。

案例 6-3

新学期第一天,我组织学生在班里进行自我介绍,张同学让我"印象深刻"。在一位同学完成自我介绍后,他走上讲台,丢下一句"我没什么好说的"就回到了自己的座位。作为新班主任,我尴尬而又生气。

在之后的校园生活中,这个孩子成为了我眼中的"刺头"。他特别不注意自己的行为,所以,只要班级中出现问题,我脑海中就会立刻浮现出他的样子,有时会立刻当着全班同学的面大声训斥他,希望能够"以正视听"。很长一段时间,我和他的关系十分紧张,甚至到了"水火不容"的地步。一次在和个别学生交谈时,我们无意中提到了他,学生的话提醒了我:"老师,其实张同学并不是您眼中看到的那样,您批评错了。他比较内向,经常不知道如何表达。他上课看似心不在焉,但回答老师提问时总能语出惊人、击中要害,我们都很佩服他呢……"虽然学生说得小心翼翼,但是我却真真切切地把学生的批评听在了心里。

很多时候,我们常常会凭个人经验肆意批评班级中的"刺头",也不容学生反驳,自己的情绪是得到了宣泄,可是这样也把学生从我们的身边推得越来越远。

第二天,我在班级中提出倡议,以后只要是老师批评不当的时候,希望同学们能够提出批评。之后,我找机会和这个孩子谈了很多次,在他出现问题的时候,也给予他充分辩解的机会。慢慢地,他和我的关系越来越融洽。

这是一个在我身边发生的真实案例。因为张同学在开学时不入班主任老师"法眼"的自我介绍使得教师武断地给他贴上了"问题学生"的标签,每每班级有问题,就拿他开刀,对其批评指责,造成师生关系紧张。直到某天,另一个学生对于教师一贯的批评提出反批评后,教师作了反思,调整了自己的教育行为,从而让学生拥有了反批评的权利,师生关系从"水火不容"走向了和谐共处。

其实,正确的反批评并不妨碍批评的开展。它与对于批评的压制,与对于批评者的打击报复,毫无共同之处。批评与反批评,这"一来一往"体现了教育的平等,呈现了教育的民主和法治的精髓所在。

三、反批评的要求

反批评的实施是学生进行人际交往技能的实践载体。反批评的有效实施需要教育者对学生进行沟通技能的指导，让他们掌握行之有效的反批评策略，懂得用恰当的方式表达感受和意见，运用不同途径反映自己的意见和建议，避免人际冲突，从而有效提升人际交往技能，有效实施反批评。

1. 保持平静的心情

一般情况下，人在听到和自己观点不同的意见时，本能的反应就是抵抗，并且在一段时间内无法释怀。如果你遭受的是对方不当的批评，就会难以克制情绪，同时扭曲对方在你心里的印象，将情况越想越糟，将对方越想越坏，对批评者做出最糟糕的负面评价。这些都是人的本能反应，每个人天生具有这样的特征。而在这种情绪的带动下，就很难理性地分析对方的观点，听不进去对方的任何话语，跳起来反驳，而且言辞激烈，导致事态扩大。

案例 6-4

一天上午，班主任张老师在办公室批改作业。李老师把学生 A 推进办公室，气冲冲地说："你跟张老师把事情说清楚！你今后别上我的课了！"随后，他愤愤地离去。"不上就不上，有什么了不起！"A 同学不服气地顶撞了一句。看到这种情况，张老师等 A 同学冷静下来后问其原因。A 同学气鼓鼓地说："老师冤枉人，乱批评！"原来李老师在低头做实验时突然听到一声尖叫，引起全班同学的哄堂大笑。李老师以为是 A 同学，就批评了他。A 同学不服气，就与老师顶撞起来。

在本案中，李老师在未经过事实核定的情况下就断言 A 同学违反了课堂纪律，对其进行了批评，这种批评行为有失偏颇。A 同学在被批评之后，自尊心受到伤害，有了情绪波动，产生了防卫心理。他在未让自己因错怪被批的逆反情绪得到控制的情况下实施反批评，导致了事态进一步激化。

教育者需要指导学生在受到批评，尤其是受到自以为不当的批评之后，运用基本的情绪调整策略，及时避免防卫心理的干扰，学着自我调节，在较短时间里平息负面情绪，保持平静的心情。

（1）调整呼吸

尝试做深呼吸，让全身的肌肉放松，同时告诉自己"冷静点"，或者从 1 数到 10 或更多，直到让自己心情平复下来为止。这是一种常用的方法。

（2）尝试微笑

控制情绪最有效的方法就是微笑。被批评之后，试着去微笑。如果有学生不喜欢微笑该怎么办呢？告诉学生"强迫"自己微笑，对着镜子微笑。开始可能不是发自内心的微笑，有点做作和勉强。没关系，微笑可以从外向内感染。心理学家威廉·詹姆斯说过，行动看似是跟随在感觉之后产生的。但事实上，它与感觉同时进行，行为更多地受控于意念而非感觉，通过调节行为，我们就能间接地调节感觉。所以，当一个人充满负面情绪的时候，有一种强烈的意愿能让自己轻松起来，那就是微笑。微笑的力量会将矛盾产生的影响降低到最低，可以消减自己的负面情绪，同时也可以消减批评者的攻击心理。

（3）假设善意

教育者需要告诉学生：人际交往的基础是彼此学会相信别人，用善意的假设来解释对方的行为。在面对外来不恰当批评时，学生能够尝试站在批评者的角度想象他的批评动机，假设对方是善意的，就能适时控制住自己的逆反情绪和想要冲动发作的想法。更何况事实也证明了，绝大多数来自于教师和家长的批评，都是出于积极的角度，只不过"忠言逆耳"罢了。

2. 把握合适的时机

情绪得到控制后，学生就可以进行与批评者的反批评了。其中，合适的时机是反批评是否成功的关键之一，所以教育者需要指导学生把握反批评的时机。

（1）选择合适的时间沟通

在被批评的第一时间就尝试沟通显然是不合适的，因为学生需要花一段时间好好设想一下怎样去和对方沟通，充分准备好自己要说的话或者反批评的理由。在双方情绪平和、冷静反思后再去沟通就比较合适。如果是与教师沟通，最好不要选择在早晨，因为一般在刚到学校的几小时，教师会忙于课前的一些准备工作，比较忙碌；也不要选择在课间，因为刚上完课教师会感觉疲惫，需要休息，有时会接待学生的来访，解答学生的质疑。一般而言，午餐后是个不错的时间，因为人在那个时候心情比较放松；当然也可以选择在放学后与教师沟通。

（2）选择合适的场合沟通

沟通地点的选择对于沟通是否顺利进行有着重要意义。好的沟通地点可以让自己放松，可以增强心理优势，可以减少彼此的距离感，增加沟通成功的可能性。而地点选择不当则可能产生相反的效果，加深双方的对立和烦躁感，使事态更严重，直接导致反批评的失败。反批评者可以根据需要，利用不同地点的环境特色，和批评者进行互动沟通。作为师生，交流的一般场所是教室和办公室，然而这两个地方并不是沟通的好场所，因为这些地方通常人来人往、噪音较多，沟通双方很难静下心来面对问题展开交流。而学校的操场、阅览室或者其他校园中比较幽静的场所就比较适合师生面对面的沟通交流了。总之，沟通地点应当能够创造出缓和双方矛盾的沟通氛围，它是因时而变、因人而变和因势而变的。

（3）选择合适的沟通方式

沟通方式大致有以下几种：面谈、电话、信件、周记、QQ、E-mail。

面谈是最直接、最传统的沟通方式。师生面对面，真诚而坦率地交谈，沟通的效果立竿见影。师生沟通时应尽量注意师生的平等；在室外只能是师生共站，在室内最好是师生共同坐下沟通。即使这样还有许多位置关系，如是面对面还是并排坐，师生保持多远的距离等都有讲究，都会影响沟通的效果。另外，即使在现代高度发达的当下，书信交流进行沟通还会起到很好的作用，在某些环境下，可能有某些事情师生之间不方便直接面对面沟通，那么通过书信来进行沟通不失为一种较好的方法。学生还可以通过周记与班主任沟通。

当然，这些方式各有利弊，写信的方式，反馈较慢，也看不见表情；面谈的方式，容易双向沟通，尽管需要更多的时间，信息和理解的程度更高，有利于问题的快速解决，当然也对沟通者的体态有较高的要求。我们可以根据自己的特点和事态的需要选择合适的方式沟通。

3. 创造和谐的气氛

说服别人接受自己的观点、意见等，是一种复杂而困难的行为。学生想通过沟通交流，实现自己一方的某种意图，就需要一个宽松祥和、轻松愉快的气氛。因为人在轻松和谐的气氛中，能耐心地听取不同意见，给对方以更多的说话机会。教育者可以指导学生掌握开场、倾听、表达以及洞悉沟通动态等方面的基本技能。

（1）恰当开场

一个恰当、自然的开场白有利于营造沟通的和谐氛围。那么以怎样的言语开始沟通容易创造和谐的沟通氛围呢？反批评者不能一开始就讨论双方的分歧点，站到对方的对立面，这样做对方容易产生逆反心理。一般对对方指出的自身的缺点，可以首先表示感谢。可以这样说："谢谢你的指点，很多缺点我自己看不到，需要有人帮我纠正，这样我以后才能知道怎么改正。"真诚地表达会拉近批评者和反批评者之间的距离。

（2）细心倾听

细心倾听至少有三个好处：其一，倾听的同时给自己一个情绪缓冲的时间。其二，在倾听对方时，可以从对方说话的神情、讲话的速度、声音的高低、说话的思维逻辑等方面，尝试判断出对方的真实意图，使自己完整、准确地了解对方的意思。其三，在倾听的同时，自己快速在内心做出冷静判断：他所指出的缺点，是否真的存在？是否有误会？如果是误会我应该如何解释？

时常见到这样的情景：教师在批评学生时，话还没完，学生就以为领会了批评者的全部意图，然后急于反驳，结果常常没有切中要害。这些都是急于表达所造成的失误，而急于表达还有另一个可怕的后果，那就是容易给对方留下"无礼冲动"的印象。认真地、完整地倾听对方的意思，边听边思考，为沟通作缜密、充分的准备，这才是聪明的反批评者应做的事情。

（3）察言观色

在反批评时要看批评者的"言"和"色"。这里的"言"和"色"不是指对方的心情，而是指对方的反应。既然你是对人"言"，那么你必须留意别人的反应。所谓反应，既包括面部的神态，或喜，或怒，或思索，或认同；也包括肢体语言：身体前倾，表示很有兴趣，身体后仰，表示兴趣不大，眼睛直视，表示重视，眼睛斜视，表示怀疑……总之，密切留意对方的反应，随时调整自己的讲话思路和讲话方式，以期达到最好的效果。不顾对方反应而自顾自地发表意见，就会唱"独角戏"。

我们在《论语》中可以读到这样一段："孔子曰：侍于君子有三愆：言未及之而言，谓之躁；言及之而不言，谓之隐；未见颜色而言，谓之瞽。"其中的意思就是：陪君子说话有三种过失。没有轮到自己讲就讲了，这是急躁的表现；轮到自己讲却不讲，这是浪费机会；讲话不看对方脸色，这是睁眼瞎！孔子居然用"睁眼瞎"来批评讲话不看对方脸色的人。所以，我们必须让学生懂得：有时对方接受你，不是通过语言；有时对方拒绝你，也不是通过语言。在沟通的过程中要随时了解对方的想法，否则就称不上沟通了。

（4）合理表达

反批评的过程其实是批评者与被批评者对批评焦点进行观点交流的过程，也是双方思想与感情传递、反馈并且努力达成一致的过程。在沟通过程中，能否让思想达成一致，感情实现畅通，最重要取决于反批评者表达的方式。教育者可以对学生作如下指导：

一是先谈自己的错误。卡耐基说，"如果被批评者一开始就谦逊地承认自己的错误,承认自己不是无可指责的,那么情况会好很多"。二是要让批评者了解你对其行为的感受,对对方能指出自己的"错误"表示感谢,其次表示自己的不同看法,比如可用"也许你是对的,但我……"这是一种行为反馈,这些反馈对批评者改变前面持有的态度或以后行为的改善相当重要,所以在提供反馈时,要以清晰具体而非侵犯的态度提出。三是将自己的解释具体明确地表达出来,多用"我(信息)"句式,不用"你(指责)"句式,让对方能了解你的真实意思。解释你为什么不接受对方的批评,要尽量使自己的语气非常平和,表达自己的想法要言简意赅。用非常冷静的语气表达反对意见这一点十分重要,因为这样别人才有可能听你把话说完,或许这也是唯一的一次你能够改变别人看法的机会,千万不能错过。如果你较为冷静地、明确地表达自己的反对意见,对方会尊重你这种成熟处理问题的方式,将有意想不到的收获。四是无论最后对方的态度有无改观,冷静接受,并且向对方能够听你表达自己的意见表示感谢。

总之,在遭遇外来不当批评时,我们可以指导学生拿起"反批评"的武器,同时让学生明白反批评并不是情绪的反抗,不是言语的反击,而是主动诚恳的沟通。

第二节　自我批评的要略

在高中阶段对学生进行发展指导时,应该特别重视学生批判性思维能力的培养,让学生学会经常性自我批评。教师在指导学生理性地接受外来批评、理性实施反批评的同时,更应发挥学生的主观能动性,促使学生产生内驱力,关注自我教育,即自我批评能力的培养,使其心智不断提高,心灵不断升华。

一、自我批评的含义

受到外来的批评后我们可以选择三种途径:一是围绕着自己现在的位置打转,认不清自己行为存在的问题;二是把受到的批评教育视为洪水猛兽,以致产生对抗情绪;三是怀揣成长心态,作自我批评。

自我批评是指在自我认识、自我评价的基础上,在学习、提高和听取别人意见的基础上,用一分为二的观点正视自己的缺点和不足,找准和抓住自己存在的突出问题,进行自我揭露和剖析批评,督促自己改正错误和缺点,换句话说,就是自我发现问题、自我分析问题和自我解决问题。

自我批评能促进我们自省自律,健全个性,提升素养,实现自我完善和和谐发展,它是批评教育的最高境界。

二、自我批评的意义

1. 自我觉悟的表现

孟子曰:"吾日三省吾身。"我们的先哲们把自省当作了一种修炼自身的自觉行为。由此看出,自我批评不是外在的强加,而应该像吃饭睡觉那样是我们自觉的行为。古希腊哲学家伊壁鸠鲁曾说过:"认识错误是拯救自己的第一步。"一个人若是尚未认识到自己在做错事,他是不会有改正错误的愿望的,那么,在改正错误以前,他得发现和承认自己犯了错误。让我们能及时反省,将自己从过失和失败中拯救出来的重要途径应该就是自我批评。

案例 6 - 5

  18世纪的资产阶级启蒙思想家卢梭曾著有一部传世名著《忏悔录》,书中深刻地解剖了自己早年犯下的种种错误。卢梭曾经勇敢地宣布:"我要把一个人的真实面目赤裸裸地揭露在世人面前,这个人就是我。"他曾经以沉重的心情,忏悔自己年少时在一次偷盗后,无耻地把罪过转到无辜的女仆身上,造成她的不幸。他没有因为自己年龄小而原谅自己,竟终生以此为戒。这部书闪耀着严于责己的光辉,让每一个读过这本书的人都不禁肃然起敬。

忏悔,实际上就是自我批判。通过深刻的自我批评,卢梭意识到自己的行为过失给自己和别人带来不便,反求诸己,从而主动认错或承担由于错误造成的后果。这是一次深刻的自我觉悟的过程。但正如老子所说:"知人者智,自知者明。"只有通过深刻自我批判从而真正认识自己的人,才具备健全的人格。所以,我们要提倡勇于解剖自己,把自我批评当作一种改造自我、提高自我、完善自我的自觉行为。

2. 虚心的表现

德国作家约翰. 保罗说:"一个人真正伟大之处,就在于他能够正确认识自己。"一个虚心的人总是在不断寻找自己的不足,并力求改进这些不足;他总是能够虚心听取别人的意见,从别人的建议中汲取营养,使自己变得更加完善;他不会害怕自我批评,因为他们知道自我批评的目的是为了使自己达到一个更高的层次;虚心的人重视自我批评,因为他知道,自我批评是认识自己、改正错误、提高自己的有效途径,会使人格不断趋于完善,让人走向成熟。在面对外界对自己不恰当的思想言行给予批评教育时,虚心的人会唤起自己的警觉,并向内察看自己是否存在错误或缺点,时时刻刻保持着接受批评的心态。

案例 6-6

在《微软五大经典经营之道:自我批评》一书中,有这样一个故事。

一个刚加入微软的市场经理,带着产品去参加一个商品展。回来后,他兴高采烈地发了一封电子邮件给整个产品小组。他说:"我很高兴地告诉大家,我们在这个展览获得了令人振奋的成绩。十项大奖中我们囊括了九项。让我们去庆祝吧!"但是,他没想到,在一个小时内,他收到了十多封回信。大家问他:"没得到的是哪一个奖?为什么不告诉我们?为什么没得到那个奖?我们得到什么教训?明年怎么样才能得到这第十个奖?"他告诉我,在那一刻,他才理解了微软为什么会成功。

自我批评在公司早已被系统化。每一个产品推出后,会有一段特别时间空出来给产品团队做"post-mortem",也就是系统化的"自我批评"。所有小组成员都会被询问,什么地方可以做得更好,每一个动作和决定都会被分析,结果将在公司公布,以帮助别的小组避免同样的问题,让公司的项目能越做越好。

在当下这样提倡合作共进的社会,我们都不喜欢骄傲自大的人。一个人可能在某个方面比其他人强,但没有人是完美的。如果你能够对照自己,把注意力放在他人的强项上,不断自我批评,你会及时发现自己的肤浅和无知,由此让自己保持足够的谦虚和自我调整的动力。常怀揣一颗谦虚之心的人会在不断的自我批评过程中,在不断自省和改善自身不当行为的过程中保持长足进步,同时会得到组织和同伴的赞许和肯定。

3. 通向成功的桥梁

心理学家斯腾伯格曾在《成功智力》中说道,人生的成功主要不是靠智商(IQ),而是取决于成功智力,其中内省智力是三大成功智力之一。内省智力较高的人,能够认识到自己的优势和劣势,然后能够想方设法地利用自己的优势,同时补偿自己的劣势或者不足,这就是人们之所以成功的原因之一。苏埃尔·皮科克说:"成功人士始终用最积极的思考,积极主动地认识自我,用最乐观的精神和最辉煌的经验支配和控制自己的人生。"一个人如果懂得经常自省,他就会不断地改正错误,不断地完善自己,超越自己。

案例6-7

上初三的时候,他还是一个普通中学成绩很一般的学生。那年寒假,妈妈领着他去她大学时的同班同学家拜年。来到同学家之后,那家也是一个男孩,妈妈就问对方的这个男孩:"你今年上几年级了?"男孩说:"我今年上高一了。"妈妈又问:"你在哪儿上学?"男孩说:"我在南开中学。"大家知道南开中学可是一个非常有名的中学。妈妈继续问:"你学习怎么样呢?"那个男孩很轻松地回答说:"阿姨,我这次期末考试,在班里考了个第一。"这时候,这个男孩的妈妈就回过头来,深深地看了她儿子一眼,什么话也没有说。中午两家人一起吃饭的时候,这个男孩的妈妈虽然脸上表现出一种苦涩和尴尬的表情,但是整个吃饭期间,她竟然只字不提学习的事。因为这个妈妈知道在这个饭桌上,一提孩子学习的事,那就等于在她孩子的伤口上撒盐,所以作为一个母亲,她要保护孩子的自尊心,甚至是虚荣心。

在回家的路上,这个男孩心里很难受,就对自己说:"我也是个大老爷们儿,我为什么就不能为我的妈妈争这口气呢?妈妈听到人家的孩子学得那么好,但在整个吃饭期间,没有提一句学习的事,是怕我受伤害;而且妈妈听到同学的孩子在班里考第一之后,只是深深地看了我一眼,也没有说别的话。不为别的,就为了我妈看我的这一眼,回去以后,我必须要为我妈争这口气。"回到家之后,这个孩子就像变了一个人一样,开始调整心态,进入一种发奋求学的状态。结果努力拼搏了半年,在当年的中考中,他以倒数第一的成绩考入南开中学。但是这个学生知道,未来南开中学的第一名,就是他的。他当时这样想:"我通过半年的努力,竟然战胜了那么多困难,从一所普通中学考上了南开中学,以后等待我的,还有三年的时间,我有足够的勇气和理由,能把南开中学的第一名据为己有。"所以凭着这种非常顽强的自信心,在以后的学习中,他踏踏实实,一步一个脚印地往前推进,虽然学习上也经常出现一些波动,但是因为他的大局在胸,靠自信心战胜了一次又一次的困难,最后在当年的高考中,他以天津市理科状元的身份考上了清华大学。

成功是什么？成功不是打败别人，而是始终怀揣成长心态，勇于挑战自我。本案中的学生说，"我一生的改变，就是从我妈看我那一眼开始。"想想，生活中其实是有很多机会可以改变人的一生的，但是我们很多人就是抓不住这样的机会，别说妈妈看他一眼，就是揍他一顿，都不能引起他的重视。所以这样的学生，往往错失了很多良机。本案中的这个学生在接受到妈妈一个眼神的批评后，深刻自省，抓住机会，一件事就改变了他的一生。

三、自我批评的策略

指导学生进行自我批评，首先要让学生全面地认识自己，总结自己的优点与缺点，这样能让学生更好地发扬自己的优点、改正自己的缺点。我们可以指导学生使用以下三种策略进行自我批评。

1. "照镜子"自省法

真正让自我批评落到实处是一件极其困难的事情，因为从心理学的角度来看，人们对自身的认识常常会存在一些偏差的。一个人的言行都会受到他人多多少少的注意，尤其是自己身上的缺点，自己不容易看到，但周围的同事、朋友可能比我们自己看得更清楚。当一个人无法从自我评价中脱身的时候，练习从旁观者的角度来看待自己，从他人对自己的态度、反应和评价中认识自己的真实面目，这无疑是一个自我认识、改善自我的好方法。

案例 6-8

纽约，一栋摩天大楼因为楼层太高，上上下下的人多，电梯不是一叫就来，许多乘客往往等得不耐烦，便一直连续地按按钮。有的人虽看见电梯钮已经亮了，但还是要再按一下才安心，所以按钮易损坏，而电梯也常常会跑冤枉路。为此，老板每个月都因昂贵的电梯修理费而伤透脑筋，在电梯旁多次贴出告示，但收效甚微。

最后一名心理学家轻易地解决了问题。他的办法是，在电梯门旁装一大片镜子。镜子使乘客清晰地看见了自己的猴急模样，那些平时举止随意粗鲁的人，只要一站在镜子前，也变得有礼貌了。这样一来，原先熙熙攘攘的人群，在镜子前都变成了绅士或淑女，彬彬有礼地耐心等待电梯。老板的难题就这么解决了，这就是镜子的妙用。

在本案中，大楼管理者巧妙地利用一面镜子，让乘客清晰地看到自己的不雅举止，从而达到了让他们校正粗鲁行为的目的。有研究者认为："主体的自我评价可通过与自己地位、条件相类似的个体与群体进行比较而获得。"当你学着去做一个观察者的时候，你可以像一个公正的观众一样清楚地看到自己的行动而不是深陷其中，你甚至可以看清别人是如何评判你的。

由于学生这一群体的特殊性，他们大多数时间是与同伴在学校一起学习和生活的，利用以上案例给予我们的启示，我们可以让学生把同伴当作一面"镜子"，和同伴进行对话，让同伴倾听自己的故事，然后他们把所看到的、听到的再反馈回来，通过对照与比较进行自我评价。让学生通过分析他人对自己的评价来认识自己；通过与他人比较认识自己；通过自己的活动表现和成果认识自己，从而对自己的问题进行客观科学地归因，达到自我批评的实效。

2. 写自省(个人领悟)日记

通过自我意识来检查自己言行的过程，然后进行自我调整。在指导学生写自省日记时，至少应该包括以下几个步骤：

(1) 记录事件经过

学着做个心灵侦探。比如在受到一次批评后，仔细描述受到批评的全过程，包括时间、地点、事由、批评者的身份、自己的态度、心理感受、交际策略以及事件结果等等。可尝试记录下自己身上发生的：A. 不好的事；B. 想法；C. 后果；D. 反驳。也可以问问自己：为什么你这样想？理由是什么？你觉得当时的处理合理吗？你还可以有其他的处理妙招吗？

记录的过程就是重新审视的过程。要做到客观地评价已经发生的事件，正确地认识自己，就必须通过自我审视，这是实施自我批评的前提。所以务必注意仔细、小心地记录自己的感觉，详细地辨别这些感觉，并尽可能客观地报告这些感觉。

(2) 理性评估

指导学生通过自问一些假设性的问题，分辨"我是"与"我有"的区别，比如：

1. 我认为我是……

2. 你认为我是……

3. 我认为你认为我是……

4. 你认为你是……

5. 我认为你是……

6. 你认为我认为你是……

对一件事物,每个人都会有自己的想法、评价、感受及相应的行为。这是因为每个人都是独特的个体,每个人都从自己独特的角度感受这个世界。让学生明白:别人的批评虽然让你倍感受挫,但是也会让你发现一些有价值的东西。就像寻宝一样,评估这个批评给你带来的好处吧。

（3）客观反思

要作出认真的反思,就要尝试着反驳自己。比如在学生面对学业成绩不佳受到批评时,我们可以指导学生作如下反思:

a. 反思自己的态度:我有没有偷懒的行为? 有没有尽全力? 有没有浪费时间?

b. 反思自己的学习方法:有没有今天事今日毕? 怎么样做可能会出现更好的结果?

c. 反思自己的学习成效:有没有明显的改进? 有没有完成既定的学习目标? 有没有给自己提出更高的要求?

d. 反思自己的人际交往:今天和老师交流时有无不当的话? 老师对我的批评是不是另有原因?

总之,指导学生细想一下批评的来源,然后扪心自问:这批评是否是建设性批评? 我怎么认识这种问题? 他人怎么评价自己的行为? 在这次的活动中我的表现(感受、心情、情绪、表达方式)如何? 为什么会发生此类事件? 会有什么后果(收获)? 在相似的情境下别人通常是怎么做的? 此类问题都值得反思,它能帮助学生诚实面对自己的错误。

当然什么问题就是什么问题,既不夸大也不缩小。我们需要告诉学生,要注重从"根"上找问题,不能泛泛而论,要学着通过问题的表象,看到问题的实质;学会透过细枝末节,探寻问题产生的根源,从而能够预测可能对自己的成长带来的严重后果。这整个过程就是批判性思维培育的过程。

3. AAR 法

自我批评只是一种手段,改正错误才是最终的目的。AAR（After Action Review）,也称行动后学习机制,是美国海军陆战队首创作为军队执行行动之后的总结方法。根据其最重要的指导思想——学习的最高目的是对已犯错误的认识和行动改进,我们可以借鉴过来进行自我批评。结合 AAR 基本原理,我们可以制定行为改进的五步骤:

（1）对行为目标的回顾——我预期发生什么？

（2）对行为的回顾——我实际发生了什么？

（3）对原因的分析——这种差异究竟是什么原因导致的？

（4）对下一步行动的改善建议——下次如果再遇到该情况，我会如何做？

（5）构成下一步行动计划——记录供下次使用的评价与参考。

以一次失败的考试后学生受到家长的批评为例。我们知道一般情况下，学生会在内心作一个自我批评。根据 AAR 模式，我们可以指导学生按如下方式进行行动反思：

首先对行为目标做出回顾：你个人和家长对本次考试的成绩期望是什么？实际的成绩是多少？接着你对"成绩这么差"的原因做出自我分析：究竟是什么导致这次考试的失利？也许很多学生会对自己说："我以后都没希望了；连考试都考不好，我还能做什么；我成绩不好，同学们一定都瞧不起我了。"但这样的自我批评不利于以后学习的改善。我们应该更多从下一步行动的改善上去思考，并积极地认识到"这次虽然考得不好，但是还好它提醒我存在的缺陷；这次考得不好，我应当吸取教训，改正错误；这次考得不好，正是对我的提醒，我能从中获得宝贵的经验。这次考试给我上了一堂警示课，我学习了别人所无法获得的失败经验。这对我以后取得成功是十分重要的……"诸如此类的心理暗示。最后实实在在地把自己的行动计划形成文字，记录下来，作为下阶段学习的自我行动纲领。

一般来说，自我批评是学生自我进步的标志，是一种美德，更是一种境界。它对个人成长发挥着积极作用，但是过分的自我批评可能导致学生产生过分的压力或焦虑，所以，在指导学生进行自我批评的同时，帮助学生把握自我批评的尺度，提醒学生千万不要在自我批评中丢失自我认同。

第三节　创造良好的环境

在前面两节中，我们厘清了反批评和自我批评的内涵和价值以及学生开展反批评和自我批评的基本策略。然而，反批评和自我批评的发生需要特定条件的支持，即一种特定的文化环境。这种环境具有对多种观点和思想开放、平等对待和包容，认可每个人的重要性，倡导批判性思维和反思精神的特点。创造这种环境，需要学校制度、班级文化以及教师个体等层面的支持和共同努力。

一、学校制度支持

有效营造反批评和自我批评的特定教育场,学校制度的支持是前提。制度体现为一种行为规则,告诉一个组织中的各个相关方什么可以做,什么不能做,什么必须做。制度制定的过程也是树立文化导向的过程。学校应该创设各个层面和各个群体之间的"对话",形成"对话氛围",为反批评与自我批评的开展做好舆论铺垫;其次学校应该制定蕴含反批评与自我批评内容的规章制度,并在管理过程中注重落实。

1. 营造学校"对话"氛围

反批评与自我批评本身就是一种对话,前者侧重与他人的对话,而后者侧重自我对话。学校对话氛围的形成是学生反批评和自我批评顺利进行的前提。那么何谓对话?在哲学家眼里,对话是一种认识方式,是对话者双方相互理解,达成视界融合的过程,是一个自我认识、自我反思的过程。(摘自夏正江《对话人生与教育》)英国著名学者戴维·伯姆认为在对话中要辩证地看待冲突,对话者要善于倾听对方的意见,了解对方的观点和看法,并且要意识到冲突的现实性和意义,通过对冲突进行自我反思,使冲突向着创造性的方向转变,从而产生新的观念和看法。所以,我们也可以把对话的过程看作是在开放的空间里双方进行反批评与自我批评的过程。

案例 6-9

上海市松江区 HG 学校从 2012 年春季开始推出了"我与校长面对面"这一学校领导与学生面对面互动交流对话的平台。这个平台实施主体的一方为有关部门、组室负责人员,另一方为与交流主题密切相关的学生群体或其代表。此外,在校学生在其就读期间至少获得一次参与对话的机会。该校在选定对话主题时,坚持三个原则,即:学生反映强烈的;重要但学生普遍缺乏认知的;学校的要求和学生的利益或需求有矛盾或者冲突的。同时,学校对每次对话进行评估,即:每次活动都要评定积极分子,积极分子是指能够积极提问或者能够提出有一定水平问题的学生;评出的积极分子当场公布并书面备案,作为学生素质综合评价的一个依据;每次活动结束后,校长办公室会同有关领导和部门及时进行总结,总结包括对活动质量的评价和针对学生所提意见的落实、改进和反馈两个方面。

该平台运行一年来,在丰富学生在校生活经历、疏导学生各种不良情绪、引导学生客观辩证地认识周围世界等方面取得了很大成效。该校在今年还专门制定了《华实高中"我与校长面对面"操作指南》,以学校制度的形式对这个师生对话平台加以规范。①

从本案来看，HG学校的"我与校长面对面"是一个对话平台，是一个鼓励学校师生进行反批评和自我批评的平台。在这个平台上，学生享有与学校各层面人员的对话权和公开的反批评权。依托这个平台，学校在提供给学生反批评机会的同时，也呈现了学校自我批评、自我改进的精神。它营造了一个极其开放的、良好的对话氛围，也为师生开展反批评与自我批评提供了积极支持。

学校除了设立类似以上对话载体外，还可以聚焦学校制度建设、教育教学管理以及学生事务处理等涉及学生学校生活的方方面面，通过流动信箱、定期调查问卷、各层面师生对话会以及各类座谈会等渠道，进行师生对话。教师放下权威，倾听学生各种不同的声音，让学生自由运用批判性思维，大胆提出各种不同的想法，从而形成浓浓的对话氛围。

2. 设立学生诉求与回应机制

尊重每一位师生的学校管理参与权和发言权是构建现代学校制度的必由之路，也是营造反批评与自我批评文化氛围的必要条件。通过学校设立的学生诉求与回应机制，学生享有反批评权，在反批评中促使学生自我批评的发生，同时促进学校各层面进行自我反思与自我批评，进而对工作进行调整和改进。

案例 6－10

2010年以来，松江六中在学生申诉机制上加大力度进行了修订和改革，建立了学生话语权平台，把它作为创建学校管理特色的重要举措，同时先后出台了相关机制和重点项目推动学生参与、质疑学校管理的落实。

成立"学生申诉受理小组"。凡本校学生，享有对学籍管理、日常饮食安全和饮食质量、人格和尊严应受尊重的权利，在校学习、生活活动中的身心安全等方面的申诉权。学生可以通过匿名或实名形式向受理小组提出申诉，由受理人提交行政会议或校长室讨论，再由校长责成有关部门解决或向学生做出回应，最后受理人向学生及家长反馈处理结果或作出解释或承诺。

成立"学生自主管理学校"委员会。委员会负责召开学生代表大会，对《学生申诉制度》和《学生违纪处分条例》试行稿作审议和修改，还对学校教育教学工作

---

① 华实高中.《"我与校长面对面"操作指南》。

提出建议。"学生自主管理学校"委员会的成立,让学生拥有了管理学校的"审议权"、"建议权"和"评议权"这三权。

成立"校长小助理"团队。"小助理"团队负责"有话对校长说"这一常态机制的落实,传递同学们的意见和建议,更参与管理和评议学校事务。[①]

任何学生在学校中都应拥有管理学校的"审议权"、"建议权"和"评议权"。要让学生的权利得到充分保障,需要学校相应的制度保障。本案中,松江六中设立了"学生申诉受理小组"、"学生自主管理学校"委员会、"校长小助理"团队三个机构,让学生有正式诉求表达的地方,让学生的话语权得到落实。同时,学校在设立这三个机构的同时,明确了自己的职责,即对学生的诉求在一定时限给予正面回应。学生的正面诉求,其实给予了学生反批评的"官方"渠道,让反批评成为一种正当的、受鼓励的行为。而回应学生诉求的过程也是学校进行自我反思或自我批评的过程,所以,无论是诉求还是回应,都有利于学校反批评与自我批评氛围的不断形成。

3. 完善学生评价机制

把反批评与自我批评融入学生的评价指标中是反批评与自我批评发生的有力保障。学生的评价机制是一种导向,它传递着一个学校所倡导的核心价值和文化。在着力于高中生生涯发展指导的学校,更应该修编或完善学生评价机制,把反批评与自我批评能力融入学生评价机制。其实,为了培养学生的人际交往能力和自我教育能力,同时营造反批评与自我批评的教育场,国内各学校的评价机制也在悄然变化中。

比如,温州23中正在实行一种新型的学生评价体系——"5+1健全卡评价体系"。它分5个颜色,每个颜色代表一个教育主题,另设金色成功卡、反思教育卡,共7色。"反思教育卡"是黑色卡,是一种警告和惩罚。同时在学校的《团前成长记录册》评价体系也突出了学生自我批评、自我教育的教育理念。它包含了"我的共青团梦想、我的入团规划、殷切寄语、我的团前成长月记、团校学习记录、学期阶段小结"等部分,涵盖了教师评价、家长评价、同伴评价以及自主评价,记录学生平时客观表现的同时,还可以体现学生平时主观意识发展的变化。

这样的评价体系无疑会使得学生在自我评价和自我反思的过程中,逐步关照自己

---

① 程博.松江六中政教处.

的内心,学会挖掘内省的发展动力。①

·二、班级环境支持

有效营造反批评和自我批评的特定教育场,班级环境的支持是关键。班级文化是班级师生共享的规范与目标,是学生成长过程中的一个重要组成部分。实践证明,良好的班级文化必然蕴含着班级师生共同倡导的积极的主流价值,它会指引着全体学生遵循这种主流文化不断进取,主动、健康地成长。所以,教育者应该在学生熟悉的生活场景中抓住日常活动的关键环节,利用主题教育课,甚至是班级突发事件,巧妙设置情境,创设反批评和自我批评的实践平台,让学生在真实情境中淬炼,从而掌握有关反批评与自我批评的基本技能,深刻感受其价值。这样做有利于积淀并形成反批评与自我批评的班级文化氛围,更好地促进学生自我发展。

1. 开展班级主题活动

根据班级实际情况,有计划地在班级专题教育中设置反批评与自我批评的专题教育课,能够营造开放的舆论环境,能够在师生之间搭起一座信任的桥梁,能够拉近学生与学生、学生与老师之间的距离,提升学生的交流互动能力,为班级学生进一步开展反批评与自我批评扫除思想障碍。

案例6-11

HG 学校高二(6)班,无论在学习方面还是工作、生活领域,学生们缺乏主动性,时时需要老师下达任务,时时需要老师督促、引领。自主管理、积极主动的学习、工作态度是班级同学最大的努力目标。通过对班级特点的分析,班主任姚桂萍老师召开了一节专题教育课,设计了以下环节:

步骤一、情景呈现与讨论

情景一:小郭的苦恼

1. 情景呈现:班主任王老师因为小郭表现不佳而教育小郭,在交谈过程中,小郭由于自己情绪不佳而脱口顶撞了王老师,王老师哭了,清醒过来的小郭陷入了深深自责。

2. 情景讨论分析:小郭的自责表现说明了什么? 他应当如何运用自我批评摆

---

① 于金秋,周啸勇,王亮.“打造信念的绿洲,构筑精神的家园”[N]. 中国教育报,2013-05-08.

脱这种自责和歉意呢？在日常生活中我们有过像小郭一样的经历吗？你当时是如何处理的？

设计意图：通过此环节，让同学们明白自我批评是对自我的高要求、高境界，是自我觉悟的表现，并尝试通过讨论分析帮助小郭寻找到合适的自我批评方法。

情景二：自修课一幕

1. 情景呈现：高二(6)班在日常自修课种种不守纪律的真实场景。

2. 反思呈现：请3—5位当事者讲述自己的所思、所想、所做。

3. 分析评价：分析评价当事者的自我批评的适切性。

设计意图：通过此环节，联系班级中常见现象，引导学生利用反思原理进行自我批评。

步骤二、自身及班级优势、劣势大讨论

1. "头脑风暴"自省：

(1)你最大的性格优势是什么？你最大的性格劣势是什么？（举例说明）

(2)班级的优势、劣势有哪些？（举例说明）

2. 照镜子自省：任课老师眼里的高二(6)班（视频）。

步骤三：行动改进

问题：面对这样的班级劣势，我们应该如何做？

设计意图：引导学生从团队角度反思不足，感悟自我批评是虚心的表现，是通向成功的桥梁。鼓励学生勇于发现并改变班级中的大问题，实现自身与班集体的共同成长、共同进步。

在本案中，班主任抓住班级特点，通过情景呈现，创设平台，让学生开展问题探讨，在不断体验中习得自我批评的技能，比如"头脑风暴"自省法、"照镜子"自省法等等。同时引导学生深刻反思自己及班集体的不当行为，积极归因，争取通过"责躬省过，自我锤炼"去实现自我与班级的提升。这样的主题教育课为学生开展反批评与自我批评提供了很好的实践体验平台，它有助于学生反批评与自我批评能力的提高，同时也为班级营造反批评与自我批评的积极氛围起到了一个良好的导向作用。在本案中，老师可以再加上一个步骤，如"步骤四：后续行动。由班委发出倡议：学生就个人成长和班级发展写自省日记。"因为学生在教育课上得到的良性体验会在活动结束后自然延续。利用学生活动中被激发的感受，让学生学着写自省日记，这就实现了将成长体验善加利用,让它成为学生自我批评能力发展以及班级氛围形成、固化的宝贵资源。

2. 在日常活动设计中植入反批评与自我反思环节

上海市中学德育特级教师马兰霞老师说过:教育者重要的是坚持批评的"教育学意向"。她认为,"教师不仅仅把批评限于'指出和否定学生的错误言行',还要考虑在方式上是否有助于学生把教师的批评转化为自我成长的积极意向。"学生的反批评或自我批评在最初或许是偶然的行为,要把这种偶然引导到一条连续的道路上来,变成自觉的、连续的行动,需要教师在日常生活中不断设置情境,即在他们参与的学校日常活动安排中植入反批评与自我批评的环节,让学生在实践体验中不断加深反批评和自我批评的重要性和必要性的认识,自然运用反批评与自我批评的技能。

案例 6 - 12

为了让学生学会自我反思,镇江市实验初中的耿红杰老师让学生从开学就要养成这样一种习惯:每天放学回家前都静息五分钟,充分利用这五分钟仔细、认真回想一下以下六点:1.今天,班级的值日工作认真完成了吗? 2.今天,充分利用时间了吗? 3.今天,上课积极动脑了吗? 4.今天,作业独立完成了吗? 5.今天,不懂的问题解决了吗? 6.今天,主动帮助同学了吗?[①]

耿老师说,以上很多在开学之初就制定的规定或所采取的措施,并不是一经班主任提出学生就能做到位的,而是要在今后的实施中不断地强调,直至内化到学生的每一项具体的活动中。她班上的学生通过这样经常性的反思、总结,每天都有一定进步。

其实,除了上面案例中呈现的做法,在学校、年级以及班级层面,我们还可以在各种活动后安排各个层面的总结会、问题探讨会、民主生活会、辩论会或者沙龙等,让学生参与进来,通过这些渠道的设置引导学生提出问题,主动找问题,寻方法,觅路径。在实际体验和氛围的熏陶中,学生就会自然而然习得反批评与自我批评的方法,养成反批评与自我批评的习惯。

3. 在处理班级突发事件时注重反批评与自我批评

在日常管理中,我们总会遇到各种各样的突发事件,那么在处理这些事件时,除了对相关学生进行批评教育,我们也可以利用这种特殊的契机,指导学生开展反批评和

---

① 《镇江市实验初中教育案例集》。

自我批评,给予他们申辩的权利,引导他们认识到自己的错误所在,让学生在行为改进中成长。

案例 6-13

　　云在竞选时以绝对优势当上了班长。但在两个月后,同学们就不愿意和她接近了。云跑到我这里痛哭。我询问原因,云哭诉:"应该是我没有做到竞选时的承诺吧,还有有时不注意和同学们交流的语气和方式。"云对自己的分析是对的,我了解到,同学们认为云摆官架子,为同学们服务的意识不强。该怎么帮助云摆脱目前的困境呢?我建议她在全班同学面前公开进行自我检讨。云担心那样会更没有威信了,我让她试试再说。

　　周一的班会上,云作为上周的值周班长,先是总结了上周的班级情况,然后深刻地剖析了自己的问题。她说:"我用错误的态度和方式对待大家,使大家渐渐远离我了。我想为同学们服务,使我们班成为最好的班级,但我没有做好,我辜负了大家的期望。我真诚地向大家道歉,希望同学们能够原谅我,大家可以公开指出我的不足,我一定会用行动回答大家!"说到最后一句,云已经是泪如雨下。有些同学开始不以为然,渐渐地,被班长的真诚打动了,等云说完后,大家自觉鼓起掌来,基本上已经原谅云了。但这还不够,我说:"作为一个女孩子,云能公开道歉,这份勇气非常可贵。大家对她还有什么意见和建议,现在可以当众指出。"没人吭声,同学们在顾虑。我说:"现在不说,以后可不许背后说哦!"渐渐有同学站起来指出云的失误,都很真诚,语气慢慢从指责变成建议。事情看似圆满地结束了,突然,学习委员站了起来说:"班长的道歉让我感触很大,谁能无过呢?我在工作中有时也急躁了些,尽管是为大家好,但态度也有不当,请大家原谅并监督我!"体育委员也站了起来。转眼间,课堂变成了大家开展自我批评的场合,气氛因为自我检讨变得越来越友好、融洽。于是我又趁热打铁,倡导学生每天每周都进行一次自我批评。[1]

　　通过此事,班里形成了批评和自我批评的良好风气,同学们坦诚相待,互助提高,这不是一件很幸福的事吗?

---

[1] 张妙龄:《教苑》(湛江师范学院附中)。

在学校教育过程中,我们会不断遇到突发的学生事件。如果我们能够像上面案例中的班主任那样,把握教育的合适切入点,充满智慧地设计一些反批评或自我批评的环节,给予冲突双方申诉、反思的时间和平台。让学生通过交流达到相互理解,让有过失的一方能够自主反省觉悟,主动用正确的行为来补救由于错误所造成的损失,进而达到行为自制和道德自律。

三、教师的作用

有效营造反批评和自我批评的特定教育场,教师的支持是保障。青少年具有极强的模仿能力,教师的表率作用给学生以潜移默化的影响,而且这种影响发生在学生的心灵深处。所以,要让学生养成反批评与自我批评的习惯,教师的作用不可小觑。教师应该改变传统的心智模式,立足"学生视角",积极发挥自身的表率作用和指导作用。

1. 改变心智模式,正确对待学生的反批评。

彼德-圣吉在《第五项修炼》中这样写道:"我们的心智模式(我们的想法)不仅决定我们如何认知周遭世界,并影响我们如何采取行动,让自己会质疑自己相对于实际状况的心智模式,并在必要的时候改变它,重新思考我们习以为常的看法,开始解冻原有的心智模式,而培养出新的心智模式。"上海德育特级教师陈镇虎先生认为,"当下很多教育者保留着传统的教育心智模式。他们对学生作为具有独立人格和个性的人,缺乏了解和尊重;对学生是处于发展中的人缺乏充分的认识和尊重;对学生具有客观的身心发展规律缺乏足够的认知和尊重;对当代学生身上的一些时代新质缺乏充分的认识和尊重。"

然而高中阶段的孩子的批判性思维特质逐渐显现。独立思考、善于发问是高中生思维发展过程中开始具备的一个重要品质。他们对待周围的人或者事物逐渐有了鲜明的认识,开始有了批判的眼光和批评的能力。他们逐步能够接受理性的批评,也渴望有批评他人的权利。教师,尤其是高中教师,应该在教育理念和教育行为上做出转变,努力从一个传统的知识传授者向学生发展的指导者转变,要将学生的真实感受、成长需求和自我教育放在第一位,充分满足学生寻求独立、渴望被认同的需求。

教师应该克服"单向输出",认同"文化反哺"。传统教育中,教师与学生之间的知识流向往往是单向输出。而在当下,"文化反哺"成为了一种普遍现象。"文化反哺"是指在急速的文化变迁时代所发生的年长一代向年轻一代进行广泛的文化吸收的过程。由于当下信息技术的广泛运用,网络文化、跨地域文化的交融,学生获得知识的途径也日益增多。比起教师与家长来，学生其实在某些方面更具优势，比如他们的知识广度、思想观念，甚至在价值取向、对人生和社会的理解等方面可能更具有超前意识。而在传统教育模式下成长起来的现代教师由于受多种因素的影响不可能一直与时代始终同步。于是学生与教师之间的关系发生着变化。师生之间不再是教师单方面传授给学生知识技能或生活指导，学生在很多方面也能够给予教师同样的知识或启迪。教师与学生之间的知识流向不再是单向的，而是互动双向的。因此，原本的批评者和被批评者的关系也可以进行颠倒，老师不再是绝对权威，学生也可以是批评教育的实施者，更有反批评的权利。教师应该放下权威意识，以平等的立场倾听学生见解，真诚吸纳，勇于反思和行动改进。

教师应该努力实现从"独白"到"对话"转型。传统的教育往往是"独白"。当下，对话越来越成为现实需要。不同人群之间需要通过对话来进行知识交换、思想碰撞、心灵沟通，从而促发自我内省，获得个人成长与心灵愉悦。这种对话的需求在学校范畴内也真实存在。这似乎让在传统灌输式教育下成长起来的现有教师群体陷入了一种新的困境：无论是学校要求还是学生期待，都需要教师对现有的以"独白"为主的教育模式向以对话为主、讲授对话相结合的模式转型。然而很多教师不懂得如何开展对话，所以要真正实现对话教育的关键是要培养教师对话的能力。教师须首先要有跳得出传统"独白"教育模式的勇气；其次要努力提升自己的专业智慧；再次，要与学生时时保持互动，深度沟通与交流，指导学生在实践经历中体验与感悟；最后，应该平等地对待学生，维护他们的自尊，尊重他们的人格，给予他们反批评的机会，善于反思自己的教育行为。

2. 立足"学生视角"，做自我批评的先行者。

做自我批评的先行者的经历会给予我们一种"学生视角"。美国教育者史蒂芬·D·布鲁克菲尔德在《批判反思型教师 ABC》中指出："如果教育者试图去帮助学生学习，那种把自己作为学习者而苦苦挣扎的经历将成为一种教育优势。"这种经历会让我们充分体会学生的学习障碍和焦虑，会对学生产生一种同情，从而帮助我们调整自己的教育行动。当我们不能像自己所想象的那样迅速、轻易地去指出别人的不当批评，不能时时理性地对自己的错误行为进行自我分析、自我批评时，我们就能真正体会感受学生所感到的焦虑、不安甚至迷茫。这样的经历让我们真正与学生共情，促使我们艺术性地指导学生开展自我批评或反批评。

案例6-14　敢于自我批评　构建教学和谐(广东省清城区清城中学　陆志明)

开学一个多月后,高一年级进行了第一次地理考试,学生的成绩却不理想。我教的班级及格率仅 20.3%。第一次单元测试就这么差,对刚上高一的学生来说,会大大降低他们学习地理的兴趣和信心。同样,对于新教师的我也是一个沉重的打击和严峻的考验。作为教师,是单一批评学生呢,还是在分析学生问题的同时,作深刻的反省?我选择了后者。

在进行试卷分析前,我严肃地站在讲台上向着学生作深刻检讨:"这次单元测试,大家考得不好,有试题的问题,也有你们和老师的问题。在此,我首先做自我批评,一是我刚毕业,没教学经验,对教材分析不透,教学方法不灵活,对教学重难点把握不到位;二是教学语言不连贯,会出现"短路"现象;三是对课堂、课后练习布置较少,没及时掌握大家的学习情况。今后,老师决心从以下几个方面进行改正……请同学们监督。"

当我认真读完检讨书,深深鞠躬时,教室里响起热烈的掌声。我还看到一双双带着泪光和热情的眼睛。我知道,他们也在为自己考出这样差的成绩内疚,同时也真情地鼓励我。

课后,我就收到好多学生写的字条:我还是第一次看见老师为测试和前段教学作总结检讨,还是用稿纸写好而不是口头敷衍,难得!老师加油!

后来,我还在一些学生的作业本读到他们写给我的话:老师,你没错,错的是我们没有花时间学习地理,一周里,除了2节地理课共80分钟,再没有碰过地理书,没有做习题。老师,请相信你自己,也请相信我们,我们一起努力!

其实,人非圣贤。一个阶段教学过去了,好好想想自己在教学上的优缺点,在学生面前认真总结一下,也不妨做自我批评,请学生多多指正,这不仅不会伤害自己的威信,反而会构建起平等的师生关系和和谐的教学氛围。

作为一个教师,我们的一举一动在学生眼里都具有重大意义。我们对新的教学和学习的思维方式真正的开放程度将决定学生们对新的思维方式的开放程度。作为教师,传达我们的主张最有利的方式是自己保证实践所教的东西。同样,你最好在平时的教育教学中时时以反批评和自我批评等这些重要的词语为指导,认真而一贯地体现我们所赞成的这些精神,将此设定为教育的主基调。

一般而言,学生有一种认识,即他们认为自己和教师之间存在着权利的差异。他们不愿意向教师说出自己的疑虑和批评,这是可以理解的。因此,在一次考试结束后,即便教师有教学上的问题,学生也不愿提出批评。当教师成为自我批评的积极倡导者和先行者后,情况就不同了。在本案中,面对考试失利,教师不自我逃避或开脱,敢于自我剖析,认认真真地反省作为新教师在教学上的客观问题,分析原因入木三分,整改措施切实有力,努力方向具体明确。这样的自我批评,无疑给学生强有力的行为示范,促使学生在为老师加油鼓劲的同时进行自我反省。

第七章 批评教育促进人格成长

中学阶段是人格塑造和基本素质形成的关键时期,中学生的人格具有很强的可塑性。而当前社会正处于社会转型期,逐渐形成人生观的中学生面对各种思潮的混杂和碰撞,在不同程度上会出现人格上的迷失和缺陷。此时,正确的批评对于中学生而言,是指导他们不断认清不足,不断弥补缺陷,不断完善自己的人格和基本素养。

批评对于中学生而言既是一种指导,又是一种恩惠。面对别人的批评,只要你愿意睁开双眼仔细观察,张开双耳认真聆听,用真挚的心去领悟,用智慧的眼去辨析,用足够的决心和恒心去面对、去接受、去改变,在不断的批评和被批评中,逐渐地认识自己、正视自己、完善自己,一切终究会变得更加完美。

第一节 面对批评的错误心理

常言道:"良药苦口利于病,忠言逆耳利于行。"这句警世名言似乎人人都懂,其中蕴含的深刻哲理人人都明白,但具体到被批评的人来说就不那么容易接受了。因为按人们的正常心态讲,无论任何人都更愿意接受别人赞美的言辞,不愿意听到逆耳的语言。特别是对处于成长期、心理尚未成熟的中学生而言,他们更愿意听到教师的表扬,不愿意听到教师的批评。

面对批评,有的人心存感激,欣然接受。这类人因为能够准确地对待别人的批评,把批评当做是别人对自己的一份关爱、一记警钟、一剂良药、一种督促,往往能把批评牢记心中,并时刻提醒,进而积极进取,成就一番作为。鲁迅幼年时因为替父亲抓药而迟到,受到先生的严厉批评,他没有为自己辩护,只是默默在书桌上刻了一个"早"字,自此他时时早、事事早,最终成为了享誉世界的一代文豪。

但更多的人却无法坦然地面对批评。当批评出现时,有些人矢口否认,有些人听之任之,有些人百般狡辩,有些人忧心忡忡,有些人怒目而对……更有甚者,有的被批评者在受到批评时,还会采取不正确的甚至是极端的方式来对待批评。

一、常见的错误心理类型

什么原因使这些人会出现上述这些错误的表现,采取极端的方式呢?究其原因,应该与他们面对批评时的心理状态有着密切的关联。为此,不妨先一起来研究一下面对批评而引发错误行为的几种常见的心理。

1. 惰性心理

案例 7-1

高一年级男生高某,因为父母长期不和,经常在家中大吵大闹,他觉得家庭中没有温暖,于是就经常离家去网吧。由于网吧管理的不规范,网上大量暴力、色情的网络游戏和网页内容使高某沉迷其中,难以自拔,为此高某经常在网吧通宵上网,甚至还会在上课时间旷课上网。短短一段时间内,高某的成绩直线下降。父母对他打、骂也解决不了问题。第二年,因多门成绩不合格、经常旷课等原因,学校为了加强教育,对高某给予留级的处理。

留级后,高某安心在学校和家庭中度过了一个月,又抵制不住网络的诱惑,回到网吧重操"旧业"。因为经常通宵上网,上课时高某总是趴在课桌上睡觉,更没有时间去完成作业。为此老师对他进行耐心的教育、批评,要求他上课认真听讲、准时完成作业、不去或少去网吧。但高某面对老师的批评始终无动于衷,刚听完老师的教育后,他又准时到网吧"上岗"了,第二天依旧上课睡觉,依旧不交作业。班主任老师和家长到网吧去找他,他马上从后门偷溜了出去,等老师、家长一走,他又出现在网吧电脑前。

在这个案例中,可以看到高某面对批评而产生的一种惰性心理。这类人对待批评总是抱着满不在乎的态度,往往把批评当作耳旁风,你说你的,我做我的,你走你的阳关道,我行我的独木桥。久而久之,就会产生很强的"抗药性",任凭狂风暴雨,我自岿然不动,有时甚至还会来个"破罐子破摔"。就如案例中的高一男生高某,面对父母的严厉打骂、老师的耐心教育,依旧我行我素,沉迷于网吧,对各类批评始终无动于衷,照样通宵上网,依旧上课睡觉,仍是不交作业,甚至与老师、家长玩起"捉迷藏",使得缺点、错误越来越严重。"走自己的路,让别人说去吧!"是这类人的口头禅,在张扬"个性"的时代里,这类人越来越多,他们或许会觉得自己活得潇洒,但潇洒也使他们失去前进的方向和动力。

2. 侥幸心理

案例7-2

　　小刚是某中学的学生,平时脾气急躁,时常因为一些小事与同学发生矛盾。班主任老师顾及到小刚脾气急躁、自尊心强,可能难以接受老师的点名批评,因此每当小刚犯了错误后,总是采用不点名的方式进行婉转的批评。可谁知小刚面对批评无动于衷,某日又因为小矛盾与别班的同学发生争吵,最后大打出手,导致对方住进了医院。

　　面对这样的恶性事件,小刚的班主任决定不再容忍,对小刚进行严厉批评,质问小刚为什么在老师多次批评后还是不知悔改,甚至变本加厉把同学都打伤了。"老师,我哪里知道你批评的是我啊,我一直以为你批评的是小强啊。每次你都是批评说某某同学脾气不好,经常吵架打人,小强不就是经常和别人吵架吗?"

一些常常被批评的学生中间流行这样一种说法,"不怕批评,就怕点名。"这一类人在听到批评的时候,尽管自己也在被批评之列或者自己也有相类似的错误,但只要批评者没点到自己的名字,就会心存侥幸,认为批评的是别人,自己既不用检讨,更不用改正。而恰恰是这种侥幸心理,往往会使人面对批评视而不见、听而不闻,他们不会积极地反省,不会积极地纠正错误,犯了错误受了批评之后依然我行我素,以至于小错酿成大错,直至不可收拾。案例中班主任老师在批评时对被批评者常常以"某某同学"称之,而没有直接点其名进行批评,以至于小刚认为老师批评的是有相同错误的小强,而没有将老师的批评与自己的错误行为联系在一起,最终导致错误的一再发生。

3. 害怕心理

案例7-3

　　玲玲是临安人,今年15岁,正在上初中。

　　"一般人进心理门诊,都是一个人悄悄进来,但这孩子,是被她妈妈背着进来的。"何鸣说,起初以为玲玲不会走路是生理因素,谁知他检查一番后,发现玲玲的神经系统没有任何问题。

"叫什么呀,多大年纪了?"何鸣试着以最简单的方式跟小姑娘交流,结果她伸手指指嘴巴,示意自己不会说话。

"我女儿之所以会变成这样,那都得怪他们老师。"一说起女儿的怪病,玲玲妈就恨得咬牙切齿。

那天上课,玲玲实在被小说里的故事情节吊得难受,就忍不住拿出来看。没想到,刚把书给隐藏好,就被老师发现,走过来将小说没收,并在玲玲头上拍了一下。

从小成绩优秀的玲玲,这样被老师当着全班同学的面批评,那可是破天荒头一遭。于是,她当即大哭起来,从此就不说话、不走路。

"现在家里一般都只有一个孩子,哪个家长舍得打孩子,也不要说骂,我们平常跟女儿说话,连大声一点都不会。"玲玲妈心疼地抱怨,"我女儿这么优秀,凭什么要在老师那受这种委屈啊?"

"小姑娘没有装病,这是种心理反应。"何鸣说,因为老师的批评,让她觉得自己名誉受损,自尊心大受伤害,这种心理因素导致躯体功能暂时失调。

排除玲玲的心理障碍,并不困难。何鸣先是教她简单的发声,然后让她读报,最后放声唱歌。经过几十分钟时间,玲玲恢复了说话和走路的能力。

可为什么玲玲在家就一直好不了呢? 何鸣认为:"问题的关键在孩子的妈妈身上,总是把孩子捧在手心,犯了错误也不批评,反而还帮孩子一起怪罪老师。那还怎么能让孩子释怀?"①

在这个案例中,可以看到面对批评而产生的一种害怕心理。这类人往往对自己缺乏信心,或者是耐挫能力差。他们对别人的批评有着超乎常人的敏感性,同时又对别人的批评有着极其脆弱的心理承受能力。因此,当他们面对别人的批评时,条件反射地想尽办法进行躲避,久而久之就会对别人的批评油然而生一种恐惧感。就如案例中的玲玲,从小生活在家长、老师、同学的赞美声中,是众人眼中的好学生、乖宝宝,突然面对老师当着全班同学的面批评,一下子产生了她难以承受的精神负担。她害怕老师

---

① 优秀女生的"自闭症"[N].今日早报,2010 - 10 - 9.

再也不会信任自己,害怕同学从此瞧不起自己,担忧批评会影响自己今后的成长进步。沉重的精神负担、对批评的害怕恐惧感吞噬着她的自信,从而导致躯体功能暂时失调,更有甚者可能因此而患上精神疾病。

4. 抵触心理

案例 7-4

　　12 岁的小梦,因为父亲早逝,所以家人对其非常宠爱。小梦从小成长在幸福的环境中,几乎没有吃过任何苦。三年级时,小梦一接触英语,就对英语表现了极大的兴趣,经常利用课余时间自学。小梦常自诩"我的英语成绩是班上最好的!"然而,一堂英语课上,因为小梦自学课程进度快,所以没有认真听老师讲课。为此,英语老师在课堂上对她不专心上课进行了批评,教育她不要因为自己懂了一点,就骄傲自满。

　　对此,小梦深受打击。之后,小梦像变了个人似的,回家再也不碰英语书,看到英语老师就厌恶,上课不再举手发言,英语成绩一落千丈。小梦还在英语课本上写满了对老师不满的言语,甚至还画上了英语老师的头像,并挖掉头像上的眼睛。虽然老师和家长对小梦多次教育,但小梦倔强地坚持,不换老师不再学英语。

在这个案例中,可以看到面对批评而产生的抵触心理。在受到批评尤其是受到严厉批评时,一些自尊心较强的人往往会产生一种抵触情绪,常常用讲怪话、发牢骚、骂骂咧咧、摔摔打打等方式,发泄对批评的不满,宣泄心中的愤怒。案例中一向喜爱英语的小梦,自从被英语老师批评后,从原来对英语有极大兴趣,变得再也不碰英语书,上课不再发言,对英语老师的一言一行感到厌恶,甚至挖掉老师画像的眼睛,坚持不换老师就不学英语。可见,小梦并不是因为不喜欢英语而不学英语,是对老师的抵触,究其真正原因,还是小梦对老师批评的抵触。

5. 对抗心理

案例 7-5

　　余某,某中学初三女生,因自小被家长宠着,容不得任何的批评。从入学开始就以泼辣、不讲理闻名全校,平时同学们都不愿意招惹她。一天上数学课时,因同桌的同学写字时占用到了她的桌子,余某立即大怒而起,不理睬同桌的连声道歉,一下子将同桌课桌上的课本等学习用品扔在地上，口中还不停地骂着同桌。面对教室中出现的突发状况，数学老师强压住心中的怒火，批评了余某几句，准备继续上课。谁知，不说不要紧，这一批评使余某将怒气转移到了老师身上，接着出现了让人不可思议的一幕：老师在台上讲课，余某在台下故意大声说笑；老师在黑板上写字，余某紧跟在后面用力擦；老师要求她遵守课堂纪律，余某嘴里对老师骂骂咧咧；老师要拉她离开教室，余某就大叫救命……课堂之混乱，影响之恶劣，就可想而知了。

面对批评往往还会产生一种对抗心理。有些孩子是在家长手心里捧着长大的，一向被家长惯着、哄着，到了学校，进入了集体，还是"老虎屁股摸不得"。只要听到别人的批评，不管批评是否正确，立即就会暴跳如雷，无理辩三分，拒不接受批评，甚至公开顶撞、对抗。案例中的女生余某，面对老师的正确批评，不是立即意识到自己的错误，及时纠正，而是用各种蛮不讲理的举动来发泄自己的不满，进而全面与教师进行激烈的对抗。

当然，像案例中余某的过激行为毕竟属于个案，但对老师的批评不理不睬、我行我素，甚至不进课堂或离家出走的事件却不断在我们身边发生。学生虽然没有当场与教师进行对抗，但是这些行为又何尝不是对教师批评的反抗呢？

6. 报复心理

案例 7-6

安庆四中初三学生潮某因写作业一事遭到班主任孙潮杰老师的批评，于是心生怨气，便通过手机QQ告诉菱南高中高一16岁学生杨某，说他上午受辱了，要他喊同学前来教训一下班主任。于是，杨某邀16岁的同学江某放学后前往安庆四中帮助潮某教训班主任。放学后，当孙老师下班步行回家之际，被潮某邀约而来的杨某和江某尾随，遭到江某两人手持砖头的袭击，孙老师当即被打倒在地，附近目击的群众拨打了报警电话。

经诊断：孙老师系内开放性颅脑损伤，脑挫裂伤，外伤情蛛网膜下腔出血，颅底骨折，右额软组织挫伤伴皮下血肿，右膝皮肤擦伤。目前，犯罪嫌疑人江某因涉嫌故意伤害罪，已被大观警方刑事拘留。涉案学生杨某已被取保候审，涉案学生潮某因未到法定年龄,故将对其另行处理。①

在这个案例中,可以看到因不能正确面对批评而随之产生的报复心理。有的学生在受到教师的批评之后,想的不是自己为什么会被教师批评,思考的也不是如何将自己的缺点错误改正,而是把别人对自己的善意批评当成是恶意的羞辱,整天想着怎样对批评者实施报复,以此来宣泄自己心中的不满,求得心理上的平衡。案例中的潮某面对班主任的批评,没有从自己身上寻找原因,而一味地认为是班主任故意针对自己,一味地采取打击报复手段来找回自己的"尊严",最终酿成了恶性报复事件,触犯了法律。

二、产生错误心理的原因

上文中被批评者在面对批评时无法保持正确的心态,渐渐偏离了正确面对批评的轨道,不仅没有帮助学生认识、纠正自身某些思想品德或道德行为上的缺点、错误,从而发挥出批评教育应有的作用,反而使被批评者错误地理解别人善意的批评,甚至使错误扩大化,造成更为严重的后果。

这显然不是批评者的本意。那么,当被批评者面对批评时,为什么会产生上述的心理状态呢?尤其是抵触、对抗、报复等极端心理产生的原因是什么?如何引导批评者保持平常的心态,正确接受批评?我想,这些都是值得我们深思的。也许当我们走近被批评者,走进被批评者的心灵,就会解开谜团,找到答案,从而帮助、指导被批评者正确认识批评、避免错误心理的产生,使被批评者坦然面对批评,乐于接受批评,健康快乐成长。

其实无法正确面对批评,产生种种不正确的心理状态,归根究底离不开被批评者的自尊。什么是自尊?自尊即自我尊重,是个体对其社会角色进行自我评价的结果。自尊是通过社会比较形成的,是个体对其社会角色进行自我评价的结果。自尊首先表现为自我尊重和自我爱护。自尊还包含要求他人、集体和社会对自己尊重的期望。简而言之,自尊就是社会评价与个人的自尊需要之间相互关系的反映。渴望积极的肯定性评价而获得自尊,是一种普遍的心理需要。而作为对学生不良思想行为的教育手

---

① 学生打老师,谁人无奈? 谁人尴尬? 谁人悲哀? [EB/OL]. http://bbs.edu.163.com/bbs/jiaoyu/169660004.html.

段,批评是一种否定性评价,它必然会因为对学生的否定性评价而剥夺学生的自我尊重的需要,进而引起强烈的情绪反应。

中学生的身心,正处于加速发展并渐趋成熟的时期。他们的自我意识,也开始萌动和增强,再加上目前中学生大多数是独生子女,在家庭中处于中心地位,加之现代社会文化对个性的过分张扬,使当今中学生的自尊心明显表现得更加盲目、敏感、渴求和极端。

1. 盲目性

自尊心是由于人的自我评价引起的,因此,如果一个人对自身的评价客观正确,他的自尊程度,就必然恰如其分。否则,评价过高,就会产生自尊过强、妄自尊大的毛病。

当前中学生由于种种原因,在他们的自尊中或多或少地夹杂着盲目自尊的成分。一是由于中学生正处于自我意识萌芽和逐步提高的时期,自我评价的全面性、深刻性、客观性的质量还不很高,很容易出现高估(当然也有低估)自我的倾向,自尊自信往往表现到过分的程度。二是当前的中学生大多数是独生子女,"四二一家庭结构"使他们从幼小起就处于家庭的核心地位,再加上家长不适当的溺爱,逐步养成了唯我独尊的不良个性特征。三是近年来,由于外来思想的浸淫,以及各种传媒文化的熏陶,看重和追求个人权益的思想,在当今中学生中早已深深地扎了根,这种对个性张扬的思想也强化了中学生的自尊意识。

2. 敏感性

随着学生自我意识的不断增强,他们的自尊不仅越来越强,而且也变得敏感起来,即使是他人的一个较弱的信息,也能被他们敏感的自尊捕捉,从而引起强烈的自尊体验。由于女性固有的心细、敏感、多疑等心理特征,她们的自尊体验更为灵敏。

3. 渴求性

中学生渴望在集体中居于适当的地位,得到较好的评价和重视。他们最怕别人看低自己。他们会在学校生活的各个方面表现自己,争强好胜。有的甚至在用合乎规范的方式无法获得自尊需要时,会用不符合社会规范的方式寻求满足。即使是当他们自尊已满足时也不会放弃对自尊的渴求,一方面他们会通过种种方式努力捍卫业已获得的自尊,另一方面会把自尊的触角伸向新的领域,去获得新的自尊体验,他们的自尊永远处于饥饿状态,即使自卑感强的学生,他们的内心深处同样也有十分强烈的自尊需求。

4. 极端性

中学生的自尊体验容易走向极端。当社会评价与个人的自尊需要一致,自尊需要得到满足时,他们往往会沾沾自喜,甚至忘乎所以;如果社会评价不能满足自尊需要或发生矛盾时,他们可能会妄自菲薄,情绪一落千丈,甚至出现自暴自弃,少数还可能会产生极端行为。①

正因为中学生具有如此强烈的自尊心理,所以当他们无法正确理解批评、无法正确面对批评、无法正确接受批评时,就可能使学生产生强烈的消极情绪,甚至还可能导致逆反、对抗心理,不仅影响批评效果,还会使以后的教育更难开展,更不利于学生今后的成长。

三、化解学生的错误心理

批评是人健康成长、走向成熟的一剂良药,但不可避免批评又是一剂苦药,是一剂学生不得不服的苦药。这剂苦口的良药,包含着教师多少望生成长、盼生成才的良苦用心,但这份良苦用心并不一定能被学生所体察,反而一不留神会伤了学生的心。

作为学生成长的指导者——教师,在使用批评这个武器的同时,必须把握学生的自尊特点,从自尊需要的取向这个根本问题入手,尊重他们的自尊,讲究批评策略。因为无论怎样的学生都有自己的自尊心,即使是再调皮的学生也非常顾及自己的面子,更不愿意在众目睽睽之下受到别人的批评。

在对学生进行批评教育时要选择适当的场合,避免伤其自尊,要循循善诱,晓之以理,动之以情。

其次,教师也要进一步指导学生理解真正意义上的自尊,使学生明白,并非对别人的批评置之不理,或者激烈对抗,又或者采取报复这才算是在教师面前、在同学面前有了面子,体现了自己的自尊;要让学生懂得其实具备宽广的胸怀,坦然地接受批评,容纳别人的意见,自觉地纠正错误,恰恰也是个人自尊的一种重要体现。

再者,作为批评者,教师在批评指导学生时应密切关注被批评学生的情绪变化和心理变化,不能一成不变地用单一的批评方式和批评语言进行下去,切忌不分场合、无视学生的心理变化、简单粗暴地批评,要根据学生情绪与心理变化的状况而适时调整批评的策略和力度,灵活准确地把握批评的科学性和有效性,从而获得批评的最佳效果。

---

① 中学生的自尊特点与教师的批评策略[EB/OL]. http://www.teachercn. com/zxyw/Html/jxwz/274485Kbgnc7v 1115121189. Html.

最后要指出的是,批评的最终目的是指出学生存在的问题,指正学生错误的行为,指导学生健康地成长,所以不能简单地认为对学生教育批评一番后就万事大吉了。批评后教师还应选取适当的时机,采取适当的方法,进行有意识的观察和疏导,向学生说明为什么要批评,为什么要这样批评,以缓解学生心中因批评而产生的怨气和不满,消除师生感情上的隔膜或对立,以利于今后教育工作的继续开展。

第二节　接受批评的正确态度

生活在社会之中,遇到"别人"的批评是难免的。而不管批评者持怎样的态度、方式和方法,面对批评,被批评者必定会在心中产生一定的思想压力,也必定引起不小的震动。特别是对于心智尚未成熟的中学生,该如何面对批评所带来的压力和震动?

吴惟顺在《兵镜》中写道:"详审斟酌,斯为有度有识之将也。"的确,为将之人必须有度有识,既要有宽广的胸怀,能容纳别人的意见;又要有远见卓识和自己的主张。"有度有识"虽然这是对一个将军的要求,但对于我们每个人来说,却也不失借鉴之意。

面对批评,需要仔细斟酌反思,宽容接纳批评,积极吸取教训,甚至主动向别人征求意见,这才是对待批评的正确态度,也是对人生真正有益的态度。

一、化压力为动力

犯了错误,有了缺点,因此受到他人的批评,这是很平常的事。但有的学生却不能正确对待,感到丢了面子,抬不起头来,担心影响进步,以致背上思想包袱,对进步和前途丧失信心。可以想象,一个不能接受他人帮助的人,一个无法承受他人批评的人,要想取得进步该有多么困难。

应当说,受到他人的批评固然是一件令人不快的事,但被他人批评却不一定是一件坏事,我们完全可以把坏事变成好事。当受到别人的批评时,不要为了保全自己的面子而失去得到别人帮助的机会,应该逐步调整心态,丢开思想包袱,敞开宽广胸怀,勇敢地接受别人的批评,批评的压力就可以变成继续前进的动力。把他人的批评当作自己前进的动力,抛弃自己的缺点毛病和思想包袱,轻装上阵,继续前行,这才是批评教育的目的所在。

案例7-7

学生徐某，平时行为总是自由散漫，特别喜欢在别人面前表现自己。在进入高中后的第一次集体活动（军训）中，徐某为了在新同学面前表现自己的与众不同，引起大家的注意，在一次学生连长带领的队列训练中故意出学生连长的"洋相"，在"一二三四"的口号之后喊出个"五"，引起了大家的哄堂大笑。当然，这种自由散漫的行为出现在以规范行为、强化纪律、增强集体意识为目的的军训活动中，必定会受到教官、班主任的严厉批评。教官为了严肃军训纪律，不仅立即让徐某出列单独反复进行"喊口号"训练，而且还在当天的点评会上，在全班同学面前将徐某作为自由散漫的典型，进行了严肃的批评。徐某本想在新同学、新老师面前表现一下，可如今一下子出了个大丑，还常常被同班同学当作茶余饭后的一个笑谈，连其他班的同学见到他，都会故意喊句"一二三四，五"。为此徐某本人背上了沉重的思想包袱，总觉得在众人面前出了丑、从此再也抬不起头，饭吃不下，觉睡不好。虽经过班主任的多次开导，但徐某始终无法放下思想包袱，只要见到同学凑在一起说笑，他就会觉得是在取笑他，甚至发展到认为全班同学、甚至全校同学时时刻刻都在嘲笑他，长期郁闷，最终患上了抑郁症，不得不退学回家休养。

一个人犯了错误，有了缺点，必定会受到他人的批评，严重的甚至会受到处分。受批评挨处分之后，自己觉得惭愧、内疚和悔恨，感到痛苦，吃不下饭，睡不好觉，这种心情都是可以理解的。徐某违反学校的军训纪律，本来错误性质并不严重，如果在受到批评之后，徐某能够冷静思考被批评的原因，体会教官批评的用意，将受批评的思想压力化为改正错误的行为动力，在以后的军训期间遵守训练纪律，严格要求自己，完全可以在老师、同学中重新树立新的形象。可他却把老师、教官的批评当作了沉重的思想包袱，无法从批评中解脱出来，最终被这沉重的包袱给压垮了。

由此可见，当面对批评时，思想压力是不可避免的，但决不要把批评当作是思想包袱，而是要变压力为动力，迅速做出深刻的检查，寻找犯错误的根源，真正改正缺点和错误，争取新的进步。否则，背上沉重的思想包袱放不下来，就要影响学习和生活，甚至可能会像学生徐某一样被压垮。

二、认真吸取教训

受到老师或同学的批评，有的学生总是想尽办法寻找各种理由解释、搪塞，不愿意接受批评;有的学生则表面上接受批评,心中却不以为然,依然我行我素,行为上没有任何的改变。这两类学生的行为没有摆正面对批评的态度,更不用说会接受批评、吸取教训了,这种消极对待批评的态度显然是不足取的。

受到批评,总有教训可找,逆耳的"忠言"要比顺耳的"赞赏"更能给人启示,更能给人力量,关键是要在批评中找出有益的启示,吸取必要的教训,避免过错的再次出现。也许面对别人的批评,被批评者难免会伤心难过,重要的是要学会勇敢地接受批评,在批评中寻找原因,在批评中吸取教训,在批评中成长进步。

案例 7 - 8

　　学生谢某,从小受到学习成绩决定一切的思想影响,进入高中后,他更是认为只要学习好就行,因此对文化学习抓得更紧,考试成绩常常名列班级前茅。但谢某不太愿意和班里同学交往,也不愿参加各类集体活动,同学们都觉得他"自视甚高,不甚合群"。同时,谢某在行为规范、体育锻炼、卫生劳动等方面对自己要求不高,心胸比较狭窄,遇事爱钻牛角尖。在小组会、班会上同学们多次指出他的不足,希望谢某及时改正。面对同学们的批评,谢某却总认为是别人嫉妒他成绩优异,故意和他过不去,不仅不加以改正,反而和同学们更加疏远。在期末评选"三好学生"时,他自认为凭他优异的文化学习成绩必定可以评上"三好学生",然而最终结果却令他大失所望。全班居然没有一个人投他的票。这件事对他心理打击很大,但他没有从自身查找原因,而是觉得其他同学联合起来有意整他,而班主任又处事不公,因此情绪消沉,性格更加孤僻、多疑,从此无心于学习,成绩更是一落千丈。

　　针对谢某的反常情况,班主任重点对其开展思想工作,通过各种措施帮助他转化思想。班主任经常找他谈心交流,帮他一起寻找原因,化解思想上的疙瘩,并要求同学们经常关心帮助他,让同学与他交朋友。使他认识到了自身的缺点,逐渐明白了同学的批评、忠告都是为了他好,认识到自己身上的不足,并逐步加以改正。渐渐地,谢某孤僻的性格发生了改变,人也变得活泼开朗了,还和老师及不少同学成为了朋友,最终毕业时成为一名品学兼优的毕业生。

学习成绩优异的学生谢某,在优秀学生评选中得到的票数是"零",这结果自然令他大失所望。如果这时谢某能静下心来仔细查找自身的原因,听听同学们的意见,吸取教训,开阔心胸,与同学和睦交往,提高对自己各方面的要求,再加上他优异的成绩,相信在下次的优秀学生评选中一定不会再次落选了。可是谢某并没有从中去寻找原因，吸取教训，而是将原因归结为优秀学生的评选标准不对，归结为班主任处事不公，归结为其他同学故意整他，把同学们对他善意的批评当做是同学的嫉妒。性格孤僻的谢某无法忍受这样的结果和批评，自然就产生抵触心理，必然会选择消极对待，从此情绪消沉，孤僻多疑，成绩一落千丈了。幸运的是他遇到了真心关心、乐意帮助他的老师和同学，大家一起帮助他寻找原因、吸取教训、改正缺点，最终成为一名优秀生。前后两种截然不同的结局，其区别仅仅在于谢某对待批评的态度，正是由于他最终不再消极对待大家的批评，而是选择了在大家的批评中吸取教训，努力改正，才有了最后完满的结局。

所以说，当受到批评时，不要情绪低落，也不要发泄不满，更不要消极对抗，而要用清醒的头脑去分析别人对自己的批评。因为受到批评，总是有教训可找的，有时候，反面教训要比正面经验更能教育人，更有利于促进学生的成长进步，关键是要找准教训，吸取教训。

三、积极主动应对

案例7-9

唐太宗是治世的明君。他之所以把国家治理得很好，主要是由于他善于听取各种不同的意见。他深知，兼听则明，偏信则暗。明君兼听，昏君偏信。这是大臣魏徵跟他讲的。

有一次，太宗虚心地问魏徵，明君和昏君怎样才能区分开？魏徵郑重地答道，国君之所以圣明，是因为他能广泛地听取不同的意见；国君之所以昏庸，是因为他偏听偏信。说完这话之后，他又举了历史上正反两方面的例子加以论证。他说，古代尧、舜是圣君，就是因为他们能广开言路，善于听取不同意见，小人就不能蒙蔽他。而像秦二世、梁武帝、隋炀帝这些昏君，住在深宫之中，隔离朝臣，疏远百姓，听不到百姓的真正声音。直到天下崩溃、百姓背叛了，他们还冥蒙不知。而如果采纳臣下的建议，百姓的呼声就能够上达了。魏徵的这些至理名言，深深地铭刻在唐太宗的心里。

从此，唐太宗便格外注意虚心纳谏。不管你是什么人，也不管你提意见的态度如何，只要你的意见是正确的，他都能虚心接受。[①]

---

① 方明.知道点中国名人[M].南昌：21世纪出版社，2007.

魏徵以直言敢谏著称，唐太宗以虚心纳谏出名，贤臣明君的故事广为流传，受人景仰。难怪魏徵死后，唐太宗曾感慨："夫，以铜为镜，可以正衣冠；以史为镜，可以知兴替；以人为镜，可以明得失。魏徵没，朕亡一镜矣！"然而，任何一个朝代都不缺乏像魏徵这样的敢于直谏的"铮臣"，但为何像"贞观之治"的盛况却少之又少？相信大家都会明白，这与唐太宗虚怀若谷和从谏如流的性格有着重要的关系。唐太宗将魏徵当做预防自己犯错的一面明镜，主动征求批评，查找自己的过失，广开言路，兼听博纳，从而成为治世的一代明君，成就清明盛世、国泰民安的盛况。

俗话说，"人无完人，金无足赤"，人不可能一辈子不犯错误。俗话又言："善跑的马也需要鞭子，再聪明的人也需要忠言"，想要少犯或者不犯相同的错误，人人都需要批评和忠告。接受别人的批评固然可贵，而主动去征求意见则更值得称道，因为这需要付出更大的勇气，也可以获得更大的进步。

在著名的《劝将士勤攻己阙教》中，诸葛亮语重心长地写道：

大军在祁山、箕谷，皆多于贼，而不能破贼为贼所破者，则此病不在兵少也，在一人耳。今欲减兵省将，明罚思过，校变通之道于将来；若不能然者，虽兵多何益！自今已后，诸有忠虑于国，但勤攻吾之阙，则事可定，贼可死，功可翘足而待矣。[①]

诸葛亮面对过失，不仅自行问责、自请处分，还能广泛地发动将士提出意见，帮助自己深刻反省，这种不计个人荣辱、主动虚怀博纳的勇气和精神，尤其令人感佩！作为学生，则更应如此。学生的成长、成熟，乃至走向成功，离不开批评与忠告，要想自己学业进步、健康成长，就必须做主动征求批评意见的勇者。即使在批评中会有苦涩，会有泪水，但最后终将赢得喜悦和成功。

总之，当面对别人的批评之时，千万不要因此而产生压力，更不能消极对待，这样对成长没有任何益处。学会将批评当做一种指导，当做一种恩惠，摆正态度，主动征求，积极面对，从中吸取教训，相信一定会有所获益。

第三节　应对批评的有效方法

英国学者利斯特曾说过："我能想象到的人的最高尚行为，除了传播真理外，就是公开放弃错误。"是的，错误并不可怕，批评也不可怕，关键在于你怎样去认识它们、对

---

① 陈寿.三国志[M].北京：中华书局，2006.

待它们。从错误中吸取教训，从批评中汲取营养，这样，你就会逐步走向成熟，走向成功。

那么，面对批评，我们具体应该做些什么呢？我们先来读一下苏联教育家苏霍姆林斯基在他的著作《怎样培养真正的人》中说过的一段话。"要学会感激人。听到夸奖之后，要感谢人家，同时又要为你朝着人的完美方向前进而高兴；听到指责之后，也要感谢人家，因为他们在教你像人那样去生活。如果一个人只喜欢言不由衷的赞扬，而听不进别人中肯的批评，那么这个人终将一事无成。相反，如果一个人在听得进表扬的同时，又能非常愉快地接纳别人的批评，我敢肯定这种人必定有着和别人不一样的胸怀和涵养，这种人日后必定会成就一番大事业。"苏霍姆林斯基告诉我们，面对别人的批评指责，我们要满怀感激之情，要愉快接纳批评，这样才能成就大事业。显然，苏霍姆林斯基对待批评的做法值得我们效仿。

一、调节情绪，冷静对待

批评是每一个人都得面对的现实，不管你的学识多么渊博，不管你的地位多么高贵，谁都可能受到批评。因此，面对批评时，首先要保持冷静心态，稳定好自己的情绪，认真地加以思考，冷静、沉着、理智地对待批评。若非如此，不当反应的发生常常不可避免，甚至有时还会危及生命。

案例 7 - 10

初二(3)班的几位班干部近来发现一件怪事，每天放学回家时，总是发现他们的自行车被人放气。于是，他们把这件怪事向学校总务处进行了汇报，经过总务处几天的明察暗访，很快将事情调查清楚了，原来都是一个刚转入初二(3)班的学生孙某所为。学校对孙某的错误行为进行了批评处理，班级同学得知了孙某的所作所为后也纷纷批评斥责孙某，并且有意排斥他，不与他说话，也不愿与他一起开展活动。从此，孙某觉得自己在班级同学面前抬不起头来，一时想不开，当晚服下大量的安眠药，想结束自己的生命。幸亏被父母及时发现，挽救了生命。

住院期间，班主任老师和同学都去看望他，特别是班主任老师的关心使孙某深受感动。这时候他才说出了他之所以将班干部的自行车放气的真正原因。

原来，就在孙某刚转到初二(3)班后不久，由于孙某来自农村学校，学习、生活习惯与其他同学有差异，再加上对班级规章制度的不了解，时而会出现或这或那的问题。为此，在一次班级大会上，班委干部对他进行了批评。而孙某认为班干部仅因为这些小事而批评他，是小题大做，是对初到班级的自己的一个下马威，因此他不愿意也不甘心就这样被欺负，总是有意无意间为班干部制造些小麻烦。班委觉得他不服管，把他当成特殊对象来对待，对他要求更严，为此经常受到班委的批评。于是孙某就想到了给几个班干部自行车放气的解恨方式。

　　到此，事情终于真相大白，孙某因为平常总受班干部的批评才产生了报复心理，而做出了这样错误的事情。

　　追溯这件事的起因，仅仅是因为新转来的孙某因为一件小事被班干部批评了。对于批评，孙某没有冷静地分析受批评的原因，而是主观地认为班干部欺负新生，故意找茬。为了宣泄心中的怨气，以放班干部同学自行车的气来报复。事情暴露后，又一次以不冷静的心态面对大家的批评斥责，做出了轻生的行为。因犯小错误而受到批评时，如果学生孙某能够冷静地对待大家的批评，寻求原因，相信不会有放气报复的事情发生；因报复同学而受到斥责，如果学生孙某能冷静地分析同学的批评，加以改正，相信更不会有服药轻生的事情发生。只因不能冷静对待别人的批评，最终却带来了这样的结局。

　　青少年时期，正是一个人成长阶段的"危险"时期。处于这个时期的中学生，由于生理上的迅速"成长"，极易打破生理和心理之间的平衡。面对批评，他们思维上有较多的片面性和主观性，行动上也多带有冲动性，缺乏克制性。可以说，绝大多数的中学生所产生的行为问题，都和他们当时的情绪有着不可分割的联系。某种意义上说，每个人的行为，都是以情绪情感为中介，生活的艺术其实就是驾驭情绪的艺术。在成长的过程中，让中学生学会在面对批评时善于控制心态情绪，调节心理平衡，冷静理智对待，利于身心健康发展，也是放在教师面前一个重要的职责和课题。

　　1. 指导学生全面了解自己的情绪

　　人的情绪活动不仅反映个人当时的心境、激情或应激状态，在情绪活动中也表现出个人的性格、气质方面的特点，意志品质的特点等等。因此，要学会调节控制自己的情绪就需要在自己的生活实践中进行自我考察，不断地反省自己，深刻地剖析自己。只有这样，才有可能全面地了解自己情绪活动的特点，认清自己情绪变化的特点，明确需要解决的问题。

　　教师在日常生活中要对中学生的情绪活动做出综合评价，包括心境、激情、应激特点,以及与此有关的性格、气质、意志的特点,对学生在顺利、困难、高兴、气愤时的具体表现做出分析,以帮助中学生认清自己情绪变化的特点,明确需要解决的问题。

2. 指导学生理智地寻找不良情绪的原因

弄清楚影响情绪的因素是排解不良情绪的关键。教师要帮助学生找出情绪波动的原因,最后教会学生自己分析情绪产生的原因,这种辅导工作会使学生终身受益。学生产生不良情绪的原因,大多和他们的学习、生活有关。例如学生成败对情绪的影响,包括学习成绩、家庭的期望、教师的评语、个人的学业期望实现与否,对学习活动及科学的兴趣等;人际交往因素的影响,包括教师、同学、家长的理解与认可,特别是同龄朋友的认可更为重要;兴趣因素的影响,且以精神兴趣为主;道德荣誉方面的影响,包括自己与别人对社会公德的遵守、集体利益的维护、道德义务的履行与否所引起的情绪体验等等。

面对批评,如果能理智地找出情绪波动的原因,分析情绪产生的原因,找到问题的症结所在,主动地调整自己的看法和态度,纠正对批评认识上的偏差,多从光明面、积极面看问题,就可减弱或消除不良情绪,变阴霾为晴朗。

3. 指导学生学会正确调节情绪

面对别人的批评,一个人能达到自我控制情绪,表明了他情绪的成熟。对情绪的调节、控制并不是对情绪的压抑,心理学认为情绪不能压抑,应疏导、释放。所以要学会调控不良情绪,学会疏导、宣泄情绪,学会调节情绪的方法,以正确的对待批评。

我国的气功和印度的瑜珈都十分重视呼吸的功效,如果我们能学会调节自身的呼吸方式,这对调节自己的情绪有着独特的功效。调整呼吸能转移注意,平心静气恢复理智,理智的恢复就能调节情绪。心理治疗中的治疗法,即通过呼吸调节,排除情绪干扰,降低对外界刺激的反应。

人的意识能够调节情绪的发生与强度,有些思想修养水平高的人往往比思想修养水平较低的人能够更有效地调节情绪。一个人要努力以意识来控制情绪的变化,可以用"我应……"、"我能……"加上要想办的事情来调控自己的情绪。

语言是个人情绪体验强有力的表现工具,也是个人情绪强有力的调控工具。当自己情绪不可遏止时,行为发生偏差时,用一句警句提醒或暗示自己,能起到自制作用。林则徐在墙上挂有"制怒"二字的条幅,这是用语言来控制调节情绪的好办法。

最后,通过行为和活动把注意力引离激动和烦恼,转移到另一项能唤起兴奋情绪的行为和活动中去。如文娱活动、体育活动、学习、劳动等,用新的行动去转移负性情绪的干扰。贝多芬曾以从军来克服失恋的痛苦,不失为一种好的选择。[①]

二、端正态度,准确理解

在学习、工作、生活中难免因出现差错而受到批评。任何批评、教训、指责,都会使人感到伤了自尊而处于自我防卫状态,并且会激起极大地反感,促使他们竭力地辩解,所以喜欢批评的人是不多的。一个明智的人,应当怎样准确理解批评呢?

1. 纠正想法提高认识

在学习、工作、生活中,教师、长辈对学生、晚辈有着监督、指导等权利。当学生、晚辈的行为出现偏差时,教师、长辈有责任对其进行批评指正,这是毋庸质疑的。如果任其而为,就会造成更严重的后果,那就是教师、长辈的失职。所以说,教师、长辈批评学生、晚辈是在履行职责,是为了使学生、晚辈更完美地学习、工作、生活,是对学生、晚辈的培养和爱护。因此,作为学生、晚辈要正确理解、看待批评,被批评时不应该有别人故意找自己的茬、跟自己过不去的想法。这种想法不但对改正错误无益,还会产生抵触情绪,容易引起争端,影响感情。

2. 换位思考体谅苦心

当老师、长辈批评自己时,如果感到难以接受,这时,可以换个位置,设身处地地从老师、长辈的角度考虑一下:如果我是老师,我会怎么做? 如果我是老师,会怎样对待这种犯错误的学生? 能够丧失原则、放任自流、姑息迁就吗? 这样一来,往往就会心平气和了,就会正视自己的错误了。此外,老师每天面对的是几十张甚至上百张面孔,而每一个学生的个性又是千差万别的,且又处于发展变化之中,一时观察判断错误当属在所难免。倘若能如此设身处地地体谅老师,就不会发生与老师顶撞、抗拒的事了。只局限于从自我的角度考虑问题,常常会感情用事,陷于狭隘、偏执、片面的泥潭难以自拔。事实上,对于许多问题的思考,适时转换思维角度,会进入别有洞天、豁然开朗的境界。

3. 不计较批评方式

批评确实是一件不容易掌握的事情,不要说在工作中,即使在日常学习、生活中,既要让对方认识到错误的危害性,又要做到不伤其自尊,不破坏气氛,让对方欣然接受,还要因此增进双方的信任感,不能破坏彼此的感情,要同时做到这一切往往很难。

[①] 学会调控情绪[EB/OL]. http://www.jjjy.net/show.aspx? id=1183&cid=73.

由于每个教师、长辈的工作方法、修养水平、情感特征各不相同,对同一个问题的批评方式会表现出明显的差异。和风细雨式的批评好接受,而疾风骤雨式的批评就让人难以接受。然而,作为学生、晚辈,不可能去左右教师、长辈的态度和做法。应当知道,只要教师、长辈的出发点是好的,是为了帮助你,哪怕是态度生硬些,言辞过激一些,方式欠妥一些,作为学生、晚辈也要适当给予谅解和体谅。不去冷静反思,检讨自己的错误,而是一味地纠缠于教师、长辈的批评方式是否正确,甚至当面顶撞,只会激发矛盾,更加有损自己的形象。

案例 7 - 11

微软公司的副总裁辞掉了总经理艾立克,因为他虽然才华过人,但却桀骜不驯。尽管这位副总裁十分爱才,希望艾立克留在公司,但他不能容忍艾立克。当时,很多技术专家都来为艾立克求情,但这位副总裁很坚定地告诉他们:"艾立克聪明不假,但他的缺点同样严重,我永远不会让他在我的部门做经理。"

结果,拥有爱才之心的比尔·盖茨听说这件事后,主动要求将艾立克留下做自己的技术助理。这件事给艾立克带来了极大的触动,也让他渐渐意识到自己的缺点和不足。后来,凭着自己的努力,艾立克逐步晋升为微软公司的资深副总裁,而且非常凑巧,他成为那位副总裁的领导。艾立克不是一个心胸狭窄的人,他并没有对那位副总裁怀恨在心,反而非常感激他。因为正是那位副总裁把他从恶习中唤醒,让他有了今天的成就和地位。艾立克不仅没有报复那位副总裁,反而在管理方面虚心向他请教,这时的艾立克已经懂得了怎样做一个好的中层管理者。同时,那位副总裁也表现得非常优秀。当艾立克成为他的领导后,他并没有流露出任何不服气的想法,而是非常积极地配合艾立克的工作。两人相处得非常融洽,为公司的发展而共同努力。①

艾立克也不喜欢批评,但面对领导的批评,他没有全然抵触,而是在批评的促动下,渐渐地意识到了自己的缺点和不足,并努力地改正。艾立克之所以能获得成功,靠的不仅仅是他才华过人和努力工作,他的成功离不开比尔·盖茨的爱才之心,离不开副总裁对他的批评和处罚,更离不开他面对批评的正确理解和积极行动。正是因为正

---

① 吴甘霖,邓小兰.做最好的中层[M].北京:北京大学出版社,2007.

确理解、看待批评,意识到自己的缺点和不足,从恶习中完全摆脱出来,他才会有今时今日的成就。

作为学生而言,在学习、生活中难免也会因出现差错而受到批评。当受到教师、长辈批评时,千万不要有教师或长辈和自己过不去的想法,更不应当面顶撞。要知道,教师、长辈对学生、晚辈有着监督、指导的权利,当学生、晚辈的行为出现偏差时,老师、长辈有责任对其进行批评指正。如果任其而为,就会造成更严重的后果,那就是教师、长辈的失职。所以说,教师、长辈批评学生、晚辈是在履行职责,是为了使学生、晚辈更完美地学习、工作、生活,是对学生、晚辈的培养和爱护。正如墨子对得意门生耕柱所说,"我之所以时常责骂你,也是因为你能够担负重任,值得我一再地教导与匡正啊。"只有真正为你好的人才会真诚地向你提出批评。如果你能这样理解教师、长辈对你的批评,就能心平气和地聆听教师、长辈的批评,就会发现自己的缺点和错误,进而正视缺点和自己的不足,并加以改正。这时,你离成功已经不远了。

三、虚心接受,悦纳批评

在美国的西点军校里,有一个广为传诵的悠久传统。这个传统就是当你遇到军官问话时,你的回答只能是以下四句话:"报告长官,是!""报告长官,不是!""报告长官,不知道!""报告长官,没有任何借口!"除此之外,不能多说一个字。假如你为了某件事情的结果向军官作任何的解释,你得到的只能是一顿训斥。军官要的只是结果,而不是喋喋不休、长篇大论的辩解!

其实,一个人有了过错并不可怕,只要我们能够诚恳地接受批评,认识到自己的错误并及时地加以改正就可以了。可怕的是讳疾忌医,不愿意接受别人的批评意见,从而由小错到大错,由大错到不可救药。

"良药苦口利于病,忠言逆耳利于行。"要诚恳地接受批评,而不要总是为自己寻找借口,做不必要的解释。面对批评,要诚恳地接受。《道德经》中说:"信言不美,美言不信。"也就是说,真实的言词往往不会华美,而华美的言词往往都不真实。每一个人都喜欢听华美的言词,诚恳地接受批评是需要勇气的。低调做人要求我们要能够听得进不太中听的批评意见,因为诚恳地接受批评是我们每一个人成长进步不可或缺的重要素质。[①]

① 低调做人高调做事的智慧[EB/OL]. http://book. ebusinessreview. cn/bookpartinfo－51700. html.

纵观历史，凡是成就突出的人，也大都勇于接受批评意见。汉高祖刘邦因为善于接受批评而赢得民心，终成大业；蜀相诸葛亮因为能够虚心接受别人的建议而被誉为千古名相；唐太宗李世民因为从谏如流而成就"贞观之治"……正是因为他们能够虚心接受批评，悦纳别人的意见，从而也就吸取了众人的智慧，避免了自己的失误，最终成就了自己的大业。古人用自己的亲身经历向我们证明：虚心诚恳地接受批评会使你避免失误，走向成功。身在现代社会的我们，应该学习古人的低调，面对批评要能够虚心诚恳地接受才行。

四、有则改之，无则加勉

也许有人会说，对于别人善意的批评，于我有益，当然愿意欣然接受；但如果有些人的批评是不怀好意，甚至恶意诽谤，我们也要虚心接受吗？马克思在革命的岁月里，曾经受到过来自国内外各种势力的批评和谩骂，他的做法是只要有利于无产阶级的利益，有利于无产阶级团结和社会进步，任何批评都可以接受。如果自己的确存在这种不正确的思想或做法，就马上改正过来，如果他们的批评纯属子虚乌有，则警戒其后，也即"有则改之，无则加勉"。无疑，这也是我们对待批评应有的做法。

案例 7-12

有一位农夫，因为自家的田地在大路边上而苦恼不已。原来，农夫在种田的时候，总有过路的人对他指指点点。有的说，他的田整得不平；有的说，他种的秧苗太稀；有的说，田里的水太深。为了不被别人说闲话，更为了自己的耳根能清静下来，他只有尽心地种好自己的田地，尽量不让别人挑出毛病来。可是，多年来，依然有人说长道短。唯一值得农夫高兴的是，每年的收成还算不错。

突然有一天，大路被改道了，从此，再也无人从农夫的田地边经过了，也再没人对农夫种的田指指点点、说长道短了。农夫不由得长吁了一口气，他的耳根终于可以清静一下了。但是，令农夫没有想到的是，他当年的收成竟然大量减产了，并且，此后的好多年，他再也没有获得过满意的收成。[①]

在别人的无端的闲话声中，本来就干得不错的农夫更加尽心竭力地种好自己的田

---

① 爱上对自己说长道短的人[EB/OL]. http://humor. huanqiu. com/reader/wisdom/2009 - 02/260799. html.

地，努力做到有则改之，无则加勉，每年获得不错的收成；而当大路改道，没人指指点点、说长道短后，农夫再也没有获得过满意的收成。有一句谚语说得好："一个人的事业，总是在流言蜚语里成功，而在沉默漠然中消亡。"赞扬固然使我们听得顺耳欣喜，但多了也会使我们耳朵生茧，骄傲自满，停滞不前，甚至倒退。批评固然可以使我们沮丧失落，甚至可以摧毁我们的意志和精神，但相反也可以提醒我们始终保持头脑的冷静与清醒，勉励我们更谨慎更稳健地前进。

当然，面对别人恶意的批评，有时也大可不必放在心上，不必理睬，如马克思"把它们当作蛛丝一样轻轻拂去"那般对资产阶级的诽谤和诅咒毫不在意，像但丁那般"走自己的路，让别人说去吧！"不要让视听左右了我们正确的行为，让噪音影响了我们美好的心情，耽误了我们前进的脚步。

第四节 批评中同样享受成长

教育是"按照一定的社会要求，对受教育者的身心施以影响的一种有目的、有计划的活动"（《辞海》1989版）。教育的真正目的是激发学生获得上进的内在动力和能力。教育的各项行为都应该以此为方向。

批评教育的核心是教育，是对某人的缺点或错误提出意见和建议的一种教育。它是对人不当行为的否定表达，是教育应尽的职责，可以理解为是一种希望、一种关注、一种要求、一种尊重、一种肯定、一种信任。它是教育人承认自己的过失并对过失承担起相应的责任，其方法则是以尊重的态度唤醒有过失者的自觉意识，完善自己的品德，发展自己的才智，靠自己的力量战胜自己。通俗地讲，批评是教育的手段之一，而不是目的，在人犯错误时，通过批评教育让他们认识到自己的错误，从而进行自我教育。由此可以看到，批评对成长中的学生具有特殊意义。批评教育与赏识教育一样，都是为了激发学生获得上进的内在动力和能力。

曾经读过这样一个真实的故事，一个伟大的诗人回忆他幼时的一件事。当他刚学会涂鸦时，写了第一首自己认为是诗的东西去给母亲看。母亲看过后，非常开心地赞扬了他。他满怀喜悦，拿给文学工作者的父亲看，没想到遭到了严厉的批评，父亲指出他在许多方面的错误，说这根本不是诗。最后，他充满深情地写道：我要感谢我的父母亲，是他们，给我上了人生第一课，我才知道如何去对待以后的批评与喝彩。这是赏识与批评双轨性的最佳例证。试想。如果诗人的父母只一味地表扬，他也许只会得意于自己的天赋，而意识不到自己根本不会写诗。反之，如果他遇到的是一味批评的父母，他那诗意的幼苗恐怕就会被扼杀在摇篮中了。①

法国心理学家高顿教授曾做过一项专题研究，研究结果证实：从来没挨过批评、时时受到赞赏的孩子，很容易变成"老虎屁股摸不得"的小霸王，他往往无法分辨什么是对的，什么是错的，这对他的心理健康发展是毫无益处的。可见，批评跟赏识一样，都是教育学生的一种方法，不是要不要批评的问题，而是该不该批评和怎样批评的问题。

一、在批评中引导成长方向

对于尚未成年的学生而言，在其日常的学习和生活中，总会出现一些缺点，犯下一些错误，这是任何人都不可避免的。如果此时不用别人批评，你就能清醒地意识到自己所犯的错误，认识到自己的缺点，并及时地加以纠正，那是再好不过了。但这只能是一厢情愿罢了。

以当前的学生而言，他们大多是独生子女，从小到大是全家人哄着、捧着、供着的"小皇帝"、"小公主"，父母对他们极尽宠爱尚且不及，又怎会横加批评呢？因此，许多学生从小就已养成了以自我为中心的习惯，向来只会要求别人而不知约束自我，因此根本无法对自己的言行做出完全正确的判断。想让这样的"小皇帝"、"小公主"靠自己的觉悟完全认清和改正自己的缺点、错误，估计这是无法完成的任务。长此以往，"小皇帝"、"小公主"就会在人生的道路上渐渐迷失成长的方向。

此时，教师的批评就成了引导学生在正确的成长方向发展所不可缺少的外部力量。通过批评，教师指出学生缺点错误之所在，阐明规范正确的言语行为，从而唤起学生新的认识需要和成就需要，帮助其确立起行为的奋斗目标，引导其品行朝着社会、教师期望的方向成长、发展。在教师的批评中，学生可以保持清醒的头脑，认识纠正自己的错误，辨明修正自己的人生航向，大步前行，成长发展。

二、在批评中促生成长动力

在个人的成长过程中，一旦缺乏了自尊心和进取心，那么随之就会丧失昂扬的斗志，就会失去前进的动力，因此停滞不前。而批评恰恰能够帮助自己认清缺点和不足，

---

① 浅谈批评的教育作用，http://www.jysedu.com/html/s/c109/2009/05/04/152624073 - 9651. html.

保持昂扬的斗志,增添前进的动力,从而不断战胜自己、完善自己。

曾有人问过美国 NBA 最伟大的篮球明星迈克尔·乔丹:"你的球艺为什么这么完美?"乔丹回答:"我对自己要求比任何人都要严格,总是不断改进自己的缺点。当你认为我远投不行时,我立刻把缺点变成优点;当你认为我罚球不准时,我立刻投得比你准;当你觉得我跳得没有你高时,我立刻想办法变成灌篮王。"他正是以这样一个信念,并付诸实际行动,才成为有史以来最伟大的球星。①

所以,不断地获取批评的动力,不断改正缺点,对于个人成长而言非常重要。而教师正确的批评,能使学生认识到自己的言语行为、活动方式与社会要求和他人的差距,激发起学生的自尊心、上进心,使学生将内在的要求外化为积极的有社会价值的行为,从而为学生的成长增添不竭的前进动力。

三、在批评中矫正成长目标

自然界寒来暑往,我们的肌体时时刻刻受到各种病菌的侵蚀,难免会染上疾病。对此我们一方面要不断加强身体锻炼,增强自身肌体的抵抗力,避免病菌的侵蚀;另一方面,当染上疾病时,我们不能讳疾忌医,还需正视病情及时就医,祛除病菌恢复健康。如此做法,才能确保我们的身体不受自然界中病菌的侵害,健康地成长。

同样,学校也不是存在于"真空"状态之中。在改革开放潮翻云涌的新形势下,随着世界多极化和经济全球化的迅猛发展,社会思想文化日趋多样、多元、多变,社会各种思想文化相互激荡,各种社会思潮相互交织。社会上各种错误思潮和腐朽思想文化也会如"病菌"一样,不断冲击着曾经纯真的校园,不断侵蚀着学生纯洁的思想,不断改变着学生的世界观、人生观、价值观,模糊了成长的目标,迷失了前进的航向。

而这些错误的思想和目标、不良言语和行为,有时学生自身是难以意识或重视的,更谈不上自行矫正。此时,往往需要外力的督促和提示,教师的批评就成了救治学生思想疾病的良药,矫正思想重塑目标的重要保证。通过批评,引导学生纠正世界观、人生观、价值观,重新明确自己成长的目标,调适自己的言语行为,矫正不良态度及行为反应,在正确的人生道路上一路前行。

---

① 不能正确对待批评难成大器[EB/OL]. http://zhaofei. cgw. cn/twlt/C_twlt_sywz_zfbook_info_17. Html.

四、在批评中夯实成长根基

学生的言行与心理健康有着密切相关。现在社会上普遍提倡对学生进行"赏识"教育,甚至发展到对缺点错误也可以进行"赏识"教育,处处"歌舞升平"、时时"阳光灿烂"。我们不否认赏识教育的正面效应,但也不能忽视它带来的负面效应。如果只是一味地给学生表扬和赏识,学生的心理就会因缺乏刺激的多样性,变得简单、幼稚、脆弱,难以承受一定的挫折,稍有风雨,便可能会导致悲剧的发生。如今校园中学生离家出走、校园伤害、甚至自杀事件的不断出现,就是心理承受能力逐渐变弱后的极端体现。

批评可以让学生感受到不安、懊悔、挫折,甚至悲伤、痛苦的心理体验,如此学生的心理才会变得越来越丰富和成熟,认识才会变得更加全面,情感才会变得更加深刻,意志才会变得更加坚强,独立面对困难和解决困难的能力水平才会不断地提高。

有人在某地方大学做过心理调查,并将调查结果与在军校学员中的同类问题调查结果相比较,结果是地方大学生的心理承受能力远远低于军校学员。这是为什么呢?这与地方大学生比较缺乏严厉的批评有很大关系。试想,一个人如果有了缺点错误,连承受批评的能力都没有,还怎么去承受激烈的竞争压力?军校学员的心理承受能力之所以比地方大学生强,经常的批评教育起到了主要的作用。从一定意义上讲,批评丰富了学生的心理刺激,提高了学生的心理承受力,维护了学生的心理健康,也有利于学生的健康成长。①

最后,我们以一则故事结束本章节。

三个学习绘画的人在学艺途中将自己的得意之作以 1000 元标价出售,他们的第一位顾客均说了一句相同的话:"您的画怕是值不了那么多吧?"

其中一个人听了后,对自己的画仔细掂量,最终以 2000 元售出,而他经过后来的刻苦努力,成为著名的画家。他就是丁托列托。

另一个听后只是轻轻地将画撕毁,而从此改行,学习雕塑而成为一代宗师。他就是唐代著名雕塑家杨惠之。

第三个呢,认为自己的画或许真的不值那个价,便降低了要求,以 500 元售出。至今,他也只是一个三流的画家,以卖画糊口,过着流浪的生活。他一直就生活在我们的

---

① 不能正确对待批评难成大器,http://zhaofei.cgw.cn/twlt/C_twlt_sywz_zfbook_info_17.Html.

身边。[1]

这就是批评的力量。批评可以是一种动力，在它的驱动下，激发出你不断向上的欲望，激励你迈向成功；批评可以是一次转折，在它的指引下，调整前进的方向，带你走向另一个成功的巅峰；但批评有时也可以成为一种阻力、一剂毒药，在它的压迫刺激下，一不小心会毁了你的一生。不同的选择，带来截然不同的结果，而最重要的则是你面对批评的态度，是你面对批评的做法。让我们学会正确地面对批评，在批评教育中提升成长的质量，享受成长的快乐。

---

[1] 游义平.批评的力量[J].青年博览,2007(24).

第八章　批评教育的心理学分析

第一节　批评教育的心理学价值

早在 2007 年 8 月，纽约时报刊登了题为《鼓励教育该反思了》（*How Not to Talk to Your Kids — The Inverse Power of Praise*）一文，该文指出了一度被崇尚的"凡事鼓励"教育给孩子身心成长带来的负面影响——他们不愿意尝试新的领域，他们畏惧失败。心理学家沃尔夫-乌维·迈耶（Wulf-Uwe Meyer）做了一系列实验揭示孩子在看其他孩子受表扬时的表现，根据迈耶的发现，12 岁的儿童认为老师表扬你并不是你做得好，实际上表明了你能力不足，老师认为你需要额外的鼓励。而在青少年中，迈耶发现，学生觉得表扬不值钱，老师夸你实际上是抱有积极态度的批评。

认知科学家丹尼尔·威林厄姆（Daniel T. Willingham）的观点认为老师表扬孩子可能不知不觉地传达了学生本身能力不足的讯息，而老师批评学生则表达了他可以进步的意思。

这也就解释了为何听着表扬长大的孩子，在遇到升学或者就业的问题时，表现的如此脆弱。更有甚者，竟然因为害怕失败而选择结束自己的生命。自我国独生子女政策实施以来，家中的小皇帝从小在父母、祖父母的过度保护下成长，从第一句"宝宝真聪明"到追在孩子屁股后面，边喂饭边夸孩子听话。在过度鼓励教育的成长环境下，批评教育的心理学价值被一再地忽视，随之而来的是日渐脆弱的心理承受能力。因而，时至今日，学者们终于意识到，批评教育的心理学价值有着不可替代的重要性。

一、批评教育打造学生能力

能力是指一个人顺利完成某种活动所必须具备的心理特征,表现了人与人之间存在差异的活动效率及其潜在可能性。能力属于个性心理特征的一部分,而个性心理特征是指一个人在认知、情绪与意志活动中形成的稳定而经常表现出来的特征,它主要包括能力和人格。一个人的能力高低直接决定了其未来的发展程度。而心理学上将能力分为非智力能力(技能)和智力两种。

首先,能力中包含了个体对情绪的掌控,批评教育恰恰是启动情绪的最佳"导火索"。人类基本情绪中的愤怒程度与个人的个性特征有关。这体现了个性特征对于情绪掌控能力的影响。经历过批评教育的学生,在情绪上经历了来自不同个体的冲击。在面临不同意见或者来自长者的批评时,愤怒情绪常常在幼儿身上表现出来。这是学生在成长过程中面临愤怒的一次机会。如何妥善处理受到批评时的愤怒情绪,是学生成长中必不可少的环节。优秀的批评教育者不带愤怒情绪,将矛头直指事件或行为,这种榜样的作用,引导对象剥离自己的愤怒情绪,让理性站稳脚跟。通过理性的分析和冷静的思考反思,诚实地面对自己的问题,从而达到静思己过的效果。批评教育提供了机会和平台让教育者示范给学生,如何处理好自己的情绪,莫让冲动愤怒的情绪代替理性思维做出决断,这是批评教育独特的优势之一。

其次,问题处理能力需要批评教育的打磨。心理学研究表明,问题处理能力是善于有效解决危机的尖端人才所必需的。当今批评教育的责任不仅落在教师的肩头,也是家庭教育成功的关键。然而作为教师,与父母的差异在于其社会角色,教师可以跳出学生的原生家庭,客观地以学生的同龄人的表现为标准指导学生。因此,客观评价是批评教育的起点。不同于鼓励教育,正确的批评教育从学生的问题出发,给予学生客观真实的评价,从而将学生引入到了问题解决的道路上去。通过不断解决自身的问题,而不是一味地眼高手低的洋洋得意,让学生学会客观评价自身的同时,锻炼了学生在面临自身问题时的处理能力,从而提升自我的能力。

再次,批评教育对多元智力发展有着正向推动作用。智力属于能力的一个方面,属于能力范畴中的智慧性活动能力。一般而言,我们认为智力具有稳定性和可变性的特点。智力的稳定性随着年龄的增长而增长,因此智力的发展具有累加性,个体在每一年龄的知识和技能包括了其以前所有的技能和知识。过度鼓励教育中一味使用"你真棒!""你真聪明!"心理学家卡罗·德威克(Carol Dweck)发现,相信"天生智力决定成功"的人会低估努力的重要性。这些人的逻辑是:我很聪明,我不需要努力实践。如果让别人知道了自己是靠努力才获得的成功,那简直就是对天赋的侮辱。因此,对于一些早期通过智商测验得到较高分数的"天才"儿童而言,鼓励教育对于他们来说,伤害可能更大。这为学生早期受教育过程中,批评教育的使用提供了很好的例证。更从侧面体现了批评教育有利于促进学生智力多元发展,督促质优生向各类不同领域尝试,实现智力的全面发展。

二、批评教育完善学生人格

人格是指区别于他人,并在不同环境中表现出来的一贯的、相对稳定的行为模式的心理特征,主要包括气质和性格。气质是指人的心理活动与行为产生的动力特征,例如,情绪产生的速度与强度、思维活动的稳定性与指向性等特点,是人生来就具有的心理活动的动力特征。性格是指人对现实的稳定态度与习惯化的行为方式的心理特征。

批评教育为气质形成创造后天环境。气质虽然具有一定的天赋特性——有的孩子天性活泼好动,乐于探索,而有的生来细心安静,享受安静——但是,气质在一定程度上有可塑性。尤其对于不同气质类型的学生(见本章第三节),通过批评教育的针对性指导,让学生能够根据外界的指导,随之改变与调整自己的行为,从而适应外部环境的变化。这能够锻炼学生高级神经系统活动的灵活性。帮助学生在既有的气质类型的特点中,取长补短,完善自己的人格。

性格的后天决定性使得批评教育成为塑造指向未来的学生的最佳抓手。不同于气质,性格成形于后天环境。在家庭教育之后,学校的教育让学生有机会接受专业化的教育。教师在开展教育活动过程中,通过各种教育技术和活动,能够帮助学生逐渐形成有利于今后发展的性格特征。如上文提到的,教师通过评价来判断利于社会发展的性格特征,进而通过教育教学技术来重新塑造学生新的性格特征。在教师的辅导下,学生经过自己的努力,逐渐改变不良性格特征,形成良好的性格特征。例如,由懒惰变为勤劳;由粗心变为细心;由自卑变为自信;由懦弱变为坚强;由骄傲变为谦虚;由急躁变为沉着等。不同于鼓励教育,性格特征的形成需要及时的指正,需要时时的督促,因此,是一个缓慢而些许"痛苦"的过程,这也是使得批评教育在培养学生良好性格的过程中有着不容忽视地位的原因。

因此,为了更好地发挥批评教育的作用,面对处于不同心理阶段的学生,教师开展批评教育时,需要将不同年级阶段,不同心理年龄阶段的学生的人格特征加入自己教育教学的注意点中去。例如,面对处于高中学段的学生,按照荣格的人格发展理论,其处于人格发展的青少年期,面临的任务是同一性与同一性混乱这一个主题。当学生挣扎着试图知道自己会成为一个怎么样的人的时候,批评教育首先为其提供了导向,通过教师教育的开展,学生日渐清晰自己的奋斗方向,最终完成该阶段的成长任务。

三、批评教育构建道德体系

心理学体系中,人的情感包括道德感、美感、理智感和情感。情感培养是学校教育的一个不容忽视的方面。其中道德感只指个体根据一定的社会道德规范与标准,评价自己和他人的思想、意图及行为时产生的内心体验。道德感有着历史性和社会性的特点。古往今来,社会道德体系建立的关键在于约束。从第一部法典的诞生到现如今的法制社会,法律的基础始于人类对于道德感的追求。道德约束这一概念充分体现了个体在追求道德感的过程中,必须经历的情感和内心上的适度不适感。正是这种感觉的存在,能够让人们将个人利益置于集体利益之后,社会才得以向人类共同的利益方向发展。批评教育的一个特色就是约束,基于树立学生道德感的批评教育将学生放在"不舒适"的位置上,任其感受道德的约束。教师以绝大部分学生的共同利益(非教师个人利益),针对个别学生进行批评时,让学生体验到了班级或者学校小社会中,被约束的感觉。这与学生走上社会后,会体验到的感觉有着相似之处。

批评教育有着道德驱动的作用。道德驱动来源于痛苦驱动机制和快乐驱动机制,批评教育正好满足了两者。前者的痛苦驱动机制在于教师的从旁鞭策,让学生在"成为一个更好的人"这样一个目标指引下,完善自身。后者的快乐驱动,在于学生涅槃重生后获得的高峰体验。在道德驱动中,体现在学生用道德准则约束自己后获得来自他方的认可。例如,通过学雷锋帮助他人后,获得了来自各方的好评,成为其今后道德驱动的重要动力。批评教育具有道德警示作用。犯错是成长过程中必不可少的环节,从小的过失到大的错误,每一次犯错中都是一个成长的机会。批评教育的意义在于通过指出不妥之处,并与正、反面案例作对比,从而帮助学生找到与社会大环境相适应的道德标准,并内化成为自身行为的参照。

第二节　批评教育中的心理现象

过度的鼓励教育带来的隐患,同样要在实施批评教育过程中加以注意,理性分析学生接受批评教育时的心理状态，并及时有效地提供心理支持；充分了解教师在开展批评教育时的心理状态，并专业化地看待分析；适当地了解批评教育开展中的各种心理学现象，成为批评教育的前提。唯有在考量前三者的情况下，才能体现出批评教育的指导价值及其有效性。

一、学生常见的心理及分析

1. 情绪表现

情绪是人脑对客观事物是否满足自身物质和精神需要而产生的主观体验，它是人对客观事物要求的反映，包括喜、怒、哀、乐、爱、憎、惧等。一般来说，凡是符合并满足自己需要的，会产生积极的肯定的情绪，反之则会产生消极的否定的情绪。

怒：因受到批评而产生的愤怒、气愤和生气。往往产生此种情绪的学生认为教师对其实施的批评教育是自己不能接受的，可能是由于教师的偏颇，也可能是由于教师忽略其主观感受。往往以怒为批评情绪反应的学生性格较强，教师需要防止其产生过激举动。

哀：教师的批评使得该学生产生悲痛、悲哀、伤心的情绪反应。该情绪反应的产生，恰恰体现了学生对该教师的较高期望，或从侧面反映了该学生先前有努力向前或改进错误的良好意愿。对此情绪的忽视轻则带来对教师的厌恶情绪，重则让学生失去自信心，产生自怨自艾的悲观心理状态。

憎：学生讨厌教师，憎恨教师，与教师间存有较大的分歧。认为教师对其实施批评教育是为了故意让其难堪，从而或事事与教师作对，或消极对待。

惧：害怕情绪的产生一方面可能与学生个性心理有关，另一方面可能与教师日常教育教学时呈现出来的表情、言语、身体语言有关。低龄儿童中，惧怕心理的产生需要教师反思自身是否过于严苛和刻板，以防止教师对低年龄段学生的未来个性产生不良的影响。

学生的情绪反应是了解其心理活动的重要途径，通过及时捕捉学生面对批评时的情绪反应，或者通过共感的方式，了解学生可能产生的心理变化。访谈批评对象周边的学生，分析已获得的学生对于教师批评的反馈，对于批评教育的有效开展大有裨益。

2. 情感形成

情绪和情感合称为感情，综合反映了人的情绪和情感状态以及愿望、需要等主观感受体验。情感与情绪有着一定的区别和联系。情绪与个体的生理需要联系较为密切,而情感与个体的社会需要联系紧密;情绪以情境性与短暂性为特点,情感则是深刻而稳定的;情绪具有冲动性和外显性,而情感则较为内敛。

道德感是个体根据一定的社会道德规范与标准,评价自己和他人的思想、意图及行为时产生的内心体验。教师在开展批评教育过程中,要充分考虑学生的道德感,保护学生道德感中展现出来的自尊感、荣誉感、责任感等积极情感,并通过批评教育激发学生的正向情感。例如,在班级中树立主人翁意识,激发学生的责任感,在批评教育开展中,潜移默化地将学生这个个体融入集体中,这需要适当斟酌开展批评教育时的语气与用词。

理智感是个体对客观事物认知活动所得成就评价过程中产生的情感体验,主要表现在智力活动中的感受。情感中体现的理智感与情绪中的冲动性有着很大的区别。理智感是个体良好精神境界的体现。理智感包括探求事物的好奇心,渴望理解的求知欲等,面对学生在理智感的举动下产生行为偏差时,教师的批评教育入手点需要明确指向偏差行为,同时需及时肯定学生的理智感和求知欲。

美感是个体根据审美标准评价事物时的主观感受和获得理解时的精神愉悦的体验。美感包括自然美感、社会美感和艺术美感三种。初高中学生在美感上似乎有着非常明显的表现趋势。调查显示,自进入初中学段,学生开始面临同一性和同一性混乱的危机,他们对于美感的表现将对他们的未来有着重大的影响。因此,此时批评教育的开展既要注意学生对美感的理解,同时不可通过其穿着打扮抨击其对美感的追求。因为,对美的追求是人的天性,只是该年龄段的学生通常以较为偏激的方式表达自己对于美的向往。

热情是个体对人、事、物等肯定的、强烈的、稳固而又深厚的情感体验。热情是维持一个人积极应对未来生活的重要因素。甚至成为一个人今后是否能够投入和保持进取的基础。涉及学生对于某项事物表现出来的热情时,肯定其热情是非常重要的一个方面。当今社会,网瘾的危害越来越凸显。治愈网瘾的唯一途径是将学生对于网络的热情转移到其他有意义的事情上去:以批评——引发学生对网络上瘾行为的反思为切入点,并逐渐引导学生将热情投入到新的积极的时间上。通过批评教育引导学生自我剖析、自我探索,找到适合自己热情指向的事物。

3. 防御机制

防御机制是自我的一种缓解焦虑的防卫功能。很多时候,人格的各个成分之间有矛盾和冲突,个体就会感到痛苦和焦虑,自我可以在不知不觉之中以某种方式调整冲突,使超我的监察可以接受,同时本我的欲望又可以得到某种形式的满足,从而缓和焦虑,消除痛苦。

否定:通过拒绝看见或拒绝面对不愉快的现实来减轻焦虑,保护自己的情感不受伤害。例如,老师在批评学生时,学生面无表情,待下课后当作没有收到过批评,故作轻松地回家。

反向或反应形成:为了防范具有威胁性的行动,不让真实欲望被表达出来,以对立的态度和行为方式表现。例如,学生对于老师的批评很不服气,但是表面上还是对老师非常彬彬有礼,让老师觉得该生虚心接受,然而学生的问题行为往往会屡教不改。

转移:指精神上的痛苦、焦虑转化为躯体症状表现出来,从而避开了心理焦虑和痛苦。这一现象的例子较为常见,如若有学生每次受到某位老师批评就头疼,肚子疼,则该生可能使用了转移的防御机制。

值得注意的是,防御机制是学生潜意识中使用的,并非学生有意为之,防御机制若使用合理,可以帮助学生度过心理难关。但是,若过度使用,可能引发心理问题。换言之,教师开展批评教育时,需要学会发现学生使用的防御机制,在学生明显过度出现该机制时,给予适时的干预。同时,教师需要反思,自己的批评教育是否言辞上过重,导致学生不能够很好的接受,从而对学生的心理安全产生了冲击,因而诉诸使用心理机制来度过此心理难关。

二、教师常见的心理及分析

1. 情绪表现

教师情绪反应中较为常见的是怒,面对学生的行为或思想偏差带来的种种问题,教师首先产生的情绪是怒气。在该情绪存在的情况下,教师开展批评教育的出发点就会发生本质的变化——由学生转变成教师,即学生的错误让教师觉得"丢脸"了。教师将批评教育变成塑造自己想要的学生的一种方式。从而忽略了学生,违背了以学生为中心的准则。

无论是何种情绪都会对批评教育的开展产生或多或少的影响,因此,教师在实施批评教育之前,必须给自己足够的时间去平息自己的情绪,将自己从实践中隔离出来,以旁观者的身份分析事件,从旁指导学生面对自己的问题,引导学生自己找寻出解决其困境的方法。

2. 投射

投射是将自己无意识的想法和冲动归为他人。教师在开展批评教育过程中需要注意,切勿将自己的想法投射到学生身上,尤其面对低龄学生,教师不可用成人的眼光看待学生的举动,将自己片面看待事物的想法强加于学生身上来评判学生。例如,一位初中学生在见到自己的班主任迎面走来时,故意转身离开,教师就认为学生对老师有着抵触情绪,而事实可能是学生突然想起了一件事情而已。而事后,若该生犯了错误,教师在批评的时候将先前这件事的看法融入其中,那么就产生了疑邻偷斧的效应。

3. 情感

情感或多或少受到当事人所处的社会环境和个人经历的影响。每个人的成长经历、原生家庭和社会环境都有不同。因此,一方面他们所展现出来的情感上有着明显的差别,另一方面,不同个体在表达情感的方式上也有着很大的差异。教师作为学生的第二甚至第三任指导者,需要首先了解自己的情感态度,防止情感僵化,与社会大环境脱节。特别是随着教学经历的增长,教师与学生年龄差距将逐渐拉大,此时更需要注意时代差距带来的情感差异。

三、批评教育中的心理效应

1. 超限效应

是指刺激过多、过强或作用时间过久,从而引起心理极不耐烦或逆反的心理现象。批评需要一针见血,简短而到位,切忌洋洋洒洒,长篇大论。人脑暴露在重复的刺激中时,大脑皮层会逐渐适应刺激,以使得大脑得到充分的休息。

因而,长时间地重复地批评往往没有很好的效果,甚至使批评对象厌烦而适得其反。

2. 情绪效应

所谓情绪效应是指一个人的情绪状态可以影响到对某一个人今后的评价。第一印象的重要性不言而喻,同样的,教师对于学生的第一印象往往奠定了批评教育的基调。

情绪效应与先前提到的各种情绪类似,为了更为有效地实施批评教育,教师有必要先清理自己的情绪。

3. 空白效应

教师要善于留白,如在表达方面留白,针对某些问题,教师不妨先不说出自己的观点,让学生去想、去说,让学生有表达自己意见的机会。

面对高年段的学生,留白的重要性更为凸显,这不仅仅能让拥有较强理性思维能力的学生尝试着自己去意识到自己的问题,还能够鼓励他们自己想出合适的解决问题的方法。

4. 马太效应

"凡有的,还要加给他叫他多余;没有的,连他所有的也要夺过来。"是对马太效应最佳的诠释。教师眼中的优等生拥有一切好的品质,反之,收到批评教育的对象就容易狭隘地限制在一小撮人头上。

长期多频次的指责会让学生失去改变的信心,认为自己是一个错误的综合体,难以改变成师长心目中的样子。批评教育的宗旨是带来美好的品质,而不是彻底消除不佳品质——这是批评教育的出发点。在建立新的品质的同时,弱化不良行为,才能让学生在感受到心理支持的情况下变成一个更好的人。

5. 南风效应

"温暖胜于严寒,关怀胜过冷漠。"收起严肃的态度,变成一个和蔼的长者,通过循循善诱的方式,利用同理心赢得学生的认同,慢慢探索集体潜意识中的共同特点。

批评教育从个体上来看是两个个体之间的言语对话,实则是两个地位不等个体(尤其低年段)的个体之间,言语及非言语的对话。在这里,笔者特别要强调非言语对话,身势、语音语调、表情等等都是更重要的隐性信息的表述。著名心理学家皮亚杰在研究儿童是否有恒常概念的研究中,就被儿童的表现所惑。现今,即便是4—5岁的孩童,按照语言哲学家保罗·格莱斯提出的语言常规的概念,已经深知于大人对话过程中体会言外之意。因此,非言语对话的重要性也不容忽视。

综上所述,教师们在实施批评过程中,需要注意如下几点:(1)开展批评前是否平息了自己的情绪;(2)客观地评价事件,而非学生的继往史;(3)实施批评过程中的言语及非言语信息的表达;(4)教师自身心理与社会大环境的一致程度;(5)批评教育要包含评价、纠正和指引。

第三节　批评教育的心理学运用

一、心理测验方法

为了更好地了解学生,针对不同的学生开展批评教育,心理测验成为了解学生的重要工具。通过规范化的心理测验,教师对于学生将有更好的了解。下面,笔者将对各种心理测验做一个简要的介绍。要注意的是,心理测试只是提供一定的参考。学生是成长发展和变化的,心理测试仅仅提供个人在进行测试的那个时间点的状况特点,年段和经历重大生活事件的变化都会对心理测验的结果产生影响。因而,建议教师建立动态的心理测验结果分析文件夹,以便时时了解学生的心理近况。

1. 性格测验

性格是指个体在生活中形成的对现实的稳固的态度以及与之相适应的习惯化的行为方式。性格的个别差异表现在性格的特征差异、类型差异和性别差异三个方面。

要了解学生的性格特征通常采用规范化的性格特征量表,常用的是卡特尔的16PF量表。通过它,教师能够很好地掌握学生属于何种人格特质类型,从而了解学生对象的人格类型。

例如:A乐群性,学生得分为10分,属于高分,高分特征:外向,热情,乐群。教师针对此类学生,在开展批评教育时要充分利用此特点,通过安排学生与同龄榜样对象的相处,发挥其乐群的特性,达到潜移默化完成该学生被其榜样引领的教育目标。

又如,某生C选项稳定性为3分,属于低分特征:情绪激动,易生烦恼,心神动摇不定,易受环境支配。那么开展批评教育时需要记得一方面用坚定的言语和非言语表述,同时需注意学生的心理承受能力,考量该学生是否能够承受一针见血地指出问题的批评方法。

个性类型是不同人在性格特征组合体上所表现出的差异。如荣格区分出了内向与外向两种类型。

以ETSJ型学生为例,该类型讲实际、重现实、公事公办,对抽象理论不感兴趣,希望学习可以即刻使用的知识;喜欢组织和参与活动;喜欢安排计划、行动、程序和人,然后着手把事情办成,通常能做优秀的领导人;果断、迅速,行动起来执行决定;考虑日常事务的各种细节。在生活中恪守一套清楚的内在标准和信念,并不懈地努力遵照这些标准和信念,也要求别人同样做。重视能力、高效率和最终结果。可能忽视情感与事物间的内在深层的联系,需要注意发展对现实的感觉能力和逻辑思考能力。

根据以上结果可以看到,在批评教育中,若对象为该类型,其本身较为果敢,有决断力,因此教师与批评对象的地位需要尽可能地保持平等。其次,在与该类型学生的交流中,如何将学生一步步理性地引入到自我思考,从而激发其深刻地看待问题成为评价批评教育成功与否的一个关键。

　　2. 气质类型测验

　　气质是表现在心理活动的强度、速度、灵活性与指向性等方面的一种稳定的心理特征。通过气质类型测验，教师可以了解不同学生的气质类型。一般而言，气质有四种基本类型：多血质、胆汁质、粘液质和抑郁质。多血质的人表现出这样的特点：容易形成有朝气、热情、活泼、爱交际、有同情心、思想灵活等品质；也容易出现变化无常、粗枝大叶、浮躁、缺乏一贯性等特点。胆汁质的人坦率热情；精力旺盛，容易冲动；脾气暴躁；思维敏捷，但准确性差；情感外露，但持续时间不长。粘液质的个体稳重，考虑问题全面；安静、沉默，善于克制自己；善于忍耐；情绪不易外露；注意力稳定而不容易转移，外部动作少而缓慢。抑郁质的人神经类型属于弱型，他们体验情绪的方式较少，稳定的情感产生也很慢，但对情感的体验深刻、有力、持久，而且具有高度的情绪易感性。

　　气质无好坏之分，但不同气质类型有不同的典型表现。例如多血质的人活泼、好动、敏感、反应迅速、喜欢与人交往、注意力容易转移、兴趣和情感易变换等等。教师在接触此类学生的时候，要充分尊重其气质特点，当该类学生在课堂上表现出注意力转移的时候，教师需要了解这是该生的气质类型决定的，不能将自己的内心的情绪带入。学生的表现是其气质的自然体现，并非故意为之。在开展教育过程中，尤其要注意保护学生气质中优秀的品质，在其弱项处加以锻造，从而从后天环境中为学生创设一个成为完善的个体的机会。

　　在处理各个气质类型中较为敏感的特质时，教师需要额外注意。例如抑郁质的个体有高度的情绪敏感性。教师在教育过程中，尤其需要注意非语言表述。抑郁质的高度敏感性对于捕捉言语外的信息有着异常的灵敏性，虽然其对外界刺激表现较为迟钝，然而其内心起伏很大，又不容易在其外部表情上捕捉到，这样很容易使得教师的努力付诸东流。

二、性别差异理论

　　《男人来自火星，女人来自金星》一书非常好地阐述了男女性别的差异。性别差异学虽然属于心理学中的后起之秀，但是却有着越来越重要的意义。尤其随着现今我国独生子女政策的实施，我国改革开放、妇女解放运动的成果显现，使得了解男女学生性别差异带来的各方面的差异成为学校教育有效开展的重要基础。

　　男女心理发展实则有着一定的共同性，其体现在男女一定年龄阶段中表现出的那些一般的、典型的、本质的特点，是在相应的年龄阶段由个体发展特点中抽象、概括出的带有规律性的共同特点。无论在认识过程、情感过程还是意志过程等,每个年龄段的个体,都会表现出大致相似的心理发展特点,表现出心理发展的共同性。笔者将在下文不同年龄阶段的学生中加以阐述,此处着重强调两性心理发展的差异性。

心理发展的差异性,是指在同一年龄阶段中个体与个体之间、男性与女性之间心理发展上的个体差异和性别差异。从生理结构上说,男女的染色体、大脑构造、激素的差异决定了性别差异的生理学基础,然而社会环境成为了性别差异的更重要的原因。假小子、伪娘等词开始越来越多地引起心理学者的关注,这正是批评教育过程中,标准设定不当带来的后果。

1. 智力差异

现如今,越来越多男性学生的家长抱怨孩子在班级中受到的不公对待:课前抽默效果不佳、识记类知识点掌握不好、英语单词、语文古文常常背诵不出……心理学研究显示,女孩的记忆力优于男孩,此中的记忆力指形象、情感和运动记忆,但逻辑记忆却不如男性。因此,要男生通过阅读或者背诵单词然后正确地默写单词,可以说对于男生来说是非常不合理的一种方式。因此,在开展关于单词默写的评价时教师需要充分考虑到男女生的记忆能力差异,或通过良好的教学设计帮助男生完成相关的记忆作业。而对于高年段的女生而言,一味地指责其空间感不好,逻辑能力不强,会打击其自信心,应该通过转化成其擅长的学习接收方式的教学模式开展活动。此外,男生的智力发展较女生而言慢1—2岁。因此同一年龄的男生,容易受到来自各方面教师的批评。无论作为任课教师还是班主任,需要在了解其任教学科的学科特点基础上,有针对性地开展批评教育。

此外,在参加社会实践课过程中,对于各类社会实践职责的承担,由于男生的空间能力较女生强,教师应尽量按照发挥能力特长的目的安排任务。若学生不能很好地完成任务,教师首先要反思自己的任务分配是否符合性别特长,再按照学生的实际表现来予以客观评价。另外,在参与活动中,男女生通过合作,共同完成任务时,教师应及时予以肯定。并督促男女学生通过合作,发挥自身的性别能力优势,更好地完成任务。

2. 情感差异

在情感的倾向性方面,女性的情感较容易为一些偶然的事件所引起,例如女性常常会因为生活中一些细小的事情或天气的变化等而引起某种情感;而男性的情感则更容易指向具有明显社会意义的事物,例如他们会更多地关注社会上或周围发生的重大事件,并由此引发情感。男性的情感虽然也时而为一些偶尔的小事所引起,但却不十分敏感,情感一旦引起也会较快地平息。对于批评教育开展过程中,教师常常提到的男生"屡教不改"的现象,可能是由于男生对于本件事重视度不够引起的,而并非是教师故意非难。

现今中国,教育的主要承担者是女性。学校的男女性别比例差距较为悬殊,因此,教师在开展教育教学过程中一定要注意性别的情感差异。尤其在开展批评教育的时候,批评教育若能够建立在良好和谐的师生关系上,其效果会更加显著。因此,为了更好地建立师生关系,教师若与教育对象并非同一性别时,尤其要注意批评时的语音语调。对于女学生,其情感感知较为细腻,情绪波动相对男性更大,女教师可以通过共感之前自己的人生阶段加以指导,而男教师则可通过长者呵护小辈的口吻从旁建议。而对于男学生,女教师大可以轻松诙谐的方式与其交流,并通过参与适当体育运动或谈论体育运动等作为切入口,拉近与男学生的关系。

3. 成就归因差异

所谓归因是指对自己或对他人行为结果的原因知觉或推断。无论是国内还是国外的研究,性别上的归因差异出现了非常明显的一致性。男性的归因模式是:把自己的成功归为内在原因,尤其是"能力"这个内部稳定因素,而把自己的失败归为外部原因,如"没有运气"等外部不稳定因素;女性的归因模式是:把自己的成功归于外部原因,尤其是运气,而把自己的失败归于内在的原因,如能力差等。

所以,女同学比较容易将自己的一次小错误看成是自己能力的问题,而男生在犯错时,则可能认为是自己不小心而导致的。因此,教师在开展教育过程中,需要注意,针对女生,要明确指出错误产生的原因不在于其能力问题,而在于其他问题。例如,某女生未能完成回家作业,教师在评价时,不可将该事件的原因归结在该女生不会做题上。否则,该女生会对自己该学科的学习能力产生怀疑,从而导致学业问题加重。教师要帮助女学生将问题适当外化,并将问题转化为可解决的,而非"注定"的、不可回转的,为女学生确立面对问题并解决的信心。同样地,对于男生,教师要适当引导男生负责任地承担问题——客观地了解到问题的产生,他自己也负有一定的责任,从而帮助其端正态度,则能更有效地开展批评教育。

归因的重要性不仅在于其能影响一个人对自己行为的反思和再认识,而且会影响其后继行为的动力。要想轻易地改变这个差异是不可能的,但是在批评教育开展过程中,潜移默化地引导学生了解自己的归因问题,正面积极地看待问题,对于学生的人生发展有着重要的意义。尤其是在学生踏上工作岗位后,正确的归因能够使其更好地融入团队,参与或者带领团队解决各项问题并获得成功。因此,批评教育作为引导学生认清自己的归因取向是至关重要,也是不可替代的一个教育方法。

三、不同学段差异

根据埃里克森的心理社会发展阶段论,每个阶段都是人生的一个转折期,个体都面临着重要的生活任务,需要个体去加以解决,都可能遭遇成长的危机,教养环境直接关系着危机是否能够得到积极解决。如果个体能够积极地加以解决,那么将促进个体形成良好的自我品质;如果个体不能顺利地应对,则会影响个体的进一步发展或是留下问题。

因而,根据学生所处的不同阶段,其心理特点也有不同。首先将埃里克森的八大发展阶段学说内容总结如下:

心理发展阶段	年龄	特点	影响人物
口腔—感觉	出生到 1 岁	信任 Vs 不信任	母亲
肌肉—肛门	2—3 岁	自主 Vs 羞怯、怀疑	父亲
运动—生殖	3—5 岁	主动 Vs 愧疚	家庭成员
潜伏期	6—12 岁	勤奋 Vs 自卑	学校师生
青少年期	12—20 岁	同一性 Vs 同一性混乱	小团体和同伙
成年早期	20—24 岁	亲密 Vs 孤独	友人
成年期	25—65 岁	繁殖 Vs 停滞	一起工作和分担的人
老年期	65 岁—死亡	自我完善 Vs 绝望	整个人类

自全民终身教育的理念提出以来,我们开始将人的发展看成是教育的核心。因此,教育更多地开始关注学生的当下,让学生在学习中时刻保持乐学、好学的状态,并将这种状态保留终身,实现终身学习的目标。因此,我们作为教师在开展教育过程中,需要密切注意从学生发展的角度去考量。从埃里克森的理论中,学校似乎从青少年时期开始影响一个人的心理发展,但是,教师对学生的影响并不是孤立的。学生的指导是发展性指导,而埃里克森的理论是发展性辅导的一个重要理论基础,对发展性辅导提供了许多支持和启示。下面,笔者从各个不同的阶段阐述批评教育实施的必要性及注意事项。

1. 小学阶段

该时期学生开始步入正式的九年义务制教学，开始面临学习任务。较原先在玩中学习的任务不同，他们需要开始有规律地完成每天的学习任务，而学习任务的完成开始以作业的形式出现。从这时候开始，学生开始形成勤奋的优秀品质，当学生不可避免地出现懒惰、不交作业等现象时，批评教育以一种规范行为的必要手段出现。一方面告知学生，勤奋是学习过程中必不可少的要素，另一方面带领学生通过勤奋的学习，以获得人生中的首次肯定。因此，批评教育的工具性得以体现，批评教育培养学生优良的学习习惯和品质的作用不可替代。

根据埃里克森的理论，学生潜伏期的阶段时，对学生心理发展影响较大的是学校师生。其理论强调了教师的重要作用，因此，在这个阶段，开展批评教育的时候，要注意：在指责学生未完成学习任务时，不可将学生的表现与学生的智力能力联系起来。例如：小 A 同学未完成作业，教师在批评时说道：你是很聪明，但是，作业怎么没做好？这样的口吻使得学生在潜意识中认为自己非常聪明，而聪明与勤奋是等同的，不用同时出现。因为教师在这样一句话中用了"但是"这个词，学生就产生了错误的想法，如本章第一节提到的，心理学家卡罗·德威克的研究，学生认为努力不再重要。那么学生在遭遇失败后，最终得出的结论是，我很笨，什么都学不会。这将会对学生的终身学习产生巨大的负面效应。

2. 初中阶段

初中阶段最为典型的心理特点就是学生开始步入青春期，青春期的心理变化特征表现为自主意识增强，自尊心变强，渴望交流和友谊，易于冲动并富于幻想，性意识萌动并表现为初期的与异性疏远，到逐渐愿意与异性接近，或对异性产生朦胧的依恋等正常的心理变化。此阶段的影响人物还是教师。面对心理变化较大的时期，教师处理问题时需要更多的细心和耐心。此阶段的批评教育开展要点在于正确引导学生看待异性关系，学生看待批评的角度取决于先前教师的铺垫，更取决于师生关系的融洽程度。此阶段来自教师的批评教育的必要性不言而喻，学生开始逐渐要求独立，面对父母的管教开始躲闪，而教师正式上升为日间与学生接触时间最多的成年人。教师如何观察学生的行为，及时给出建议和指正成为学生安然度过这个敏感环节的重要因素。若此时期学生的某些特别不当的行为得到了及时的关注和指正，那么在其今后进入亲密期时，学生就从教师的批评教育中了解到了何为合适、健康的亲密关系，对其今后的情感发展有着重大的意义。

此时的批评教育更要注重私密性和保密原则。一方面,该时期的学生不论男女,都存在心理敏感度上升的现象。由于这时期学生开始更多地关注同伴和异性,因此,对于细微表情的捕捉和言语中的"潜台词"有着十分强的感知能力。教师开展批评教育时,要注意区分场合,更需要注意观察学生的心理承受能力,以免产生不必要的师生冲突。

3. 高中阶段

高中阶段是学生很多重要行为形成的关键期,包括智能的进一步发展、学业的进步等,其中尤为重要的是人际关系的建立、价值观的确立及社会规范习惯的养成。此外,高中生开始面临人生选择的第一个十字路口,而这个十字路口的选择中,学生开始更多地掌握主动权。因此,该阶段教师的指导必不可少。面对某些消极对待一切事物和活动的学生,批评教育的指向不再仅仅是学业,而是以人生生涯规划为目标,从着眼未来的角度帮助学生走出人生的迷茫期。因此,此时的批评教育起到了导向的作用。通过批评,指出学生缺点错误之所在,阐明其言语行为规范,唤起学生新的认识需要和成就需要,并确立起行为的奋斗目标,使学生品行朝着社会或教师期望的方向发展。

在此阶段,开展批评时,教师需要充分地与学生及其家庭进行沟通:了解学生自身期望发展的方向以及学生家庭对于学生的未来生涯规划。结合两者的需要,从旁给予指导和建议,切勿替学生和学生家庭"做主"。此外,该阶段的学生处于迷茫期,对于未来自己所学专业及自己的兴趣所在可能没有一个清晰的认识。教师可以通过上文提到的心理测验工具,帮助学生了解自己的兴趣爱好和专业特长。从而让学生清晰地了解自己的能力所在,对自己今后的发展方向有一个初步的了解。

批评教育的最终目的是学生的发展,促进学生自身发展的需要,满足个体有尊严地学习、生活和工作的需要,而这一切的前提就是拥有一个健康的心理。拥有面对压力不懈进取的精神,拥有面对困难善于应对的能力,拥有面对困境仍积极乐观的心态,这些与批评教育过程中教师的悉心呵护密切相关。在以同龄人为标杆的标准下,从旁引导,帮助学生克服各人生阶段中遇到的难题,完成各人生阶段的身心任务,是批评教育的宗旨。用好批评教育这个工具的基础是教师勤于钻研教育与随着时代的变迁及时做出积极正确的心理调整。谨记,唯有积极乐观不断前进的教师才能铸就成功的学生。

第九章 批评教育与教师发展

批评教育是围绕批评并在教育思想指导下开展的教育活动,更是一门学问。适当的批评教育有助于学生改正其错误行为,实现身心健康发展。教师作为学生的直接引导者,既是批评教育的执行者也是道德规范的示范者,教师进行批评教育的方式与技巧对其效果有着直接的影响,因此,适当适切的批评教育"迫使"教师自身加强学习与交流、不断反思,同时有助于良好学校文化的形成,从而提升教师教育效能感,促进教师专业化发展。

第一节 教师专业发展概述

目前教师专业化已成为国际教师教育和专业发展的趋势和潮流,受到许多国家的重视,也是当前教育改革实践提出的一个具有重大意义的课题。影响教师专业化发展的因素很多,教师教育效能感作为教师教育信念和能力的自我认知,是影响教师专业化发展的一个重要因素,是教师专业化发展的内在动力机制。统筹考虑教师个人、学校及社会三个因素,探索促进教师专业化发展的路径对于教师全面提升专业素质具有重要意义。

一、教育效能感

教师教育效能感的概念来源于班杜拉的自我效能。自我效能这一概念最早出现于班杜拉《自我效能:关于行为变化的综合理论》,他将其定义为"指个人对自己在特定情景中是否有能力去完成某个行为的期望"[①]。它包括两个方面:结果预期和效能预

---

① Bandura. A Self-efficacy mechanism in human agency [J]. American Psychologist, 1977(37).

期。其中,结果预期是指个体对自己的某种行为可能导致什么样结果的推测;效能预期是指个体对自己实施某行为的能力的主观判断。在班杜拉的理论中,自我效能是作为个体行为的认知中介出现的,个体的自我效能期望能反映出其行为的性质和范围,特别是它反映了个体面对困难时所付出的努力程度和坚持性。

对教育效能感可以细分为三种看法:一是将教育效能感归属于信念范畴。如Hoover,Bassler 和 Brissie(1987)认为,教育效能感是教师的一种信念,即自己的教学能力和专业知识能够影响和帮助学生的信念。[①] Woolfolk 和 Hoy(1990)将其界定为教师对学校教育力量、学生学习成败的责任、学习的功用、一般的教育哲学及教师对学生的影响程度等方面的信念。[②] 第二种观点把教育教学效能感划分到认知范畴。Newman,Rutter 和 Smith(1989)提出,教师教育效能感是教师对于自己的教学是否能够引起学生成功学习和个人满足的一种知觉。[③] Ashton 和 Webb 认为,教师教育效能感是教师对自己影响学生学习行为和学习成绩的能力的主观判断。[④] 第三种观点是将上述两种观点加以综合。如詹茂光认为教学效能感是教师相信自己有能力对学生的学习产生积极影响的一种知觉和信念。[⑤] 赵崴等认为教学效能感是教师在教学活动中,对其能有效地完成教学工作,实现教学目标的一种能力的知觉和信念。[⑥]

此外,Simpson(1990)指出,教师教育效能感包括两方面,一是教师对宿命论的排斥,相信学生的学习效果不完全受制于其智商和家庭环境;二是肯定自己的能力,认为在特定情境中,教师有能力去影响学生的学习。[⑦]

虽然人们对教师教育效能感有着不同的界定方式,但不同的定义中亦有其一致的方面:第一,与效能感中的结果预期和效能预期相对应,教育效能感包括对教育效果的信念和对自身教育能力的认知;第二,教师教育效能感是一个具有多层面的整体性概念,既包括教师认知,也包括教师对教育对学生的情感。因而教师教育效能感具有相

① 俞国良,罗晓路.教师教学效能感[J].北京师范大学学报(社科版),2000(1).
② Woolfolk A. E. & Hoy, W. K. Prospective Teachers' Sense of efficacy and Beliefs about control [J]. Journal of Educational Psychology, 1990(1).
③ Newman FM. Organizational factors that affect school sense of efficacy, community and expectations [J]. Sociology of Education, 1989(62).
④ 辛涛.论教师的教学效能感[J].应用心理学,1996(2).
⑤ 詹茂光.教师教学效能感的研究及其发展提高[J].兰州学刊,2005(06).
⑥ 赵崴,姚海莹.课程改革背景下的小学教师教学效能感研究[J].辽宁教育研究,2007(10).
⑦ 杜秀芳,刘吉林.教师效能感研究述评[J].山东师范大学学报,2002(03).

当的稳定性,但也有改变的可能性;第三,教师教育效能感反映了教师在教学活动中的主体性、积极性和创造性。

众多学者把教师教育效能感分成两部分:一般教育效能感和个人教学效能感。一般教育效能感是教师对教与学的关系、对教育在学生发展中的作用等问题的一般看法与判断;个人教学效能感是指教师对自己教学效果的认识和评价。对教育效能感的划分更有利于我们理解其内涵,同时教育效能感的两个维度也完全包含了教育效能感概念的所有因子。因此,笔者认为可以把教师教育效能感定义为:教师怀有教育对学生发展具有影响力的信念,同时深信自身有能力通过教育去影响和改变学生。它影响教师的教育行为与教学质量,影响学校发展,但它并不是教师教育能力本身。

二、教师专业发展

自 20 世纪 60 年代,特别是 80 年代以后,旨在大幅度提高教师专业化水平的教师专业化运动,已经成为世界众多国家教师质量提高的主导运动。所谓专业是指一类因具备一些"独特性质"而能占据职业层序中较上层位置的职业群体。1980 年,在以《教师的专业发展》为主题的《世界教育青年报》中,不少学者就指出必须把教师专业化的两个目标分清楚,其一是把教师视为社会上职业层序以至社会分层中的一个阶层,因此专业化的目标就是争取专业的地位与权力及力求集体向上流动;除此之外,教师亦是一个在教室内教导学生及提供教学服务的工作者,因此他们必须是以提高教育教学水平及扩展个人知识及技能为发展方向①。前者主要是指教师职业专业化,即教师群体为取得教师职业的专业地位而进行努力的过程;后者指教师个体专业化,即教师个体专业水平提高的过程,包括理论素养专业化、学科知识专业化、教学实践专业化等。本书着重从教师个体专业水平提高的角度来论述教师的专业化发展,教师个体专业水平的提高与能力的发展过程又可称为"教师专业发展"。

其中,教师自主发展是指教师发挥自主性,运用自主策略,在元认知的调控下获得发展的过程,它表现为教师充分发挥主观能动性和激发责任感,积极开发自身潜能,建构性地确定职业发展目标,选择职业发展内容、途径和策略,通过自我监控、评价和反思等方式,自觉主动地调节和引导自己的教育教学方面的动机、认知和行为方式,从而获得发展。

---

① 杜秀芳,刘吉林.教师效能感研究述评[J].山东师范大学学报,2002(03).

教师专业化发展受到来自教师本人、学校文化、社会制度等多种因素的影响。教师自主发展侧重于教师作为发展主体,其主动意识与积极性对自身发展的影响,强调教师本人必须把外在的影响转变为自身专业发展过程中的动力,增强自身专业发展的责任感,不断寻求自我发展的机会,逐渐获得自我发展的能力。

一般说来,教师专业化发展是指教师在其职业生涯中依托专业组织,通过各种不同的途径,主动地、积极地、持续地习得教育专业知识技能,实施专业自主,表现专业道德,逐步提高自身从教素质,成为一个良好的教育专业工作者的专业成长过程。教师专业化发展是一个动态的过程。在此过程中,教师的专业理念不断更新、专业知识不断积累、专业能力不断提高、专业情意不断加强、教师的整体素质得到提升。教师专业化发展是一个实践的概念,对它的真正理解与实现需要教育工作者在教育教学实践中去体会、感悟。

第二节　批评教育促进专业发展

教育效能感通过影响教师的教育信念、教育动机和教育行为以及个人心理健康,影响教师的专业化发展,进而影响学生的学业成绩和健康成长。因此,培养和提高教师教育效能感非常重要。实施批评教育能不能提高教师教育效能感呢? 答案是肯定的! 事实上,实施批评教育是教师教育效能感提升的一条重要而又特别的途径。它通过搭建平台、营造氛围、改变工作环境,形成个人、学校、社会三方合力,从而提升教师教育效能感。

一、批评教育提升教育效能感

日常教学管理中,教师往往因缺乏批评教育的技巧,批评方式单一,不能达到批评的效果,甚至收到相反的效果。实施批评教育能够促进教师对批评技巧及教育学、心理学、伦理学等相关科目的学习,促进教师加强自身职业修养、促进教师经常性的反思。这种反思包括对批评教育手段方法的比较、对批评内容的选择、对批评态度的反思、对批评负向效果原因的分析、对事件补救措施的分析等。

华东师范大学松江实验高级中学于 2009 年开始组织广大教师开展"批评教育理论与实践"的探索,课题组的教师在理论学习与课程实践中对批评教育有了更深层次的认识,如教师王兵在《教师授课情况反馈表》中的"课后随感"一栏中写下了对批评教育的新认识：

> 　　上完课，我突然意识到，批评教育课实际上是一个师生共同学习的课程，师生共同认识批评，共同改进批评，互相帮助，共同进步。教师在实施批评教育时，一定要本着一颗善良之心、希望学生觉悟之心，用真诚的话语、尊重的态度、亲和的神态让受批评者感受到你的善意和爱护，因为批评的最终目的不是为了让违规的学生低头认罪，心甘情愿接受学校的处分，而是让学生通过接受批评教育，能够自主反省觉悟，主动地用正确的行为来补救由于过错所造成的损失，进而达到行为自制和道德自律。

　　从王兵老师的反思中，能够感受到他对批评教育的理性认知，看到他由"问题解决式"的批评教育向"发展指导式"批评教育的转变，即对学生的批评教育目的不仅仅是解决某一问题，而旨在促进学生的持续发展。通过对日常教学管理中问题的反思与经验的总结，不仅对问题有了深刻理性的认识，还能够为其他教育工作者提供借鉴，更重要的是不断地反思促进了教师自觉主动的学习，使教师的理论素养得到不断地提升，为成为研究型的教师打下基础。

　　以往的对批评教育技巧的总结研究呈现出重复、零散化的特点，并且只有助于教师习得一些批评教育的技巧，不利于学生及家长理解、接受批评教育。批评教育校本课程的实施不仅能够帮助教师学会如何进行适当批评、帮助学生理解、接受批评教育，甚至能够做到自我批评教育、帮助学生家长理解批评教育，并能够做到配合教师行使批评教育，而且促进教师在具体的教育情境中研究批评教育，探索更加适当、科学的批评教育方式，以促进学生的发展，并且促进教师本人教育效能感的提高与教育实践知识的专业化。目前，华东师范大学松江实验高级中学正在积极推进"批评教育常识"校本课程建设，为促进批评教育理论与实践的结合进行了有益的探索（见案例9-1）。

　　批评教育的实施能够促进教师以自身批评教育问题作为研究方向，自觉开展教学、管理研究，通过"计划——行动——观察——反思"等环节的循环往复，不断改进批评教育实践。对批评教育的研究，改变了教师以往的师承不变的教学经验，教师对批评教育的范畴内涵、作用意义、技巧艺术等认识有了显著的提高；并努力把批评教育的基本策略运用于日常教育实践，不断提高教育的有效性与艺术性。教师开展批评教育实践研究活动，是教育责任感的体现，是提升教师精神境界和专业能力的有效途径。

针对批评教育的校本研修同样融理论学习、教师校本培训、教育教学研究、校本课程建设于一体,不仅仅是师生、领导共同探索批评教育的一种途径,更提升了学校文化氛围的建设。学校文化是教师生活方式、价值观与精神追求的体现。学校良好的文化氛围有助于教师专业发展。

为了使学生了解批评教育相关常识,学会批评与自我批评,使教师了解批评教育策略并将其运用到日常教育,促进专业发展,给广大教育工作者提供批评教育的理论支撑和实践指南,华东师范大学松江实验高级中学基于学校实际,在校本研修中开展了对批评教育理论与实践的探索,给师生、学校带来了巨大变化,推进了教育改革实验。

案例 9 - 1

从 2009 学年起,学校启用了一批有良好德育能力且热爱教科研的教师群体。校长担任该课题的负责人,直接组织和协调,提供人员、时间、经费等各方面的支持。课题组分成理论研究组和课程实践组,分别由校德育领导组成理论研究小组,由高一年级全体班主任和其他年级优秀教师组成课程实践组。整个研究过程分了三个阶段:

① 理论研究与编撰

其一,理论学习。通过聆听教育局专家的专题报告、有关文献检索、相关教育理论的学习,我们充分认识批评教育的丰富内涵和巨大价值,产生研究实践的愿望,坚定自己的信念。

其二,理论撰写。2009 年 10 月,理论研究组分工合作,着手初稿撰写工作。12 月完成了《批评教育常识》校本教材初稿。整个校本教材共分四章 13 节 4 万字,包含批评教育的本质与意义、批评教育的运用、批评教育与自我批评教育、在批评教育中成长。此教材初步厘清了批评教育的基本概念以及批评教育的基本技巧。

其三,研讨与修编。2010 年至 2012 年,《批评教育常识》经历了两次颠覆性的修编。

② 课程实践

"批评教育常识"课程实践小组以《批评教育读本》为教材,从 2009 年至 2012 年,共进行了四轮课程实践。期间,我们始终坚持三项行动:

其一,培训指导。在课程首轮推开前,行政领导率先垂范,定班试教,提供给教师观摩学习的机会。在每轮课程推进前,召开推进会,开展理论学习与授课技能培训,让教师从认识和能力上得到加强。同时我们设置了授课专家组,给有需求的教师提供授课咨询与指导。

其二,合作研究。在四轮课程实践中,授课教师按照课题组安排组成多个授课小组。课前,大家就教案设计、目标达成、案例选用及课时安排进行研修;授课过程中,彼此开放课堂,相互观课;课后,彼此议课,共同总结反思,商议教学调整,分享实践智慧。

其三,对话反思。每轮课程结束时,召开班级师生对话会,开辟对话窗口,听取学生反馈,促进教师实践反思与改进;召开课程实施研讨会,下发《教师授课情况反馈表》、《教师整体实施意见反馈表》,让教师就课程实施情况发表意见,提出改进建议,以便课题组及时调整方向,同时积累经验,固化实践智慧。

③ 交流与展示

2011年3—4月我们与上师附外开展了联合研修。整个研修分两轮进行。第一轮为课堂互动。3月,两校教师分别开了批评教育主题班会课,两校全体班主任参与观课议课。第二轮为主题论坛。4月,华师大专家、教育局领导、两校教师及家长代表参加了"走对话德育之路,促教师专业发展"主题论坛。2012年10月,我们与金山区华师大三附中进行批评教育校际联动,就课程实施进行交流。两次校级研修实现了本课题在松江区域内和跨区域的影响与辐射①。

华东师范大学松江实验高级中学在对批评问题认识的基础上,进行了批评教育理论研究、课程实践与展示交流。通过理论研究,教师对批评教育的内涵有了更深层次的认识;通过将批评教育的实施置于课程建设中,教师不断学习新课程理念,丰富课程知识,提高自己对新课程的理解和驾驭课程的能力,并在与教研团队、其他教师沟通交流解决问题的过程及校际间的联合研修中,提高自己的教育效能感,促进专业化发展。同时,在对批评教育课题的研究与实践的过程中,教师不断积累教育智慧,提高教育智能,从感性的批评教育走向对批评教育的理性思考,从享受天然权利走向对权利的应用界限思考与艺术提高,这实际上就是专业精神境界的提升。

---

① 华东师范大学松江实验高级中学.《批评教育理论与实践研究》结题报告[EB/OL]. http://www. sjedu.
cn/kyzx/kyyd/ktcg/201212/t20121231_109106. htm,2012/12/31.

二、批评教育建立和谐的关系

学生是教师教书育人的对象,家长则是教育消费者的出资人和直接监护人。和谐的教育离不开教师与学生、家长的和谐关系。这种和谐、融洽的关系直接影响到教师身心健康与教育质量、教学效果。

批评是一种责任、是对学生的一种爱护、是希望学生改过自新的一种期待,同时也是一种艺术。事实上,民主、和谐的师生关系并不是教师一味地迁就学生,对学生放任不管,对学生的错误装聋作哑,而是在尊重学生人格的前提下,引导学生充分发挥他们的主观能动性,使之得到充分的发展。批评教育理应与赏识教育一起成为对学生进行教育的完整形式。然而,有研究者对其所任职学校的学生进行问卷调查后发现:24%的学生觉得违纪被批评是理所当然的;21%的学生觉得害怕、丢脸、自卑;14%的学生觉得生气、仇恨、想报复;12%的学生觉得无奈。[1] 可见,学生对待教师的批评,认同管教的较少,产生负面情绪的较多,有些学生对于教师的批评置若罔闻,甚至有些学生会采取各种措施去对付教师的批评教育。有研究者对中小学教师如何看待批评教育进行了调查,发现33.1%的教师担心自己"掌握不了分寸",所占比例最高;22.9%的教师选择了怕"学生报复";19.2%的教师选择了担心"遇到不讲理的家长";10.9%的教师担心"家长向校长报告",另外,接近60%的教师认为批评教育时未重视方式、方法,伤害了学生的自尊心;18.3%的教师认为不了解学生的成长环境,批评方法不当;11.6%的教师认为大部分教师"哄"着学生,要求严格的教师就容易引发矛盾;7%的教师感到不会批评,批评像唠叨,使学生感到厌烦。[2] 从上述调查数据我们发现,教师在对学生进行批评教育时缺乏适当的方法与策略,并存在多重顾虑;学生及其家长对批评教育的实施怀有不理解与抵触情绪,这些因素都是批评教育不能有效开展甚至引发家校矛盾的原因。而我们认为,批评教育目的的不明确恐怕才是导致问题的根本原因。当考试成绩成为唯一考核标准时,"教育目的首先是培养人"的目标自然难以达成。批评教育再怎么变化,效果也不会显著。[3]

探索科学合理的教育手段是必要的,而明确教育的真正目的或许更能达到理想的效果。因此,我们倡导转变"问题解决式"的批评教育为"发展指导"下的批评教育。即

---

① 王谭秋.班级管理中"批评教育"缺失的研究——以四川康定 M 中学为例[D].成都:四川师范大学,2011.
② 丁梅娟,李琼,曾晓东.中小学教师如何看待批评教育的调查研究[J].中国教师,2012(10).
③ 十月舟."批评教育权"折射的师生关系[N].光明日报,2009-08-26.

我们对学生的批评不再是"为了批评而批评",不是为了对某个具体问题的遏制,而是为了学生的长期发展考虑。不管是批评教育还是赏识教育,其目的都是"人的发展",是培育符合时代和社会需要的合格的人才。正如国际 21 世纪教育委员会主席雅克德洛尔所主张的"以促进人的发展的眼光来确定教育的意义",发展指导视野下的批评教育正是建立在学生发展理念的基础上,通过教师对学生的批评与引导,促进学生的反省与自我教育,最终实现其全面、自由、和谐的发展。

发展指导视野下的批评教育更易使师生之间形成一种互相信任、互相尊重的氛围,拥有融洽的关系,在互动的真爱中促进彼此成长。学生会在这种氛围中获得全面的发展与成长,教师会因学生的成长而获得工作的成就感和教育效能感;对于批评教育的研究与实践,能够消除学生家长、教师、学生及学校领导对批评教育认识的误区,通过沟通交流、共同参与教研互动,建立一种和谐的师生之间、家校之间的人际关系。在开放、和谐的环境里,教师往往对自己的效能更加自信,在得到充分的肯定和鼓励中工作和学习,在学校的关心和支持下发展和成长。

三、批评教育营造健康的环境

当今社会,赏识教育大行其道。愉快教育、爱的教育、阳光教育、成功教育等各种教育理念与教育方法备受人们推崇,成为各个学校博人喝彩、极具特色的教育方式,唯独批评教育无人问津。对于教师来说,谈起批评教育仿佛就同陈旧的教育理念与教育方式扯上了关系;对于学校来说,实施批评教育好像就会立即引发或潜伏着无数教育问题;对于家长来说,批评就是责备、惩罚,就是看不起自己的孩子。因此,批评教育方式的缺失,不得不说部分原因是人们对批评教育方式的错误认知。这种错误认知导致的后果是严重的:教师没有尽到育人的责任,不关注学生的道德培养;学生经不起批评,心理承受力和耐挫力下降;教师谈批评而色变,在处理问题时无所适从;学校针对批评教育的各种政策缺失,更加使得教师缺少实施批评教育的保障。

因此,批评教育在学校的实施就是一件逆其道而行之却又不得不为之的事情。因为要想改变现状,就要正视现状,要在具体的实践中进行改变。首先,批评教育的实施可以改变批评教育的对象——学生对批评的错误认知,使学生理解批评、接受批评,进而改变由于教师的批评教育导致学生自杀等悲剧发生的现状,从而减轻给教师造成的双重压力;其次,批评教育的实施有利于学校改变以往单纯关心学生成绩、关注教师绩效的状况,变应试教育为素质教育,促进学校以及相关主管部门为教师创造一个能够轻松愉快工作的环境;最后,实施批评教育不仅需要教师和学校的努力,同时需要家长和社会各界的配合,实施批评教育便于大众正确认识批评教育的重要作用,为教师教育工作提供健康的舆论背景。最终在社会各界的努力下,促进学生及教师身心健康发展,使教师保持良好的心态参与到教育教学中来,从而提高教育效能感,实现专业化发展。

批评教育的实施能够促进教师教育效能感的提高,专业能力的发展,并最终促进学生的身心健康发展。但在批评教育促进教师教育效能感提升的过程中会遇到来自教师、学生等因素的阻碍。因此批评教育要达到良好的效果,一方面,教师要正确认识批评教育的功能,不断提高自身批评教育的技巧,让批评成为教育教学的艺术;另一方面,学生、家长、学校等也必须清晰地认识到,正确的批评教育对于学生成长具有促进作用,应积极配合教师开展批评教育,使赏识与批评都成为教育不可或缺的途径。最后,政府部门应加强对教育制度法规的制定与执行,对批评教育的"适当方式"进行更加细致的规范,增强教育法的执行力。

第三节 借助批评教育成为导师

中学阶段是学生成长的关键期,是学生身心发展最快也是最重要的阶段。素质教育的核心是使学生得到全面发展,这就要求教师,作为学生灵魂的工程师,首先应该加强自身建设,用自己的知识、经验和感悟辅导学生,做学生思想上的引导者、行动上的指引者。用合适的教育方式,培养学生良好的心理素质,塑造学生良好的个性品质。同时,作为一名学生,要意识到接受批评教育是自我成长的现实需要,学会接受批评与自我批评,提升自我教育能力,发展积极心理。

一、人生导师与批评教育

成为学生的人生导师,要求教师不仅要重视对学生科学文化知识的传授,更要关心学生全面与可持续的发展。人生导师角色定位下的批评教育更是一种面向全体学生的、关注学生全面发展的教育方式。

1. 理解人生导师

教育部印发的《中小学班主任工作规定》中提出"班主任要努力成为中小学生的人生导师。"那么何谓人生导师? 为什么要强调人生导师这一角色? 我们需要从教师角色出发来理解班主任作为人生导师在学生发展中的作用。

教师具有教书育人的责任。"教书"即教给学生科学文化知识,"育人"即教师除了教给学生科学文化知识,还要以自身的道德行为和魅力,言传身教,引导学生寻找自己生命的意义,实现人生应有的价值追求,塑造自身完美的人格。前者可以称为科学的学问,后者为人生的学问。当今社会对个体拥有科学知识的要求越来越高,加上高校选拔人才的体制,使得学校无不重视对学生的科学教育;同样日剧变化的社会对个体人生智慧的要求也日益提高,然而由于认识上的片面性以及科学知识在应试教育中的统治地位,学校重科学教育轻人生辅导的现象依然存在并十分突出,这种错误倾向严重误导了青少年的成长,造成大量的社会问题。

因此"人生导师"强调班主任是学生的精神关怀者,要全面关心学生发展,要求班主任对学生的教育关心,精神养育应从整个人生出发,以学生的整体生命为教育和关怀的起点。人生导师是一种人生智慧的启蒙,人生智慧不具有可教性,其生长需要教育者的因势利导,这就是班主任为什么被称作"人生导师"而不叫"人生教师"的原因。①人生导师指出班主任除了作为教师教给学生专业知识之外,更重要的是通过潜移默化的影响,通过沟通交流、启发引导,给予学生生活的智慧。

2. 人生导师的角色

班华教授明确提出,现代班级教育中班主任的中心任务就是"全面关心学生发展"。班主任作为"人生导师",对学生的发展指导主要体现在三个方面。

其一,关心学生的全面发展。学生要拥有幸福美满的人生,首先必须身心和谐、知情相融。作为学生的"人生导师",班主任要引领学生在知识学习的同时,也要在身体、精神、情感、意志等方面实现全面、健康、可持续的发展。学习是学生的天职,但学生首先是一个人,还需要实现人的个性化发展和社会性成长。针对中学生的身心发展特点,班主任要关心学生的思想发展、知识学习、社会成长和心理发育。

其二,关心全体学生的发展。班级教育是一种集体教育形式,班主任要面向全体学生,关心全体学生的发展。真正实现"让每一个学生都能成功"的目标。优等生需要发展,差生同样需要发展,关心全体学生的发展,不是实行教育平均主义,给予每一个学生完全相同的教育,让学生迈着整齐划一的发展步伐;恰恰相反,而是要给每个学生提供合适的教育,让他们成长为个性化的社会人。在班级教育和管理中,关心全体学

---

① 王文. 班主任——学生的人生导师[J]. 班主任之友,2010(03).

生的发展意味着在态度上对学生一视同仁,在教育策略上必须对学生进行针对性、区别性的教育。

其三,关心学生的终身发展。中学生是未成熟的个体,具有多种发展的可能性。关心学生的终身发展,就是要关注学生当下的发展和未来的发展,把发展的可能性变成发展的现实性和持续性,为学生的长远发展乃至终身发展奠基。班主任作为人生导师,就是要教会学生学习、教会学生做人、教会学生健体、教会学生全面发展。要通过有效教育,将学生从孩提的蒙昧状态逐步引向理智的人生,培养学生良好的思想品德、行为习惯、心理素质,为他们的终身发展奠定基础。

3. 批评教育的参与

发展指导视野下的批评教育不仅要求班主任要作为学生的人生导师,学生的科任教师及其他所有的教育工作者都有对学生进行批评教育的义务,都要以人生导师的角色定位对学生进行批评教育。

(1)"人生导师"的角色定位有助于理解批评教育的实质

批评教育不仅发生在班主任与学生之间,科任教师及所有的教育工作者都有对学生的错误行为进行批评教育的义务。可是,在我们的教育中,有些教师针对学生的错误,没有进行耐心细致的思想工作,而采用简单粗暴的方法进行"问题解决",表面的问题解决可能隐藏着更大的隐患:学生产生逆反和对抗心理,采取措施对付教师的批评,从而造成教育的被动或失败。而教师作为学生的人生导师,就会要求自身以发展的眼光看待学生的错误,在处理问题时,不再简单片面的追求某个问题的解决,而是通过批评教育促进学生的持续发展,作为人生导师,教师对学生的批评也会更多地体现出批评教育的实质。

其一,批评是一种关爱。正如上海市德育特级教师马兰霞老师所言,"教育者的批评并非仅仅出于一种'嫉恶如仇'的正义感,而是对学生在成长中遭遇了困惑后向教师发出的召唤予以的积极回应"。体现关爱的批评教育更多地考虑学生的思想情感和接受能力,保护学生的自尊、自信和人格,使其身心健康发展。

其二,批评教育是一种唤醒。作为人生导师的教师通过自身知识和能力及道德修养"唤醒"学生的精神潜能,引领学生寻找自我,启发学生通过观察和体验自己的言语、思想和行为,思考诸如"我是谁""我想要做什么"等问题来认识自己,让学生的自我意识朝正确的方向发展,将教师的批评教育转化为自我成长。

其三,批评教育是一种导航。引导学生树立正确的世界观、人生观和价值观。引导学生用积极理性的信念看待各种生活事件,引导学生接纳和逐渐掌握更积极的行为规范及价值标准,引导学生发现接受获得生活中的智慧,超越各种挫折去实现自己的人生追求。

其四,批评教育是一种塑造。通过批评教育,学生矫正不良态度及行为反应,塑造健康健全的人格。人生导师善于透过学生的外在行为发现其内在的人格缺陷,通过善意的提醒与引导,使学生成为具有健全人格的人。

(2)人生导师观为实施批评教育提供了新的视角

批评教育和赏识教育都是教育的有效手段。然而不知从何时起,人们对赏识教育高调呼吁,疯狂追逐,而批评教育却被束之高阁,成为教育中的一块软肋。其实正是由于对批评教育本质属性的忽视和误解,才导致了实施批评教育中的各种异化现象,从而引发人们对批评教育的信任危机。人生导师中的发展观为教师正确行使批评教育,促进学生发展提供了新的视角(即本书立论:发展指导视野下的批评教育),具有极强的借鉴作用。

第一,教师对于学生的批评教育应该是全面的批评教育。不仅要包括课堂学习、学生作业方面的批评管理,还要重视对学生思想道德方面的批评管理。教师批评的对象是一个个体,因此教师要用整体的、发展的眼光看待学生。对学生出现的问题要整体分析,不能只关注表面的现象,因为学生的很多问题是紧密联系的,如果不从根本上疏通学生的思想,很难根治学生的行为。

第二,教师对于学生的批评教育应该兼顾全体学生。这就要求教师要采取公平公正的原则,不仅对于学习成绩差的学生给予批评,对于学习成绩好的学生也要给予批评;对常犯错误的学生给予批评,对偶尔犯错误的学生也要给予批评。然而在进行批评教育时,教师又要根据不同学生知识基础、学习能力、个性特征、家庭背景等的不同,采取不同的批评教育方式。针对个体学生,要遵循学生的身心发展特点和认识水平循序渐进地实施批评教育,逐步提高学生的道德修养、心理素质和学习能力。

第三,教师对学生的批评是为了学生终身、可持续的发展。即教师对学生的批评要以可持续发展为导向,批评教育不仅仅是为了解决即时性的问题,不能仅关注学生表面的现象,而是要以人生导师的身份关注学生的未来发展。教师要从人本主义理念出发,尊重学生的人格平等,真诚关爱学生,无条件积极关注学生,从学生的后续行为中发现并肯定学生的每一点进步,做学生的良师益友。

华东师范大学松江实验高级中学开始探索的"三制一改"背景下的"导师制",包括学生心理指导、学业指导、生活指导、职业指导等一系列关于学生发展的主要活动的指导与规划。学生发展指导,课程建设与优化是关键环节。针对高中三个年级,华实高中分别设立了不同目标,通过授课、能力拓展、专项辅导等多元化形式开展了丰富多彩的发展指导活动,内容主要包括生活适应、学业指导、自我认识、健康保健、职业规划和升学辅导。由此可见,基于发展指导视野下的导师,内涵更加丰富,导向更加明确。教师以人生导师的身份对学生实施批评教育更能体现发展指导的思想,即为了学生的全面发展、为了全体学生的发展、为了学生的可持续发展。

二、批评教育成就人生导师

正如花草同时需要阳光和雨露一样,处于成长中的学生需要的不仅是教师的表扬与鼓励,同时适当、适切的批评能够消除痼疾,提高学生的耐挫能力与自我批评教育能力。

1. 教师在实施批评教育中落实人生导师的责任

中学阶段是学生人格发展的关键期、是学生自我意识发展的关键期,也是学生从幼稚走向成熟的过程,这一过程中学生出现错误和过失是再正常不过的事。这时,教师需要及时拿起批评教育的武器,给学生以学习上的指导、思想上的疏导、人生中的指引、促进学生的全面发展,不仅关注学生当下的发展,还要为学生未来发展导航。成为学生的人生导师,是教师专业发展的重要内容。这既是学生健康发展的需要,也是教师人生质量提升的需要。前面我们提到,实施批评教育能够促进教师教育效能感的提高,促进教师专业化发展,从而使教师更好地履行自己作为学生的人生导师的责任。

首先,批评教育是教师人生导师道路上不可或缺的教育手段。没有惩罚的教育是不完整的、不负责任的教育。赏识和批评是促进学生健康成长的两种手段。"赏识教育"是一种教育理念,是倡导教师不要总盯着学生的不足,要从学生身上发现闪光点,给学生以自信,但并不排斥批评和惩罚。作为人生导师,教师需要给予学生学业上的指导、思想上的疏导,是学生成长发展的陪伴者,面对学生在成长路上出现的错误,批评教育是教师作为学生的人生导师对于引导学生成长的一种不可推卸的责任,是教育者对学生关爱的极致体现。

其次,学生发展指导是落实人生导师责任的关键。现代社会日新月异,学生个性千差万别,以传统的、僵硬的方式对待现代环境下的青年学生是不合时宜的,是不受欢迎的,无异于刻舟求剑。因此教师对待具有独立思想的学生,需要说服开导、提示引导、发展指导。人生导师重在"导",规范系统的发展指导有利于建立和谐的师生关系，有利于增强学生的主体参与意识，从而实现学生成长、教师发展、学校进步的教育目标。

案例 9-2

  J 同学，是一个热爱科学的同学，动手能力非常强。但遇到事情喜欢钻牛角尖。有一次与同学吵架，把一个女孩子的书包给扯破。针对他的性格特点，教师对他进行了耐心的批评教育："你是一个聪明的孩子，热爱科学，才思敏捷，老师希望你能把更多的精力用在学习上，从现在起树立远大的目标，希望将来可以看到你成为一名科学家，好吗?"他很真诚地点点头。我接着说："老师看出你在科学上的潜能，相信你一定能行……"他抬起头，目光坚定地看着我说："老师，我要做科学家。老师，是我不对!"从此以后，J 同学学习劲头更足了，对自己严格要求，行为也变得文明规范，在学习与行为规范上有了长足的进步。[①]

  案例中的老师，首先是一位热爱学生的教师，他对于自己的学生有着清楚的了解，才能做到因人施教，其次他是一位注重批评教育技巧的教师，在 J 同学犯错后，面对的不是狂风暴雨式的指责，而是暗含着批评的鼓励。这种批评教育的艺术使学生不仅认识到错误，而且坚定了自己的理想。教师的批评教育使学生成功地完成了由他律向自律的转变。一次成功的批评教育就如同一剂神丹妙药，让学生不断地进步向上。

  现实生活中如何更好地实施批评教育，成为一名优秀的人生导师，对教师提出了更高的要求。从学生的角度出发，树立以学生为本的批评教育理念，讲究批评教育的艺术;当学生意识到教师是为自己着想时，面对教师的严厉批评或斥责，都会乐于接受，心悦诚服。

  批评是一种具有独特价值和功能的教育方法，它对于学生能起到导向、驱动、矫正、维护与警示的作用，但这并不意味着任何方式的批评都能起到积极的作用，不合理、不科学的批评不但起不到积极作用，反而会损害学生的身心健康和品行发展，这就要求教师在具体的教育实践中反思批评教育、学习良好的批评艺术，开展批评教育研究，提高批评教育的效果，成为学生健康成长的指导者和引路人。

---

① 王潭秋. 班级管理中"批评教育"缺失的研究——以四川康定 M 中学为例[D]. 四川师范大学,2011.

2. 在实施批评教育中促进学生全面成长

教师与学生共处于教育场域,师生双方在人格上是平等的关系,然而由于中学阶段的学生心智还不十分成熟,学生在其成长道路上难免出现错误。这时要求教师要从学生的成长需要出发,在学业方面给予指导,在心理方面给予疏导,在信心方面给予向导,在人生方面给予辅导,成为学生的良师益友。

教师需要帮助学生在面对批评时,正确对待批评、接受批评,并能够做到自我批评,不断反思自我,提升自我教育能力,并且有勇气对他人的错误展开批评反思,在教师的指导与自我的批评中成为新时代的全新公民。

与此同时,教师还需要帮助学生能够勇于对别人的错误提出批评。对别人的错误进行批评是需要勇气的,同时也是需要技巧的。所以,教会学生学会批评方式,也是促进学生全面发展的一个方面。这就要求学生在平时的人际交往中,养成换位思考的习惯,提高理解、洞察他人心灵世界的能力,形成沟通习惯,掌握并熟练运用沟通技巧,提高说服能力,并能吸纳别人的合理意见,优化自己的思想和行为,妥善处理人际冲突。

总之,发展指导视野下的批评教育真正体现了人生导师的内涵,给教师成为人生导师注入了活力。由于教育情境的多变性与教育对象的复杂性,导致教师作为学生的人生导师在对学生进行指导时面临着诸多挑战。教师要用爱和智慧创造更科学、更理性、更文明、更合法、更合情的批评教育,使学生敢于面对错误,有勇气接受批评教育,培养学生优良的心理素质,塑造学生良好的个性品质,使他们能沐浴教育的阳光茁壮成长! 同时,成为学生合格人生导师的过程,也是教师不断提高自己人生境界的过程。

第十章　批评教育与家庭教育

法国作家福楼拜说："国家的命运与其说是操纵在掌权者的手中，倒不如说是掌握在父母的手里。"自胎教开始，家庭教育就对孩子施以决定性的影响，正如约翰·布雷萧在《家庭会伤人》中曾说："一个人成年后的一切行径都可以在他幼年时的家庭环境找到答案。"以亲情为纽带的家庭教育，事无巨细、言传身教，更具感染性、实践性、全面性。家庭的属性决定着其教育的性能，因此，它绝对不是、也不应该是学校教育的延伸。"教育的一个非常基本的价值，是帮助一个人自我发现、自我实现"，这需要家庭与学校有机地形成合力，营造良好的教育环境。

21世纪的父母大多具备一定的文化素养，相当一部分还有着很高的学历。他们重视对孩子的教育，具备一定的教育知识，民主的家庭教育理念也不断在他们的日常生活中实践。中学阶段，孩子对"独立"有较高的要求，家庭教育方式更多偏向"放松"型，但不能凭此低估家庭教育的作用。恰恰相反，面对叛逆期的孩子，如何最大程度地发挥民主教育优势，防止矫枉过正，尤其在有效实施批评，形成批评的良性心理场等问题上遭遇到的困境会更多，更需要重审原有的家庭教育方式。

第一节　家庭教育中的批评困境

家庭教育是教育系统大厦的基石，是教育系统的重要组成部分。当今，对父母素质的要求从来没有被提到如此重要的地位，1999年初，《做父母应当考执照吗——一位华裔博士的忠告》一文引起不少家长的反思。而作为承载家庭教育功能的重要手段：批评教育，则在新形势下陷入进退维谷的境地。

一、家庭教育中批评困境的表现

1."要不要"批评？

表面上，要不要对孩子实施批评是对批评教育这一行为合理性的界定问题，背后折射的是教育理念的某种冲突，即：民主、放养与专制、圈养之间的纠结。

案例 10－1

　　老师打电话来说孩子在学校打架了，希望我过去协调解决下。赶到学校，看着低垂着脑袋的儿子，我气不打一处来。回到家，我再次生气地质问儿子究竟为何要打架？儿子不以为然地扔给我一句："秀才遇到兵，有理说不清，他不讲道理，我只能付诸武力了。"我努力压制怒火，问道："那武力压境，问题解决了吗？""没有。"儿子回答得有些无奈。"接下去怎么办？""我不知道，但是起码，我知道了武力确实不能解决所有问题啊。"听着儿子的"狡辩"，一向自诩民主教育的我有些纠结：这是孩子内心的真实想法吗？毕竟这次是一向乖巧的孩子首次犯错，该给他这份成长的空间，还是要给予痛的惩罚，才能防微杜渐呢？

孩子一旦步入人生的青春期，在自我实现意识的需求上明显增强。青春期的他们既迷茫于如何凭借自身能力解决现实中的一些问题，又不希望假手于父母，更愿意尝试着自己独立解决。有时候孩子尝试解决的方式方法并不正确，可是该不该给他们试错的机会呢？这常成为家长们纠结的地方。

美国儿童心理学家埃里克森·麦考比和马丁将父母的教养方式分为权威型、专制型、溺爱型和忽视型四种，其中的权威型教养方式即我国学者所说的民主型教养方式[①]。当今，随着社会的日益开放和发展，"关爱孩子、尊重孩子、解放孩子、赏识孩子、与孩子共同成长"等家庭教育理念，日渐成为家长共识，民主型家庭教育方式逐渐成为主流。民主型的家庭教养方式有利于孩子的健康成长，有利于孩子形成良好的生活和学习习惯，有利于其独立、积极个性的形成，但过犹不及，民主教育的尺度难把握成为家长实施批评教育的困境之一。

2. 会不会实施批评？

批评有时是动力，激发人向上的欲望；有时是转折，指引走向另一个成功的巅峰；

[①] 邹玉龙.家庭教养方式研究综述[J].赤峰学院学报（教育科学版），2011(1).

但有时却是毒药，一不小心就会毁了人的一生——会不会批评将直接影响教育的效果。作为家长既要"养"更要"育"，但有效掌握批评教育的技巧又常成为家庭教育的第二大困境。

案例 10-2

闽北一女生，家庭经济宽裕，在家中因被父亲责骂后，用头猛击墙，造成昏迷。经调查：该女生性格孤僻、内向清高，因学习成绩急速下滑，又和同学吵架。老师家访，父亲听后勃然大怒，对孩子破口大骂，从而伤害了孩子的自尊心，造成了无法弥补的过失。[①]

不当的批评方式会伤害孩子的自尊心，而缺乏自尊心的孩子则极难建立积极自我的形象。在中学阶段，家长不当的批评教育方式一旦与叛逆期孩子的特殊心理状态狭路相逢而导致的极端事件已不胜枚举。常见的不恰当批评方式主要有：

（1）贴标签

典型用语："又是不及格，我看你就根本没花心思读书，你就继续混日子吧！"孩子的反应是不及格我也很难受，但是怎么能说我就是在混日子呢？只有考分才能证明我学习的努力程度吗？到底我哪里做错了，你给我扣这样的帽子？

用贴标签的方式来强迫孩子改变行为，如果是外向型的孩子，尚会与家长进行互动，"顶嘴"、"叛逆"这些形式上的与家长冲突，实质上为了给自己争取被理解的机会。而如果是内向型的孩子，家长把错误"上纲上线"，很容易把孩子推向实质性犯错的道路。因此，家长的主观定论，不但不会让孩子及时纠正错误，反而会让彼此失去构建良好信任关系的机会。

（2）翻旧账

典型用语："我早就告诉过你不要这样……"、"上次那件事儿，我就说过了，你就是不长记性……"。孩子的反应是，把多少年来我的不是全搬了出来，你就没有犯过错误？

动辄翻旧账，这几乎是孩子们最反感的教育方式。它容易伤害子女的自尊心，会

---

① 黄建忠. 如何做好家庭教育中的批评艺术［EB/OL］. http://www. 360doc. com/content/13/0319/15/9437311_272480489. shtml.

让子女感觉在父母面前永远无法翻身,陷入自我否定、自我怀疑的困境,丧失自信心。同时,一个缺点连着一个缺点地批,也容易让批评失去重点,不仅会激起孩子的对立情绪,也可能造成因批评指向性不明而带来的批评无效。

（3）说反话

典型用语:"有本事,你就离家出走试试……"、"那你就别写作业了……"。孩子的反应是,为了证明我有本事,我是不是就该离家出走呢? 我是不是该听爸妈的话,不写作业呢?

反着说话,对孩子的杀伤力比"翻旧账"还要严重。因为反话对一些孩子来说,会对父母的行为和语言间的矛盾无从理解,进而对与父母的有效沟通造成障碍,降低亲子关系中的安全感。而对一些孩子来说,明白父母话语的真实含义,偶尔会有威慑的作用,长期使用,会让孩子产生抗药性,最终很可能激怒孩子,造成事实性的后果。

（4）做比较

典型用语:"看看人家谁谁谁,人家干什么都比你干得好,再看看你……"。孩子的反应是,真想成为别人家的孩子。

很多父母爱拿"别人家的孩子"来比较,目的是为了让自己的孩子知耻而后勇,但事实上,往往是不仅没起到激励作用,反而让自己的孩子知不足而不前了,甚至有的还会影响孩子对父母的信任感。其实,叛逆青春期经常做出一些与众不同的事情,那是进一步的自我认知,从童年自我认识的模糊意识向明确的社会角色转换和过渡期间,如果家长反复拿"别人家的孩子"——这个泛个性的优点集合体来指导他/她,孩子必然会迷失方向。

3. 该不该红白脸分工?

中国有句古话叫"严父慈母",很多家庭至今还沿袭着这一传统,父亲和母亲,在教育孩子方面,一个唱白脸,一个唱红脸。美国作家巴德·舒尔伯格著有《精彩极了和糟糕透了》一文,更让我们领略到,即使东西方教育有不少差距,但父母教育分工的问题上,彼此有着惊人的相似之处。

确实,批评与赏识是孩子成长的两翼,需要两者兼顾、不可偏废。尤其,批评这一教育行为,短期内对亲子关系更多的是破坏性的,孩子犯错后,情绪往往会比较低落,自信心也会不足,所以,父母在批评孩子后,无论是语言还是行为上,如能及时给孩子一些心理上的安慰,有利于构建良性互动的亲子关系。此外,在实施批评教育的过程中,不免会出现错误批评或批评过重等现象,负责扮演红脸角色的家长能很好地起到补位作用,从这个意义上而言,红白脸分工更是十分必要的。

但是,家长们同时困惑的是:这会不会陷入家庭教育不一致的深渊。因为当孩子犯错后,精神"避难所"的存在,会让他们变得肆无忌惮、有恃无恐,而他们所想的将不再是如何去认识和改正错误。当今社会,生养分离、独生子女等特殊时代背景,造成这样的不一致已不仅仅局限于父母两人,还包括爷爷奶奶、姥姥姥爷等祖辈。

案例 10 - 3

假期里,把孩子的爷爷奶奶接来家里住。一天早上,孩子一起床就要玩电脑。我没同意:"作业做完了吗? 做完作业再玩电脑,再说电脑玩多了伤眼睛。"孩子则气呼呼地说:"放假都不让我休息会儿,我玩一会儿就会做作业的。"两人争执不下,一旁的奶奶出来维和:"就玩一会儿么,等等做作业也不迟。"想到婆婆好不容易来一回,我嘴边的话又憋回去了,可是想想老人这么护着孩子,这个寒假,孩子岂不是都要在玩乐中度过了?

案例中的故事在不少家庭上演着。有些家庭还会出现父母、祖辈间在其他方面的不一致或冲突延伸到子女教育中来的现象,这种不一致造成的不良后果影响更大。

鉴于此,有不少家长认同这样的观点:家庭成员一定要旗帜鲜明,保持高度一致,形成"统一战线",才能为孩子成长构建起一个健康成长的环境。

其次,古话说"子不教,父之过",但自古以来,父亲在家庭教育中多数是缺失的,父亲在家庭教育中"若隐若现"。如今,巨大的生存压力,让父亲们以"男主外女主内"为由,放弃了家庭教育的阵地,而母亲则用高度的热情去填补,甚至出现了"严母慈父"的格局。这样的错位与颠倒,使母亲把太多注意力放到孩子身上,使得家庭的等腰三角形关系遭到破坏,使孩子的发展偏离了正常轨道。家庭是一个舞台,每个成员扮演着不同的角色。

当然,无论是严父慈母,还是严母慈父,在中学阶段,"人情世故通达"的孩子也能慢慢体会出家长这一分工模式背后的用意,从而加剧批评失效的现象,这也常常会让家长们感慨"老革命遇上新问题,原有的招数不管用了"。

二、家庭教育中批评困境的原因

当今社会,对父母素质的要求从来没有被提到如此重要的地位,令人忧虑的现实是,在我国与家庭教育相关的社会、家庭、个体等三方面的因素都在发生着动荡和变化,这些变化使得批评教育在家庭中实施时陷入重重困境。导致家庭教育困境的三因素变化具体表现为:

1. 社会因素

黄河清教授在《失重的家教——试论家庭教育相关因素的嬗变及家庭教育的困境》一文中分析家庭教育出现空前困境的原因,首先讲到经济发展对家庭教育功能弱化的影响。19世纪以后,随着现代学校教育制度的建立,家庭的教育职能开始弱化,学校成为整个教育系统的核心。长期以来,人们形成了这样一个观念,即教育等同于学校教育。

当前中国社会正处于急速转型期。市场经济的逐步发展,使得城市家庭的生活压力大增,紧张忙碌的工作客观上使家长们缩短了家庭育人的时间。在农村,因为城市化进程的加快,大量的农民工涌入城市,但由于经济能力有限和城市制度的排斥,留守儿童的教育只能留给祖辈,家长变相地放弃了家庭教育的育人功能,使农村孩子的家庭教育严重缺失。

与此同时,社会转型带来了社会文化的变迁。一系列的社会失范问题,冲击着人们的世界观、人生观和价值观,使两代人之间价值观上出现更加明显的差异。随着改革开放,社会由封闭转向开放,国际上的文化经济交流使国外的一些思想观念闯入国门,冲击着我们的传统观念。在一切都是多元的、多重标准,一切都处于快节奏变革的年代里,家庭、学校、社会等环境的变化更加剧了青少年学生价值观念的混乱,加之社会上的一些消极现象迎合了他们猎奇的心态,由此导致学生世界观、价值观的不稳定性加剧。对此,父母也往往是同样的迷茫,一方面他们受到传统文化较深的影响,另一方面又无法避免现有社会四面八方的冲击,其本身的观念往往会出现不连续的甚至矛盾的分歧,更毋庸说能对青少年进行有说服力的指导。因此,客观存在的代际差异,在目前最为突出。

再者,中国传统文化认为家长的权威神圣不可侵犯。"君君臣臣、父父子子""父为子纲"等传统观念,已积淀成为了人们的一种心理文化定势。但是在现代社会里,父母的权威已随着社会文化的变迁而动摇。随着科技和现代媒介的发展,使父母在文化知识的占有上不再是孩子心目中的绝对权威,父母已不再是孩子最主要的知识传递者,家庭中单一的后代人必须向老年人学习才能生存的"前喻文化"模式已不复存在。并且,长辈反过来向晚辈学习文化的"后喻文化"模式也已屡屡发生。"前喻文化"与"后喻文化"知识传递模式的存在也削弱了父母的权威地位①。

以上这些社会因素都在家庭教育上留下了深深的烙印。显然,家庭教育尽管还在履行其不可替代的天然职责,但社会教育已经在很多方面影响了青少年的健康成长,致使家庭教育的重要性与窘迫性并存。

2. 家庭因素

伴随着中国社会已经或正在发生的深刻变革,引起家庭结构的一系列变化,这也导致了实施批评教育的困境。

(1) 家庭结构变化之一是家庭规模趋小。

国家统计局人口和社会科技司 2001 年编制的《中国人口统计年鉴》中显示:中国的平均家庭规模由 1982 年的 4. 41 人②,降至 1990 年的 3. 96 人,再降至 2000 年的3. 44人。而根据中华人民共和国国家统计局官网显示的 2010 年第六次全国人口普查主要数据公报(第 1 号):大陆 31 个省、自治区、直辖市平均每个家庭户的人口为 3. 10 人,比2000 年第五次全国人口普查的 3. 44 人又减少 0. 34 人。

中国社会科学院人口与劳动经济研究所研究员王跃生通过对 2000 年第五次全国人口普查长表进行 1％抽样,就已经显示出三人户在这类核心家庭中占 54. 36％。第六次人口普查相应的直接数据虽尚未呈现,但通过平均家庭规模人数的下降,不难发现由夫妇与子女组成的核心家庭比重是在不断提高。

从上海一个城市来看,1993 年上海的核心家庭占家庭总数的 49. 12％,到了 1997年这个数字就增加到 71. 88％。通过第六次人口普查,上海市平均每个家庭户的人口为 2. 49 人,比"五普"的 2. 79 人减少 0. 3 人,家庭户规模持续缩小,三人户或二人户的家庭户规模已经成为本市家庭户的主体。

这些数据都在直观地显示着,目前,中国家庭结构日趋小型化,包括独生子女家庭在内的核心家庭正成为家庭结构模式主流。

核心家庭出现后,很容易使得教育经验出现真空的现象。具体而言,在以往几代同居的家庭模式中,祖辈或者联合型的家庭中先为父母的同辈都可将自己的教养经验传递、分享给年轻的父母,但在现今的核心家庭中,这些初为人父、人母的年轻人却成为了孤立的教养、教育者,他们缺乏教育子女的经验,很难从自己的父母或他人处得到

① "逆反心理"[EB/OL]. http://baike. baidu. com/view/54004. htm.
② 中国社会科学院人口研究中心. 中国人口年鉴(1985)[M]. 北京:中国社会科学出版社,1986.

经验,这种情况在城市尤为突出。缺乏教育的经验,往往会导致一个奇怪的家庭教育循环,一方面家长们极力地希望纠正甚至摆脱自己在孩提时代受到的家庭教育模式,另一方面却又有意无意地在复制自己父母辈的经验。

其次,家庭结构趋小对家庭教育的又一个影响是造成了生养分离的现状。

现代生活高效率、快节奏,使得很多事业型的家长苦于事业与家庭不能两全,不得不采取委托的方法,把孩子托付给保姆、白发双亲或亲戚,对子女教育,甚至共同生活的少,一手交他人,一手交学校的"双脱手"的现象严重。而其中隔代教育的再度兴盛,日渐成为一种普遍现象。

据中国老龄科研中心对全国城乡 20083 位老人的调查,照看孙辈的老人占了66.47%,隔代抚养孙辈的女性老人在城乡更是分别高达 71.95% 和 73.45%。[①] 相比亲子教育,隔代教育具备有时间、精力等各方面优势,但大多数老人对孩子几乎是百依百顺,无原则地满足孩子各方面的需求,而一旦因为祖辈与父母之间观念、方法等出现分歧,父母将直面批评的困境,无法有效实施开展批评教育是很多家庭中遭遇的常态问题。

第三,家庭结构趋小,使青少年更多的受同辈群体影响。

朋辈群体是一个人成长发展的重要环境因素,尤其是在青少年时期,朋辈群体的影响日趋重要,甚至可能超过父母和教师的影响。而在核心家庭中,缺少了兄弟姊妹的影响,"使得独生子女的孩子在家庭中相对较少有情感上的支持,而相对较早地有精神上的独立,而这种精神上的独立使儿童多方寻求摆脱父母的影响"。他们更关注自己在朋辈群体中的形象和待遇,更多向朋辈寻求情感上的认同与支撑。随着同辈群体的出现,乃至青少年亚文化的形成,家庭教育中要实施批评教育就显得举步维艰。

随着社会经济成分、组织形式、就业方式和分配方式的多样化发展,家庭结构还呈现出日趋多元化的特征,出现了单亲家庭、留守家庭等多种类型的家庭。

目前全国约有上千万的单亲孩子,并且每年以 50 万到 60 万的数量递增。父母的离异对孩子的心理、身体、学习、行为和人际交往都会造成不同程度的影响和伤害。而离婚后再组合家庭的复杂家庭结构,也都加重了家庭教育的困境。

原全国妇联主席顾秀莲曾说:"家庭多元化使一些父母疏于对孩子的呵护和管理,缺乏与孩子的沟通与交流,有的父母甚至放弃对子女抚养教育的义务,使这些孩子缺

---

① 竺波.刘越.薛云,祖辈心理健康教育观与教育方式的实证研究[J].早期教育(教师版),2010(3).

少父母的情感和心理关怀,在身体发育和人身安全等方面缺乏照顾和保护。"

3. 学校因素

苏联教育家苏霍姆林斯基说:"学校和家庭教育是一对教育者,两个教育者,不仅要一致行动,要向儿童提出同样的要求,而且要志同道合,抱着一致的信念,始终从同样的原则出发,无论在教育的目的上、过程上,还是手段上,都不要发生分歧。"

但是,"5 + 2 = 0"这个著名而奇怪的加法运算,成为教师批评家庭教育副作用的常用工具。学生一周内有五天在学校生活、学习,双休日在家里度过,学校教育与家庭教育的作用相互抵销,教师和家长的努力都白费了,出现零的结果。在教师看来,"2"等于"- 5",但在家长看来,也许是"5"等于"- 2"。对同一个等式的两种不同解释,反映出学校教育与家庭教育的尖锐对立。事实上,"5 + 2 = 0"不应该是任何一方单方面的责任,教师和家长之间缺乏互信,才是产生这个尴尬等式的深层次原因。①

家长与学校之间正常的联系因缺少制度化的保障,而流于表面,缺少实质性的沟通和交往等,也是导致家庭中难以实施有效批评教育的原因之一。

4. 个体因素

家长的文化程度、自身的修养、家庭亲子关系程度等也都很大程度上制约着家庭教育中批评的运用。一旦要实施批评教育要有较多情感铺垫,从而不至于导致激烈的对立情绪出现。与此相反的是家长们因生活工作压力大缺乏精力、家庭教育知识素养欠缺、观念误区和不良情绪等,很容易在家庭教育中出现过高期望、过分溺爱、过度放任、过度自我、家长强权等现象。

同时,青少年学生主体意识的觉醒,日益产生尊重意识并渴望得到尊重。然而这一要求在传统家庭关系中却得不到满足,部分子女开始挑战父母的权威,由此家庭关系呈对立化倾向。

进入中学阶段的孩子具备提出假设并检验假设的能力,能够进行脱离具体思维内容的形式逻辑推理,即进入抽象逻辑思维阶段。简单说,孩子开始可以完全理解成人世界的"大道理",因此,对于出现严重错误行为,家长不能视而不见。但这同时也意味着孩子的各种诡辩会成为家长与孩子实施批评教育中不断遭遇的难题。

所以,家长们平时要注意加强与子女的心灵沟通,如倾听孩子的见解,给孩子一个平等的发言权,充满慈爱和尊重,形成良好的亲子关系,都将大大有利于批评教育的

① 董怀清.德育,与家长同行——以湖南省华容县第一中学为例[J].当代教育论坛,2006(18).

实施。

第二节 家庭教育之批评教育策略

批评、惩罚是教育离不开的一种手段,不同的人对受到的批评会产生完全不同的反应。家长们存对心、说对话、做对事很关键,这些都能积极有效创设良好的家庭教育生态环境,为批评教育实施提供良好的基础条件。

一、计划好批评的定位

"不让孩子输在起跑线上"、"力保孩子永当得分高手"……这些几乎已成为很多家庭的共识。这样的家庭教育文化,首先让家庭教育生态严重恶化,继而影响着学校教育生态和社会教育生态。家长自己充当家庭教师,给孩子加班加点者有之;请任课老师为孩子开小灶者有之;不惜重金将孩子送进校外培训机构者有之。为了孩子的分数,家长千方百计择校、择班,一旦某教师教学有所闪失,家长便到学校问罪,导致教师、学校对分数的关注也逐渐异化。①

在重压之下,中学阶段学习问题更加突出,亲子矛盾越来越多。矛盾多点爆发,主要反映在孩子极端行为增多,网络沉溺、交往问题突出,早恋(甚至是性行为)锐增。这些问题已经越过了家长的价值底线,由此导致各种程度不一的批评教育成为了家常便饭。

而科学的定位恰恰在于,父母要善于去发现孩子的特点,依循自己孩子的个性、长处,尊重孩子的意愿,支持、鼓励其独立自主地做事,引导孩子根据兴趣爱好,找到适合自己的定位。

因此,在实施批评教育时,家长一定要存对心。卢梭说过:"我们不能为了惩罚孩子而惩罚孩子,应该使他们觉得这些惩罚正是他们不良行为的自然结果。"

案例 10 - 4

进入高中后,为了兑现之前考入高中就买部新手机的承诺,女儿获得了自己心仪已久的当时最新款的诺基亚手机。为了专心学业,我们和她约定:手机限时

---

① 中国教育报 2012 年 7 月 10 日。热点大家谈·减负(讨论篇之七)

使用。周一到周四手机放妈妈那里，周末、假期可以放在她身边。

时间悄然进入了高一第二学期，一个工作日的晚上，女儿照常在房间做作业，我无意间打开平时放女儿手机的抽屉，发现手机不见了。当时我很诧异，转而又怒火中烧：肯定是女儿偷偷拿了手机，而且不知是第几次了。正想冲她发飙，但又想到女儿已经长大，再使用这种粗暴的方法或许会伤害孩子的自尊。于是我立马走进她房间。一般情况下，在女儿作业时我们较少进房间，以免打扰她。

我若无其事地让女儿停下作业，说有事要聊。我先问问她最近的一些情况，她都如实作答了。然后我严肃地叫她把手机拿出来给我。她首先一怔，继而低下了头。看到她这样，我就开始批评她：一直对你说的，做人第一，学习第二。要用手机可以说，偶尔多用也不是不可以，为什么要用这种方式让父母伤心？看我生气了，她的头更低了。接着我继续批评她一通后问她该怎么处理这件事？她说听我的。于是我提出：每周减少使用手机一天，周六、周日可以用。如再发生此类现象，手机停用。如有异议，可以拿充足的理由向我提出申诉。

事情就这样过去了，在后半学期的表现中，她严格遵守了我的要求。看她表现较好，我们也就恢复了之前的使用手机的约定。（手机风波　学生家长：俞梅撰稿）

案例中的家长面对手机风波，虽然最初使用手机的约定是出于"专心学业"的要求，但在操作中，遇到女儿的违约现象并没有立即将之与学业相关联，而是说"做人第一，学习第二"，以信守承诺这样的教育价值观为衡量标准，不仅避免了冲突加剧，更为孩子今后更好地成长打下人格基石。

父母要清楚地认识到，孩子的成长过程也是不断纠错的过程，很多时候错误也是一种资源，批评、惩罚不是目的，只是一种教育手段。作为家长要用耐心、细心去为自己的孩子找到一个适合的生态位，要"多给予孩子鼓励，帮助孩子认识自我，肯定自我，树立自我，相信自我，最终完善自我、超越自我"。

二、把握好批评的尺度

人们把在众多的环境因素中任何接近或超过某种生物的耐受性极限而阻止其生存、生长、繁殖或扩张的因素，都叫限制因子。同样的道理，在教育中，超过或低于孩子的耐受范围的影响孩子发展的要素，都可以称为限制因子。具体落实在家庭教育中，这些限制因子有时候表现为急风暴雨式的责骂,超出了孩子的耐受范围;有时候表现为言行不一的说教,低于孩子的耐受范围。因此,发现和解决限制因子,才能促使批评教育效果最大化。

1. 说对话,创造良好的语言环境

费斯廷格的认知不协调理论认为,惩罚的强度达到刚能唤起所需要的行为和阻止不需要的行为而又消除不协调时是最理想的。因此,批评教育的语言不应该只有否定、负面的字眼,恰恰相反,积极的语言能为自己,也能为孩子带来愉快体验和愉快情绪,使孩子感受到父母的关爱与宽容,能在快乐中接收批评劝告,避免直接的心理冲突。

积极语言模式层次水平如下:①

层次	示　例	特　征	归因
总说	我同意,我欣赏,我尊重,我期待,我相信,我理解,有道理,有新意,有收获,有希望,有提高,有进步,是有原因的	正向肯定,提出指向未来的建议和有目标效果的行为(理想状态)	激励、引导、自我实现
多说	行,好,是,对,可以,试试,能做,想干,做得了,会成功	先正向肯定,再指出"NO"的原因,提出建议,让人感到有希望	认可、肯定、尊重
少说	不行,不好,不是,不对,别动,没长性,没出息,不努力,不认真,不专心,不争气,不求上进,没救了,不理想,不能做,不想干,不愿意,做不了,都不会	"NO"语言,否定他人	不相信他人
不说	讨厌,淘气,捣乱,烦人,罚站(抄),累人,笨,傻,蠢,差,窝囊,马虎,浮躁,骗人,撒谎,蔫坏,让人失望,老失败,拖后腿,很糟糕	负向肯定	降低自尊
禁说	混蛋、滚出去,不要脸,让警察抓你,抽你,打死你,不要你了,都不理你	恶语	剥夺爱和归属

心理实验研究表明,人们喜欢那些对他们的喜欢不断增加的人,最不喜欢那些对他们的喜欢不断减少的人;一个对人们的喜欢逐渐增加的人,比一贯喜欢人们的人更

① 陈虹.给老师的101条积极心理学建议[M].南京:南京师范大学出版社,2012.

令人喜欢。心理学家阿伦森把这种心理现象称为"增减效应"。家长在批评孩子之前可先进行自我批评。如：这事也不全怪你，妈妈也有责任；只怪爸爸平时工作太忙，对你不够关心等等，会让家长和孩子的心理距离一下子拉得很近，会让孩子更乐意接受父母的批评。

2. 做对事，形成良好的心理环境

良好的家庭心理环境的主要标志是：彼此互相理解、关心、爱护和尊重；家庭主要成员有安全感、幸福感等等。美国的斯基尔斯等人曾做过一个有名的试验，他们将难以得到成人之爱的孤儿院中一部分智力落后的幼儿，送进一个低能妇女收容所，经过那些低能妇女两年多的爱抚和护理，这些幼儿的智商都有了很明显的提高；而那些仍然留在孤儿院内的智力落后的幼儿，其智商则有不同程度的下降。可见，家庭中爱的气氛是儿童身心健康发展的高效营养剂。

李开复先生介绍教子经时说，考虑孩子的时候，我最多百分之三的时间在考虑纪律与处罚，百分之九十七的时间与孩子作朋友。批评教育从孩子的心理来说，必然是一种消极的刺激，因此，没有良好的家庭心理环境做支持，任何批评教育都势必引起孩子的反感和抵触，只是不同性格的孩子会以不同形式表现罢了。而朋友般的亲子关系是家庭良好心理环境的最佳途径，与子女做朋友是家庭教育中的最高原则。随着孩子的成长，不少家长也深刻感受到：与孩子交友，有了共同语言，能有助于良好家庭心理环境的构建，在开展批评教育时，孩子的防御、抵触心理下降，沟通就会更顺畅。

所谓身教胜于言传，言行一致才能收获最佳批评效果。"从小学高年级开始，大多数孩子进入一个特殊的用各种方式挑战父母的阶段。他们可能刻意不效仿父母的正面行为，而热衷于效仿父母的负面行为。另外一些心智比较成熟的孩子，会在挑父母的毛病中，提醒自己不要重复父母的失败，从而成长迅速。两种情况同样令父母极度沮丧。前者使父母觉得自己失去了自由，后者令父母感到自己在孩子面前失去了尊严和权威。这样一种特殊的"榜样"力量，要求家长们在实施批评前，不得不先做到以身作则，不然，家长的言行不一，很容易招来孩子的质疑之声。

第十一章　批评教育与学校伦理

在教育领域,围绕批评教育展开的一些理论探索与教育实践,也使我们相信,批评教育不仅仅是教育的一种手段,也是当代教育一场关于意义的追寻。这种意义的分析,需要基于多元的视角,尤其是不能忽视伦理的关注。本章以学校伦理的视角审视批评教育的问题。

第一节　学校发展的伦理视角

论及学校的发展,就当前国内基础教育学校发展来看,卓越发展、特色发展、和谐发展已然成为学校发展的三大主流方向。但是,也有研究者从伦理学的视角切入,提出了学校发展的伦理审视和伦理改造问题,在此基础上,进一步提出学校的伦理发展这个直接叩问教育本质的课题。

一、学校发展的伦理要求

学校的育人使命和特性决定了学校发展必须以伦理为基础,这是各种发展理念能够具有长久生命力的前提。如果从历史的眼光看,伦理发展本身也可以作为一种独立的发展理念,影响一所学校的发展。"伦"即"辈","理"即条理,"伦理"扼要说来就是做人的基本道理。[①]

一般认为,所谓伦理,就是指在处理人与人,人与社会相互关系时应遵循的道理和准则。有研究者提出,伦理讨论的是一种准则、规范,这种准则、规范只存在于人类社

---

① 贾馥铭.教育伦理学[M].南京:江苏教育出版社,2008.

会的范畴之中并以各种社会关系的形式表现出来,道德是其内在的规定性,行为是价值评判的依据和尺度。

更有研究者从价值理性和工具理性应当统一于人类的社会实践这一基本立场出发,结合当前我国基础教育中面临的工具理性严重遮蔽了价值理性这一现状,提出学校应当坚守教育的伦理属性(本质),并通过对学校管理各主要领域的伦理审视和伦理改造进而实现学校的伦理发展这一学术主张。

在论及"伦理发展"的本质属性时,学校的"伦理发展"首先应当是一种建筑在对人的本质关怀上的发展,其次是一种着眼于帮助受教育者突破现实困境的发展,第三是对教育权利的重新审视为前提的发展。

伦理发展在学校发展路向问题上为我们提供了一种新的思维。这种思维的主要特征体现在三个方面。

1. 关切教育人道,反对一切基于非人道的教育行为

人道有仁慈、关爱之意,它是一个伦理概念。有学者强调,"教育实践本身便是人道的最好体现,而且,是一种'作为性'的积极的人道实践"。[①] 这里的"作为性",我们理解它不仅是一种认知层面的深化,更是这种认知在教育实践层面创造性地运用和升华。这种"作为性"的人道实践将"帮助和促进人的精神的圆满发展,也就是说,教育行动自身的终极善就是促进心灵的丰盈和健全。这是教育的终极目的"。[②]

"作为性"人道实践的前提是教育实践必须坚持伦理立场,体现对人的本质关怀。我们认为,如果放弃或者动摇了伦理的立场,这种实践很可能演化为乱作为。例如,不少学校通常以"人性恶"作为基本假设,他们从这一假设出发,认为对学生严加束缚、管教乃至压抑"人"而达到理想的"人",这是教育人道的根本体现。于是,在学校里这个不许、那个不准就多如牛毛,学生稍有违犯,轻则受教师的斥责,重则被学校严加处分。就像我们自己在学校里曾经经历过的一样。这种逻辑似乎天然就是合理的、应然的。实际上,这种思维的逻辑前提是颇具争议的"人性恶",以此为前提的"作为"必然会导致教育中的伦理危机。同时,这种思维逻辑的基础是以目的体现教育人道,就是相信"自身为恶而结果为善,并且结果与自身的善恶相减的净余额是善的东西",[③]可是非常

---

① 钱焕琦.教育伦理学[M].南京:南京师范大学出版社,2009.
② 金生鈜.教育的终极善[J].江苏教育(教育管理版),2010(9).
③ 王海明.新伦理学[M].北京:商务印书馆,2001.

遗憾,这种期望中的"净余额"却并非一定是正值,事实上,"净余额"为负值的并不在少数。由此,我们认为以目的体现教育人道实际上是非人道的,至少其伦理性是存疑的,建立在这个立场上的"作为性"充满着伦理风险。因此,伦理发展的首要特征就是坚定地反对基于非人道立场的教育行为。

2. 关心教育的派生功能,以人文情怀关照学生的困境

有人认为,教育的功能表现在两个方面,即本体功能和派生功能。教育的派生功能就是教育的实用功能,它是功利的、当下的、实然的。学校教育要彰显对人的本质关怀,这是学校伦理发展的一个方面;另一方面,学校教育也要着眼受教育者的现实困境并帮助他们最终突破这一困境。

如果一种教育在人的本质关怀问题上存在缺失,这种教育就一定是背离了教育人道的要求。同时,如果这种教育就此止步,即学校教育对学生的现实需求无动于衷或者应对乏力,那么也就很难让这种教育与学校伦理发展划上等号。在这里,前者强调的是教育的本体功能,而后者强调的则是教育的派生功能。从思维方法上说,就是要求我们运用辩证思维,充分认识到教育的本体功能和派生功能是相互联系、相互依存的,教育的派生功能只有在本体功能得到充分体现的前提下才具有价值,同时,教育的本体功能也因为派生功能的落实而得到放大。一味强调教育本体功能而排斥教育的派生功能,将使教育的本体功能最终沦为乌托邦。

教育的派生功能与帮助学生突破现实困境密切相关。但是,对待学生所面对的现实困境,我们在思维方式上一般会采用撇清责任或者选择性干预两种错误的思路。所谓撇清责任,就是在分析了这种现实困境的由来以后,特别是觉察到这种困境与自身行为关系不大的时候,我们通常采取指责、抨击造成这种困境的责任方的办法来加以切割。例如,高中数学教师就通常把造成学生学业困难的演算能力差的原因归咎于初中甚至小学教学的问题,这样自己在学生学业表现上的责任就消除了。所谓选择性干预,就是观察到学生的现实困境中有一部分与自己的切身利益相关,于是就花费一些精力对此进行教育干预,特殊情形下,这种干预的力度甚至可以达到无以复加的程度。

无论是撇清责任还是选择性干预,都是对学生现实困境上缺乏伦理关怀的表现。我们认为,必须以悲悯的教育情怀对待学生面对的种种现实困境,就是在思维的方法上要以历史的、发展的思维方式去认识教师的责任、学校的责任,赋予教师和学校以合乎伦理的形象。

3. 关注学生权利的实现,保证学校改革与发展的道德性

现代公民社会的一个重要标志是保障个人权利。以公民教育为己任的学校必须对学生权利的实现予以高度重视,因为权利本身提供了一种教化条件。个人权利能够给予个体塑造自己的机会,提供认识自我、治理自我的机会和际遇,给人的自我创造或自我实现提供动力,从而能够在自我引导中使才智和品格得以提升和拓展。基本权利的实现是造就良好个体的核心条件。

学校的改革与发展最终是以学生的发展为旨归。学生的权利在学校改革与发展过程中被关注以及最终实现的程度是检验这种改革与发展是否道德的重要尺度。伦理发展在思维特性上坚持将学生的权利及其实现放在优先的位置上,任何无视或者侵害学生正当、合法权利的行为,无论其扯着什么旗号、披着什么外衣,都不能掩盖其非道德的本质。

例如,许多学校基于"预学突破"与"有效教学"之间的高相关,大量布置预习作业。表面上看这样做既符合学习规律又不增加书面作业量,符合文件规定,但是,实际上学生的学习负担还是加重了。有鉴于此,一位著名的校长就明确提出,学生的预习作业,不管是口头作业还是书面作业,都应归入学生当天的作业量。只有如此,才能真正地保证学生休息权、发展权。因此,改革、发展的道德性不能只看结果,不看过程,不能只看规律性,还要考察学生权利实现状况。这就是伦理发展不同于其他发展理念的独特思路。

牢牢把握上述三个方面的特征,学校发展才能呈现出合乎伦理发展要求的状态。这条路很光明,但又可能比较曲折,它需要面对各种干扰因素。

二、学校发展的伦理建设

通过上面的讨论,可以发现伦理发展对于学校发展而言不仅重要而且十分紧迫。但是,要在功利、浮躁的现实环境中推动这种发展,目前确实还存在许多障碍。必须以巨大的理论勇气、文化自觉、实践智慧努力破除阻碍这种发展的樊篱,消除各种干扰因素。

1. 构筑利益共同体,强化学生权益

按照马克思的观点,"每一个社会的经济关系首先是作为利益表现出来的"①,钱焕

---

① 马克思,恩格斯. 马克思恩格斯选集(第 2 卷)[M]. 北京:人民出版社,1995.

琦指出"利益是伦理关系的基础,各种道德现象和道德活动也都是基于利益的冲突而产生的"。① 从学校伦理发展的视角看,利益以及围绕利益问题形成的各种关系及其协调策略对学校发展起到十分关键的作用。

在现实的学校生活中,虽然我们一再强调"以学生发展为本"的理念,但是,当学生的利益与教师的利益、学校的利益出现冲突的时候,却经常选择牺牲学生的利益。例如,学生迟到要受到教师的斥责,而教师习惯性的拖堂却得不到有力的制止。其背后的逻辑是:教师的教学权优先于学生的休息权。再如,不少学校在选修课开设问题上规定选报某门课程的学生数低于若干人,则该门课程就暂不开设,已经选报的学生必须另选其他课程。这种规定看似合理(人数过少会浪费教师资源,增加办学成本),但由于其对学校一方利益片面照顾而忽视对学生利益的保护这个本质,因而不可避免地遭到来自学生的强烈质疑。

不能准确地辨明学生的利益所在,缺乏利益让渡的自觉,在复杂的利益冲突面前拿不出有效的应对策略,这是当前干扰学校实现伦理发展的一大因素。为此,学校有必要在利益确认、利益平衡和收益评估等方面作出积极的探索。所谓利益的确认,就是对利益的真伪、价值进行必要的评估并作出结论,以使后续利益平衡工作免受非核心利益甚至是"伪"利益的干扰。利益平衡就是综合运用底线技术、求同技术、留白技术实现利益各方的平衡,或者叫"利益最大公约数的求得"。收益评估就是在进行了利益的平衡之后,需要对学校发展、师生发展的状况作出效用意义和伦理意义的评价。一般而言,通过上述三个方面的努力,就能围绕利益这个核心在学校教育有关各方之间形成一个利益共同体,这个共同体在不断强化学生权益的同时,也能推动学校向伦理发展的方向迈出一大步。

2. 抓住善恶矛盾,彰显教育情怀

有学者认为,善恶矛盾在教育领域普遍存在,在教育发展的历史长河中,教育一刻也没有摆脱善恶矛盾,过去有,现在有,将来仍然有。教育的各个方面,谁也摆脱不了善恶矛盾的纠缠;与教育有关系的各种人也有善恶之别。因此,教育伦理学就是善恶之学。② 善恶矛盾是讨论学校伦理发展问题的重要方面。说它重要,不仅是因为它"普遍存在",而且在很多情况下这个矛盾非但没有引起足够的重视甚至经常被毫无征兆

---

① 钱焕琦.教育伦理学[M].南京:南京师范大学出版社,2009.
② 王本陆.关于教育伦理学研究对象的思考[J].教育研究,1995(3).

地激化了。不少学校就是在这样的情况下被推上了舆论的风口浪尖。

学校教育中的善恶矛盾主要表现在动机和结果、过程和目标、内容和形式等诸多关系的处理上。从动机和结果的关系上看，许多设想动机是"善"的，但是由于这些设想脱离了学生的实际或者违背了教育规律，导致结果是"恶"的。譬如，不少学校出于维护教育教学秩序、保证学生身心健康的考虑，禁止学生在校期间或者在教学区使用手机，这样做的动机肯定是"善"的，至少不是存有主观恶意的，但是，它却招致学生的强烈反对，客观上疏远了学生和学校之间感情的距离。为了一部手机，师生之间的矛盾冲突不断被激化，甚至还导致一些校园悲剧的发生。

从过程和目标的关系上看，诸多教育目标是"善"的，但为了高效达成这些目标，在教育过程中又充斥着效用思维、工程思维，也即功利性、经济性为主导的工具理性，忽略甚至放弃了教育过程中应当秉持的价值理性，结果是人文精神失落、教育立场移位、价值尺度扭曲。

例如，为提高学业质量，不少教师采取拔高教学要求、加班加点的手段，在这些教师看来，虽然教学要求对学生而言是拔高了，而事实上它也给学生带来沉重的学习负担，但是他们固执地认为这是学生必须付出的代价。在潜意识中，这些教师相信，从目的角度看，这是一种"必要的恶"。

从内容和形式的关系上看，除了特定环境条件下的一些教育内容之外，学校安排的绝大多数教育内容都是符合"善"的标准的，但是这些教育内容如果不是通过恰当的形式去实现，甚至出现"坏和尚把好经念歪"的情况。教育中的善恶矛盾便会强烈地爆发出来。举例来说，加强学生的行为规范教育是学校教育中的重要内容，但不少学校迷信权威思维、依赖规训手段实施所谓的教育，表面上似乎收效明显，实际上由于其缺乏对人性的关照、缺少必要的沟通对话，在不断累积风险的同时，也受到公众的强烈质疑甚至是批判。

教育是做善事的，教育的情怀理应是博大的。若要实现教育的宏大情怀，抓住教育中的善恶矛盾是一个关键。首先，在教育价值目标上要确立崇善原则。主要途径是三个"统一"：把人的全面发展和个性发展统一在终极的教育目标中；把真、善、美统一在具体的教育目标中；把社会性素质发展统一在教育目标中。其次，要在教育实施过程中落实向善的要求。在教育过程中落实"向善"的要求，必须积极倡导并坚持开展价值行动。教师是学校开展价值行动的主体。学校在开展以"向善"为要求的价值行动中必须突出解决教师的"眼光"问题。教师育人的"眼光"决定了学校在"向善"的道路上能够走得多远。通俗点说，就是教师在教育教学过程中不能患上"远视"、"近视"、"弱视"、"斜视"等极易导致行为失当、伦理失范的"眼疾"。第三，要在教育价值评价上彰显扬善导向。这里需要注重三个"把握"：一是在矛盾冲突中把握方向，实现矛盾性质的转换；二是在教学挫折中把握实质，实现问题习俗的改造；三是在爱心传递中把握关键，实现发展指导的跟进。

对学校教育中不断累积的善恶矛盾不屑一顾，草率、疯狂地追逐教育的"实然"而忽视教育的"应然"，是当前乃至今后很长一个时期干扰学校实现伦理发展的重要因素。遵循上述原则，是推动学校发展实现伦理转向的必由之路。也只有如此，教育的宏大情怀才能得以充分彰显。

3. 把握教育的分寸，生发伦理光芒

从狭义上理解，"教育分寸"是教师在处理与学生关系时的"拿捏程度"。但从广义上说，我们认为，它应当包括校长、教师对教育目的、课程设置、教学原则、教学方法、教育评价以及教育关系等领域科学、辩证的认识。"教育分寸"之所以成为与道德伦理紧密相关的一个核心概念，是有其学理依据、历史依据和现实依据的。

注意观察周遭，不难发现，学校教育中有失分寸的现象可谓俯拾皆是。除去那些因为立场错误引致的问题之外，学校教育中几乎所有的挫折、矛盾、冲突甚至是危机，都与教育分寸的理解、拿捏、掌控有关。近年来媒体曝光的绝大部分事件，如湖北京山一中"焚书事件"、西安未央区第一实验小学"绿领巾事件"、南京拉萨路小学"杰出校友控诉母校事件"、深圳龙华新区民治街道上芬小学"蓝印章事件"等等，虽然诱发因素不同，但根子都在学校教育分寸的缺失。

教育分寸的把握不是一件容易的事情，它需要从事教育的工作者长期的修炼。因为，从教育哲学的角度看，教育作为一种实践活动必须坚持真理尺度和价值尺度的统一，也即合规律性和合目的性的统一。但教育实践作为一种复杂的精神实践活动，其规律和本质在许多方面尚待探索；学生作为教育实践活动的对象，其"需要"在很多时候并不为教师所完全知晓，即使知晓了也未必会引起教师足够的重视。从教育心理学的角度看，情绪与有机体的需要密切联系着，它是一种以需要为中介的反映形式。需要常常以一种"缺乏感"被个体体验着，并以愿望（缺乏感明显意识到）、意向（缺乏感未被明显意识）的形式表现出来。这种需要感能否得到满足会决定着教育过程中产生的是增力作用还是减力作用。从教育学的角度看，教育的对象是人，主要是正在成长的年轻一代（儿童）。为了有效地促进儿童身心健康成长和发展，必须从儿童的身心特点出发,适应他们的身心发展规律。诸如教育任务要求之高低、教学内容的多少与深浅、教育方法的选择等,都要根据儿童的身心发展水平来确定。这些都需要教师不断修习、体悟。

努力消除学校教育中有失教育分寸的现象,对于学校的伦理发展意义重大。首先,要树立"教育无小事"的观念,以敬畏之心精心安排、审慎处理好教育事务,如课程计划编制、教学计划调整、作业量控制、学业水平评价等等。其次,要强调"学生发展为本"的理念,以悲悯的情怀创造性地落实好教育工作,如充分尊重学生的人格、满足学生的合理需要、激发学生学习的潜能、给学生提供更多的选择等等。第三,要坚持"自主发展"的立场,以更宏大的视野推动教育的转型,如鼓励学生规划自己的发展路向、包容学生自主管理中的种种缺憾、以协商方式解决有关事务等等。

"教育分寸"虽然从教师处理与学生关系时应当掌握的"尺度"或者"程度"脱胎而来,但更突出地表现为校长、教师对教育目的、课程设置、教学原则、教学方法、教育评价以及教育关系等领域的全面"拿捏"。只有当学校对宏观、中观层面的"分寸"感有了良好的把握以后,微观层面的"教育分寸"才会成为一种普遍的价值取向并实际上演绎为学校教师的良好教育"习俗",由此,教育才能生发出耀眼的伦理光芒!

第二节　批评教育之伦理考量

通过前面的讨论,我们可以确信,学校的发展不仅需要关照到伦理要求,更要重视伦理建设。由此我们认为,在落实批评教育的过程中伦理考量不可或缺。从我们的研究和实践来看,经过伦理审视和伦理改造的批评教育对推动并实现学校的伦理发展而言,其杠杆效应十分显著。

一、衡量学校的伦理状况

批评教育是一门学问,很大程度上是因为它涉及教育伦理,事关学校的伦理发展。它是判断学校教育伦理发展状况的一个方面。

第一,从批评教育的本质上看,批评教育是围绕批评并在教育思想指导下开展的教育活动。但是,在实际的学校生活中,却存在着相当多的有违教育学原则的"批评教育"。或者是只"批"不"评",满足于师道尊严;或者是重"批"轻"评",不能做到让学生心服口服;或者是以"罚"代"批",完全滑向"恶"的教育。有学者指出,教师"对学生的批评是一种基于教育责任的批评,是有'教育学意向'的批评"[1]。批评教育如果背离了这一要求,就是教育伦理的失范。

第二,从批评教育的对象上看,批评教育适用于所有受教育者,而非因学生的家庭背景、学业成就、性情禀赋有异而有所区别。有学者指出,批评教育也可以是"甜"的。从另一个角度去理解这个观点,说明批评教育对学生而言在很多情况下是"苦"的。正因为批评教育的这个特性,所以导致现实教育中围绕批评教育问题出现很多道德的、逻辑的混乱。例如,对学生犯的同样一个错误,因为学生家庭背景、学业表现的不同,教师在批评教育上就采取截然不同的态度或者在尺度上大相径庭,就是这种混乱的表现。我们当然不赞同对同一种错误简单地采用同一种批评教育的方法,或者机械地要求批评教育尺度的划一,事实上,教师对学生进行批评教育应该体现因材施教的要求,但这个要求必须也只能从如何取得更好的教育效果这一基点出发。我们认为,这样的批评教育才是合乎正义的要求的。

第三,从批评教育的原则看,批评教育尊重事实、尊重人格、尊重道义。批评教育的这些基本原则体现了教育人道。有评论就指出,"分寸之间,是教育的责任与品位"。如果一种批评教育有意无意地忽略事实真相,顽固地视学生为可以役使的"羔羊",甚至教师根本无需为自己的造次和鲁莽负责,那么学校也终将沦为道德的荒原。

与涉及学校伦理发展的那些宏大叙事相比,批评教育显然要细碎得多,甚至有人怀疑有没有必要把批评教育扯到伦理发展的高度上去。但一些学校却从这个看似细碎的问题入手,书写了学校伦理发展的新篇章。

案例 10-1

学生犯了错不能只"批"不"评"

针对现在有些老师不敢批评学生,有些学生受不了一丁点批评的现象,华东师范大学松江实验高级中学开始组织广大教师开展"批评教育理论与实践"的探索,期望让批评也能给学生传递更多的正能量。

学生对批评有抵触

华师大实验高中在全体高一学生中做过一次调查,对于"父母批评教育的接受程度",7.57%的人表示极端厌恶,42.82%的人无法接受,46.92%的人是选择

---

[1] 马兰霞.重要的是坚持批评的"教育学意向"[J].上海教育.2009(19).

性地接受,仅2.69％的人能全部接受。而对于老师的批评,64.36％的人认为这是对自己的关心,但也有17.23％的人认为是对自己的限制和干涉。由此也造成了有20.26％的学生认为,老师的批评令自己的自信心受挫,5.13％的学生因被批评而对老师产生厌恶情绪。

学生对批评有抵触,怎么办？经过摸索,学校编写了全市首个《批评教育常识》校本教材,供全校师生学习。该教材的内容包含有批评教育的本质与意义、批评教育的方法和基本技巧等。对此,松江区教育局党委书记俞富章评价说,应当鼓励师生们以更大的责任和勇气探索实践批评教育,让它不仅成为一门课程,更成为一种品质、一门艺术。

心甘情愿接受批评

该校政教处副主任徐伟老师举了个例子。有一次大考期间的晚自修,两个男生从校外叫了外卖并拎着两瓶啤酒回来,但她没有立即批评他们,而是让两人先回宿舍把肚子填饱。经过谈心,徐老师了解到,两位男生当天的考试十分不顺利,而且对第二天的考试也失去了信心,正想借酒浇愁。了解了事情的原委,作为外语教师,徐老师首先与两人聊起了外语复习问题,一下子拉近了彼此的心理距离,也在循循善诱中让学生接受了她的批评。徐老师说:"让受批评者放下包袱或敌对情绪,心甘情愿地接受批评,是批评教育成功的关键要素之一。"

张冷艳同学也说起了一件让她刻骨铭心的事:"有一次上课玩手机被老师发现并没收了,但老师没有当场批评我。"出乎意料的是,老师把她叫到办公室后十分和蔼地说:"你想要手机是吧,还给你可以,但不是现在。我知道没有权利没收你的手机,可是作为老师,我却有权利和义务叮嘱你好好学习。"小张说,"我非常喜欢这样一句话:把每次老师善意的批评当作一次蜕变,由茧变蝶的过程。"

提升自我教育能力

张雨晨同学的妈妈吴女士偶然翻开《批评教育常识》教材,越读越觉得有意思。她说,青春期的孩子容易叛逆,脾气暴躁,难免会激动,此时家长的耐心十分重要,不要责骂,更不能打孩子。"现在我开始观察儿子的喜怒哀乐,经常和他沟通,即便知道他犯错时,也尝试着选择合适的方式和时机去跟他沟通。"

对于批评艺术的把握,校长潘建荣说,教师在批评学生时,不仅要对学生的行为进行"批"(训斥),更要对学生的行为进行"评"(说理),通过一"批"二"评"的方式,才能帮助学生认识自身某些思想品质和道德行为上的错误,使其克服、纠正和最终彻底消除这些错误，并在此基础上形成自我认识、自我教育、自我提高的能力。

从上面的案例中我们可以观察到，批评教育在传递爱的力量的同时，也为学生树立了一个良好的心理背景，十分有利于调整已经非常紧张的师生关系、家庭关系以及家校关系。正是因为批评教育蕴含的这种教育价值，所以，我们认为它是推动学校伦理发展的"微力量"。

二、彰显教育的伦理价值

从经验的层面去理解，恰当的批评教育对推动学校实现伦理发展具有一定的价值，但是，如果从学术的层面去考量，确信这种价值还必须对批评教育与教育伦理之间的关系作进一步的探究、梳理。

在学校教育的语境中，批评是与表扬相对的一种教育行为，批评教育则以批评为主要表现形式并与赏识教育一起共同构成日常教育的主要形态。但这仅仅是"应然"而非"实然"。从历史看，相对封闭的社会环境和"师道尊严"的文化传统使得批评教育一度成为学校教育的主流，教师作为知识权威、道德权威的角色在这个过程中不断得到强化，教师的批评权被视为天然的、不容怀疑的一种基本权力；而对于赏识，教师通常都表现出极度的吝啬。从现状看，多元开放的社会环境、代际跨越的网络技术和自我意识不断提升又情绪敏感的青少年学生，使教师的批评权受到前所未有的挑战。在这种背景下，原本作为补充的赏识教育于是就从"幕后"转到了"台前"。批评教育和赏识教育的易位，从内在逻辑的角度去分析就是，规训、批评、责罚在教育领域占据主导地位的传统思维，在不断弱化我国历史文化中本来就脆弱的人文关怀这类元素的同时，也使其逐步走向它的反面，这样，伴随着西方先进教育理念的译介、传导，赏识教育逐步兴起并极大地压缩了批评教育的空间，直至其被边缘化、妖魔化。如果说一味推崇批评教育而忽视赏识教育是"瘸腿病"，那么批评教育的缺失使现今的教育从曾经的"瘸腿病"演变成了"软骨病"。

必须承认，今天我们对赏识教育近乎疯狂的追逐是与批评教育自身在一定历史时期暴露出的本质缺陷、缺失有着千丝万缕的联系的。这种缺陷和缺失主要表现为主观臆断、反应过度、人格羞辱、连坐责罚。

批评教育中的主观臆断是指，在没有弄清基本事实的情况下，教师极不慎重地依据主观经验做出推断,并对学生进行"批评教育"。例如,见到一对男女学生在花园一角相谈甚欢,就认定他们是在"谈恋爱",并且援引相关校规校纪对他们进行严厉批评教育。反应过度,即不能充分认识许多问题是学生成长过程中必然要经历、要付出的代价,毫无节制地、过度地做出某种极端的反应。看起来,教师这样做似乎是尽心尽责了,实际上效果却适得其反。人格羞辱就是对确实有证据证明犯有错误的学生不是善意的提醒、真诚的告诫,而是由事及人,借批评教育之名恣意对学生的人格进行羞辱,直至把学生打入另册。所谓连坐责罚,就是不加区别地对一个群体中的学生进行批评教育甚至是严厉的责罚,其实真正应为某个错误承担责任的是少数或者是个别学生。必须指出,连坐式的责罚与人格羞辱都已经严重背离了批评教育的价值内涵和行为范式,是教师教育伦理失范、教育智慧愚钝的外化,也是不良的教育习俗不断泛滥的昭示。

我们主张在发展指导视野下重新审视批评教育的价值及其实现的方式,但前提是,这种批评教育必须对过往意义上的批评教育作出全面的澄清。这里的关键,就是批评教育必须基于伦理的立场并服务于教育伦理的提升。落实这个关键需要突出强调批评教育的"适切"与"适当"。

批评教育的"适切"是指,教师对学生所犯错误定性准确,对问题产生的缘由剖析到位,批评教育具有针对性,能切中问题的要害。例如,对学生出现的问题是立场错误、道德败坏还是行为失当,教师能够作出准确的判断,并且通过分析问题的成因,结合当事学生的具体情况进行有针对性的批评教育。批评教育的"适当"是指,教师能够选择合适的时机、营造适宜的氛围、采用恰当的策略对学生进行批评教育,同时,充分尊重学生的申诉权,也为可能出现的争议的解决留有余地。有学者针对这个问题提出四个注意,即"注意场合、注意用语、注意态度、注意学生的个性",就是对"适当"较全面的归纳。[①]

适切、适当的批评教育与彰显教育伦理价值之间有着十分紧密的关系。一方面,伦理问题固然是一个全局性、根本性的问题,是一切关系得以确立的基础,但是"伦理一旦失范,许多乱象就会滋生蔓延,积重难返。"[②]一个时期以来,批评教育之所以受到责难,伦理立场的缺位不能不说是一个根本原因。因此,批评教育亟须伦理思想的牵

---

① 俞富章.杏坛读检[M].长春:吉林教育出版社,2010.
② 封寿炎.考研作弊背后是伦理失范[N].解放日报,2011-2-11.

引和指导。另一方面,适切、适当的批评教育在验证教育伦理价值的同时也在不断丰富、发展教育伦理,使教育伦理更具有实践特色和时代特色。

首先,适切、适当的批评教育用实践证明了教育伦理的巨大价值。它蕴含了教育伦理的基本价值取向,包括了对人的本质关怀、帮助学生突破现实困境和重新审视学生的教育权利;体现了教育伦理的主要关切,包括对学生利益的正视与尊重,实现教育的崇善、向善、扬善,如何在教育的各个领域把握教育分寸等内容。可以观察到,即便我们没有自觉地意识到教育伦理在学校教育中的巨大价值,但是由于我们在批评教育中坚持按照适切、适当的要求来组织和展开,所达成的教育效果却足以让我们体悟到批评教育自有它独特的价值和魅力。一旦能自觉主动地用教育伦理来指导批评教育,那么,这种理论指导下的实践必将把批评教育的水平提升到一个新的高度,与此同时,批评教育所蕴涵的伦理力量也将大放异彩。

其次,适切、适当的批评教育实践不断丰富和发展了教育伦理。长期以来,教育伦理的研究遵循着演绎思维的法则,这种法则凸现了伦理学的学术特性,但这种学术特性也一定程度上给人以"大而无当、无关紧要"的印象。批评教育实践对于教育伦理的重要意义在于,它是按照归纳思维的法则,透过海量的批评教育案例,总结、提炼出成功的批评教育必须坚持的教育伦理思想及其基本原理,从而丰富和发展了教育伦理。

第三,适切、适当的批评教育赋予教育伦理鲜明的实践特色和时代特色。教育伦理学是一门不断发展着的学科。对这种发展作出贡献的不仅是专门从事这门学科研究的专家,而且也包括广大的教育实践工作者。一线教育工作者的实践、探索在不断检验教育伦理学原理的适用性的同时,也在填补相关研究的一些空白,创造一些新鲜的经验;尤为重要的是,这种实践、探索也为当代教育伦理研究提出了不少崭新的课题,这些课题在激活研究者的思路的同时,客观上赋予了教育伦理鲜明的实践特色和时代特色。

三、促进学校的伦理发展

实现学校的伦理发展需要我们坚守教育的伦理属性,对学校管理各主要领域做进一步的伦理审视和伦理改造。批评教育作为学校教育中的有机组成部分不能在这一过程中缺席。我国传统文化中有"微言大义"的说法,虽然批评教育对于伦理发展来说可能是一股"微力量",但其对这种发展的价值正在不断被发掘。事实上,它在推动学校伦理发展中确实大有作为。

1. 增强学生的社会适应能力

我们在前面已经讨论了批评教育在一定历史时期所暴露出的一些本质缺陷、缺失,也强调必须在学生发展指导视野下重新审视批评教育的价值及其实现方式。在我们看来,如果仅仅以"问题解决"作为其功能定位,那么在其中起决定性影响的就是工具理性而不是价值理性,这样,它对学校的伦理发展作用就极其有限。相反,如果以"发展指导"作为其功能定位,那么内隐于批评教育过程中的价值理性就会得以充分释放,并从根本上解决已经异化的、附着于其上的反伦理问题。

批评教育的发展指导功能有别于问题解决功能。其一,引发的条件不同。问题解决功能的引发条件是问题已经发生,也就是问题在前,教育干预在后;发展指导功能的引发条件可以是问题已经发生,也可以是问题有潜在发生的可能。显然,发展指导功能具有特别的预警控制作用。其二,价值目标不同。问题解决功能追求的价值目标是事态平息、影响消除;发展指导功能追求的价值目标是问题暴露、发现症结、举一反三。从中可以发现,问题解决功能追求的是效率,而发展指导功能更着眼于效果和效益。其三,实现的途径、方式不同。问题解决功能大多依赖事实调查、个别谈话、作出承诺等途径,方式方法上也以灌输为主;发展指导功能则更突出强调主题活动、角色体验等途径,方式方法上以对话沟通为主。不难想象,发展指导功能对学生的成长意味着什么。正如霍益萍教授所言的那样,"指导在学生成长的过程中始终扮演着引导性、支持性和治疗性的角色"。[①] 开发批评教育的发展指导功能对学生成长而言意义重大。从发展指导的"治疗性"角度看,由于发展指导功能不是简单地满足于表面的"疗伤",而是通过回溯,把问题的本质充分暴露出来,从而找到问题的症结所在。建立在这种基础上的"治疗"能够从根本上消灭"病灶",防止"病情"的反复,对学生的身心健康成长具有长效作用。从发展指导的"支持性"角度看,它总是在矛盾冲突达到临界点的情况下,努力营造一种宽松的氛围,致力于构建一个正面的心理背景。它不在事件的是与非上作过多地纠缠,而是鼓励学生自己去思考并得出结论,同时支持学生朝正确方向做出的每一点努力。从发展指导的"引导性"角度看,它不在意"立竿见影",放弃灌输式说教,反对强迫服从,而是更加强调教师的服务和辅导,学生的体验和自省。通过上面的分析,我们可以认识到,批评教育的发展指导功能不仅对当下问题的处理可以达到治本的目标,而且,在这种教育服务中成长起来的学生一定能发展出更加良好的社

---

① 朱益明.普通高中学生发展指导研究[M].上海:华东师范大学出版社,2013.

会适应能力。

2. 增强学生对批评教育价值的理解、运用能力

有学者指出，"学校不应该是一个封闭和远离社会实践生活的场所，教育不应该局限在单纯的书本知识教育范畴内，一切与学生未来学习、工作和生活息息相关的经验和技能……不管是学术性的还是非学术性的，都应该受到学校教育的重视，成为学校教育的重要内容"。① 由此我们认为，批评教育应该从作为教育的手段这个工具层次上升到作为教育的内容这个目标层次；相应地，我们在进行批评教育的过程中，也要摆脱追求当下效率的工作思维，进而探索并实现着眼未来效益的课程思维。

关于批评教育，在教育界已经形成了一定的刻板印象。归纳起来，无非就是它是教育的一种手段，是教育的工作的基本形式。既然是"手段"，那么只要能高效地达成目标就能证明这种手段是成功的，在这种认识引导下，对于批评教育的"技巧关注"可谓热闹非凡，而对学生发展至为关键的"价值关注"却少有问津。同样，因为把批评教育定位成"工作"，所以没问题的时候一切都陷于停滞，到出现问题的时候就忙着去"工作"，这种情形俗称"灭火"，而一旦火灭了，又复归到原有的状态。在这种思维主导下，批评教育成为最苦、最累，甚至是许多教师唯恐避之不及的差事。这不是危言耸听，在学生普遍缺乏对批评教育正确理解的当下，批评教育非但难以达成目标，而且还有"捅娄子"的巨大风险，至于因为对学生进行批评教育而被学生在网上公开叫骂，相较前者而言那还是幸运的了。有研究者在分析班主任没人愿意当这个问题时就指出，"最主要的原因还不是责任与压力太重，而是担心与家长的交流，担心班里那些存在偏差的学生教育与管理问题"。②

改变围绕批评教育形成的刻板印象，并以此为发端推动学校的伦理发展，需要我们在两个方面做出努力。

一是明确把批评教育作为学校教育的重要内容，由手段层次提升到目标层次。从伦理的角度去看，批评教育的最高目标不是教师通过对学生的批评教育解决了多少具体问题，而是这种教育最终有没有让学生理解批评教育、认识到批评教育对于成长的价值。因此，批评教育不仅是教育的手段，更应当是教育的目标。按照布卢姆教育目标分类学说，目标可以分为知道（知识）、领会、应用、分析、综合和评价六个层次。作为

---

① 朱益明.普通高中学生发展指导研究[M].上海：华东师范大学出版社,2013.
② 俞富章.杏坛读检[M].长春：吉林教育出版社,2010.

教育目标,我们必须让学生通过学习了解批评教育"是何"、"为何"、"如何",学会围绕批评教育进行辩证分析、综合归纳、价值评价。手段关注的是技巧和瞬时效率,目标关注的是价值和长远效益。普通高中将为学生奠定他一生学习的基础、生命的底色和做人的规范,因此,学校尤其是高中应当认真把批评教育作为教育目标认真加以规划和落实。

二是切实把批评教育列入学校课程框架,淡化简单的工作思维,强化整体的课程思维。在批评教育成为教育目标的背景下,简单的工作思维显然是捉襟见肘,作为一种保障,更是一种创新,课程思维进入了我们的研究视线。课程思维就是强调把教育目标、教育内容、教育方法、教育资源和教育评价作为一个整体来思考、设计和实施,与工作思维相比,立意更宏大、内容更丰富、体验更深刻、影响更深远。课程思维体现在两个方面,一个是在教师进行批评教育过程中要自觉借鉴课程实施的相关法则,比如目标设计、方案想定、过程控制、资源利用以及价值判断;一个是在学校校本课程序列中开设与批评教育相关的课程,为学生提供比较完整的有关批评教育常识的学习经历。我们之所以特别强调课程思维尤其是相关课程开设的重要,是因为"课程集中体现了教育思想和教育观念;课程是实现培养目标的施工蓝图;课程是组织教育教学活动最主要的依据"。[①] 显然,要让批评教育成为推动学校伦理发展的一支重要力量,课程思维具有强烈的引导和支持作用。在课程思维的影响下,学生对批评教育价值的理解、运用能力才会有质的提高。

3. 增强学生的道德评判、道德选择和道德行为能力

作为学生发展指导理论的积极倡导者,霍益萍教授从全民终身教育的立场出发,特别强调"为培养具有个性和创造力、能够自我成长的学习者,每一个学段都应该成为学生个体成长生涯中愉快的学习体验和经历"。[②] 批评教育包括了认识批评、接受批评、开展批评和自我批评、进行反批评,它对于促进学生心智成熟、全面认识自我,对于发展学生思辨力、增强道德选择、道德判断能力,对于调节人际关系、提升道德行为能力,都具有十分重要的意义。因此,与批评教育有关的学习体验和经历自然应当成为学校教育的重要内容。这样的学校教育因为从根本上关切人的发展需要,才能体现教育的伦理原则。正是在这个意义上,我们认为批评教育在学校伦理发展中可以有新的作为。

之所以特别强调批评和自我批评的经历,主要基于这样一些考虑。

---

① 钟启泉,崔允漷,张华.《基础课程改革纲要(试行)》解读[M].上海:华东师范大学出版社,2001.
② 朱益明.普通高中学生发展指导研究[M].上海:华东师范大学出版社,2013.

第一，在前面的讨论中，学生几乎都是作为批评教育的客体也即对象出现的，但从教育主体地位、权益的落实，教育平等、公正的保障方面去理解，必须使学生由批评教育的客体转变为主客体的统一，也就是学生在经历教师的批评教育的同时应该经历怎样运用掌握的批评常识去批评别人或者批评自己，不断完善和发展自己的社会性素质。简单说，就是学生也有权批评。"健康社会的一个重要标志，应该是：人人拥有批评权，人人勇于批评他人，人人乐于接受他人的批评。"①

第二，当学生的批评权得以保证时，学生才能更好地理解以及正确对待来自教师和家长的批评。由此，可以根本上解决过去围绕批评教育经常发生的那些抵触、抗拒的情绪，甚至因此而引发的极端事件，发展学生的社会性和情绪能力（注：指人与社会、与别人在一起工作的互动和相互理解、合作的能力包括自我感知、自我驾驭、社会感知、处理人际关系和做出正确决策等五种能力）。② 必须认识到，情绪智力（EQ）对人的一生发展和成功都起到至关重要的作用，"对一个人的成长而言，很重要的就是社会认知，而不仅仅是认识自然和世界"，"社会情绪能力是一个人能不能有道德的基础，它决定着人是否能健康生存、融入社会、合作利他等"。③

第三，批评和自我批评相互的作用不断完善着学生的认知图式、心智结构，增强了学生的是非判断力、道德选择力和社会责任感，而这种经历一旦缺失就很难补偿。这样，当学生走进社会以后，就会对下面所述的那种情形有一种深切的感受："我们现在是谁也不想批评谁，谁也不敢批评谁，谁也不服谁的批评。现在倒是表扬与自我表扬大行其道啊！"也正是基于这种思考，该研究者建议在学校，尤其是中学开设"批评课"，并且指出，这种课"不是要批评学生，也不是让学生相互批评，而是给学生讲关于批评的知识与理论、批评的意义与方法"，通过这种课，"帮助我们的学生确立正确的'批评观'，确立乐于接受他人批评、勇于批评他人的'批评理念'，确立有则改之、无则加勉的'批评哲学'"④。

丰富学生批评与自我批评的经历，一是要努力营造一种平等、民主、自由的思想氛围，鼓励学生进行批评与自我批评的实践，在这一过程中领悟批评的价值；二是要大力倡导健康、理性的专业精神，剔除长期来附着于批评与自我批评之上的意气用事、避实

① 俞富章.杏坛读检[M].长春：吉林教育出版社，2010.
② 计琳.社会情绪能力影响孩子一生——专访中国工程院院士、原教育部副部长韦钰[J].上海教育，2013.
③ 计琳.社会情绪能力影响孩子一生——专访中国工程院院士、原教育部副部长韦钰[J].上海教育，2013.
④ 俞富章.杏坛读检[M].长春：吉林教育出版社，2010.

就虚、上纲上线等不良习气,让批评教育回归到促进正常的人际交往上去;三是要拉长教育过程,在"慢"的教育中真实展现学生的思想、情感历程,不断加深学生对自己、对他人、对社会的理解和认知,尤其是自我批评。这需要我们教育工作者的耐心等待,一定要相信,这个进程一旦开启,道德行为就将成为学生自觉的行动,如此,教育的终极目标就有了实现的可能。

第三节　批评教育与关爱伦理

一个时期以来,围绕批评教育出现了不少怪象。非但学生习惯性地抗拒来自教师、家长的批评教育,这种抗拒有时甚至以丧失理智的、异常激烈的形式表现出来;而且家长、社会舆论也异乎寻常地对此表现出关切、质疑乃至反批评;在这种环境中,相当一部分教师出于明哲保身的考虑选择自我流放,放弃了原本就属于教师的批评权。这充分表明,探究、厘清批评教育和关爱伦理之间的关系,对于落实关爱伦理,还批评教育以善的面孔而言十分重要而迫切。

一、作为关爱伦理的方式

一般认为,关爱是作为主体的个人对客体的关照和喜爱或关心和爱护,是认知、情感和行为的统一。按照诺丁斯的"关爱伦理"学说,关爱伦理是他人向我们求助时我们会产生一种"我必须"做某事的意识,也就是必须做某事的"义务感";是关怀者的关怀反应与被关怀者向关怀者的关怀行为表示认可和接纳的平等互惠关系。因此,关爱伦理在学校中通常以爱心辅导、志愿服务、发展指导等形式呈现。

批评教育是围绕批评并在教育思想指导下开展的教育活动。从表面看,它缺乏作为关爱伦理的要素。首先,几乎没有学生请求教师"批评",也就是说,批评不是学生的"需要"。其次,相当多的批评不是由教师的"义务感"触发,而是因为学生"实在不像样"了,不得已而批评。第三,教师的批评依赖的是职务权威,即使批评看起来被学生接受了,实际上并没有得到其认可和接纳,甚至有不少学生会以自己的方式表达对这种批评的不满。

那么批评教育与关爱伦理真的没有什么关联吗? 答案是否定的。我们认为,批评教育体现了教育的伦理关怀,是关爱伦理的特殊表现方式。

首先,关心是人的基本需要,但人的这种基本需要并非一定以显性的方式呈现,相反，许多需要因为认识、经验和情感的原因而被掩藏着、遮蔽着，无法或者不敢去面对。就批评教育而言，学生作为成长中的青少年，一方面，其心智尚未成熟，不但出现问题在所难免，而且对自身存在的问题也往往无法正确认识；另一方面，作为弱势的一方，其心理、情感的承受能力极其有限，即使知道自己有错，也不能勇敢面对，更多的是希望得到宽恕、原谅。因此，当错误已经发生，学生的这种接受教师批评教育的需要实际上是以隐性的方式存在着的，并且根据教师的批评教育方式方法上的水准而有不同程度的显现。关爱伦理在这里的要求就是教师要清楚地认识到这种隐性的需要，并且通过适当的伦理行动揭示、满足这种需要，甚至为学生今后愿意主动呈现这种需要创造必要的心理条件、环境氛围。

其次，教师因为"学生实在不像样"而启动批评教育并不意味着教师"义务感"的缺失。教师是经过专业训练的专业人士，教师有权依据自己的专业判断作出教育决策。对于学生一般性的问题或者错误，教师完全可以按照"自然关怀"的原则给予关注，这并不与关爱伦理的原则相悖；所谓"实在不像样"当然意味着问题严重到一定的程度，这时教师决定进行教育干预，就表明教师决心通过伦理努力，在承担一定教育风险、耗费自己大量时间和精力的情况下，履行教师"我必须"的责任。由此可以认为，不是那种条件反射般的批评教育就一定是证明教师具有关怀的"义务感"，关键是在那种真正需要教师体现忠诚、责任、勇气的关口，教师有没有作出正确的教育决策，采取适当的教育行动。"不得不"批评，是"义务感"习俗水平的表达方式；"我必须"批评，则是"义务感"伦理水平的表达方式。

最后，关爱伦理的确强调关怀者与被关怀者的平等互惠关系，但这并不是否定教师在批评教育中的职务权威。事实上，在批评教育情境中，教师的职务权威一定程度上集合了教师的专业权威和道德权威，是这些因素共同在发挥指导、纠偏、关怀的作用。只是个别教师在部分环节或特殊情形下的不当言行放大了教师批评教育中的职务影响，才导致了一些批评教育更像是教师教育暴力而非伦理关怀的负面认识。从根本上说，正是教师职务权威和专业权威、道德权威的共同作用，从而能够在批评教育的过程中确保关爱伦理的整体呈现。那种认为既然关爱伦理强调平等互惠，那就必须否定一切职务权威的认识，既脱离实际又无助于关爱伦理的实现。

虽然由批评教育引发的师生矛盾、家校矛盾不会在短时间内消弭，但是通过上面的分析，我们基本可以确信批评教育与关爱伦理密切相关，是关爱伦理的特殊表现方式。

二、体现关爱伦理的内涵

批评教育不仅是以特殊的方式表现关爱伦理,而且通过理论建构、实践探索丰富和发展着关爱伦理,拓展了关爱伦理的内涵。

在大多数关爱伦理倡导者看来,关爱一定是主体对客体的存在和价值的认可、尊重、欣赏、赞美,而带有否定性态度的批评教育则很难与关爱伦理沾上边。我们承认不当的批评教育具有反伦理性质,但是适切、适当的批评教育却符合关爱伦理的本质特征和要求。

其一,按照我们对关爱伦理的理解,在情感上关爱伦理除了主体对客体的存在和价值的喜爱、赞美之外,还包括了对受到破坏的价值的怜悯、同情。但是,在具体讨论关爱伦理时我们却经常忽略了这种情形。在师生关系中,"价值受到破坏"可能来自两个方面,一是客体(一般是指学生)受错误思想、不良习气的侵染,二是主体(一般是指教师)在进行教育干预(如批评教育)的过程中其行为本身背离了教育的原则。所以,由此产生的怜悯、同情这种"关爱"之心不仅是指向受到挫折的学生,同时也是指向非但没有解决问题更引发师生冲突,或者虽然问题表面上解决了,实际上却为问题更大的爆发埋下祸根的不当的教育。因此,批评教育是体现关爱伦理的行动,同时,其本身也是关爱伦理关注的对象。简言之,批评教育使批评教育本身所蕴含的如何揭示错误、暴露问题,怎样提出警示、帮助挽救这些课题成为关爱伦理的内涵之一。

其二,关怀理论以关系为中心,关怀在关系中的应用是基本的。但是,批评教育对师生关系,包括家庭关系、家校关系构成巨大的挑战。例如,在学生拒绝教师的批评教育的情况下,如何维系这种关怀关系?再如,当学生对教师的批评提出反批评时,如何落实关爱伦理中的"平等互惠"关系?还有,在学生已经对教师的批评教育存有强烈的逆反心理的情况下,教师如何修复已经产生裂隙的师生关系?因此,批评教育实际上揭示了没有纳入传统关爱伦理视野或者是处于传统关爱伦理"边缘地带"的一些问题,而这些问题的解决无不指向关爱伦理的内核。正是在这个意义上,我们认为批评教育大大拓展了关爱伦理的内涵。

其三,从宏观角度去看,围绕要提倡赏识教育还是强调坚持批评教育之争这个话题,相当程度地折射了我国教育在全球化、多元化、个性化背景下所面临的价值疑惑,其中当然包括伦理困境。批评教育这个传统教育手段的重新被关注,在一定意义上可以引发关爱伦理在学校教育各个领域、层面的广泛讨论,这些讨论不但会拓展关爱伦理的内涵,而且对于提升关爱伦理在办学思想上的统领作用也将不无裨益。

三、昭示关爱伦理的前景

作为关爱伦理的特殊表现方式,批评教育不但拓展了关爱伦理的内涵而且揭示了关爱伦理应用的新的前景。

由于确认了批评教育与关爱伦理的内在联系,在讨论关爱伦理的应用问题时,我们可以不再拘泥于教育必须展示"温情"的面孔这样的主张,可以不必闻"批"色变。建立了这样一种认识基础之后,学校教育就无需为"温情"而"温情",而是一切从实际出发,按照教育规律,该"赏识"则"赏识",该"批评"则"批评"。这样的教育才是正常的、健康的、完整的;这样的教育才是合乎真正的关爱伦理的。可以这么认为,正是围绕"批评教育中的关爱伦理"这个问题的讨论,才使我们相信,关爱伦理绝不仅仅限于赏识性的教育,同时也应该指向与成长相关的一切教育领域,如同诺丁斯所言,"关怀是处于关系中的一种生命状态,而非一套具体的行为方式"。[1] 我们也相信,关爱伦理在不断拓展应用范围的同时,其对学校发展的引导力、影响力将更加突出。

作为关爱伦理的重要关系方,教师的伦理观念将对教育伦理的建构产生重要的影响。长期以来,学校教育中出现的种种伦理危机几乎都与教师的伦理观念有关。无论是对批评教育的狭隘理解,还是对赏识教育不加思考的膜拜,都无助于教育问题的解决,更影响教育伦理的提升。围绕"批评教育中的关爱伦理"这个问题的讨论,使我们认识到,必须在教师中加强关爱伦理的专业培训,只有如此,方能使教师的教育行为真正体现关爱伦理的本质要求。也就是说,关爱伦理将在很大程度上影响新时期教师培训的价值取向和关注的重点。有研究者提出,在"新优质学校"建设过程中必须重视"新优质教师"的培育,而且强调"优质教师还是一个伦理的概念"。[2] 由此可见,在新的发展背景下,关爱伦理在教师培训中的地位和作用将显得越来越重要。

---

[1] 内尔·诺丁斯.学会关心——教育的另一种模式[M].于天龙,译.北京:教育科学出版社,2003.
[2] 潘建荣.学校的伦理发展[M].上海:学林出版社,2013.

后　记

　　赏识与批评从来都是教育的重要手段。只是当一些教育工作者基于对传统教育中偏重训诫手段的批判，把赏识从教育的一种手段上升为一种教育模式后，批评才成为广大中小学教师实施教育行为时感到顾虑重重的问题。长期以来，一线教师围绕这一问题的焦虑又得不到有效的引导和专业支持，即使偶尔出现这种声音也很快被更强的、对"赏识教育"近乎疯狂的膜拜所压倒。于是，批评作为教育的重要手段逐渐被边缘化，教师为了与"落后"的教育理念划清界限，居然不敢批评，甚至出现一些教师不知道该如何实施批评的局面。

　　与此相关，在充溢着"赏识"、"期望"的学校和课堂氛围中成长起来的当代学生，似乎也越来越难以接受来自教师、家长或同学的批评，即便这种批评完全符合事实。同时，社会文化的发展，尤其是网络技术的突飞猛进，也给教师实施批评带来极大的挑战。因为，作为教师不能保证他的批评永远正确，且这种批评是以适宜的方式提出的。这样，教师就要冒被推上风口浪尖的风险。事实上，已经有相关教师因为履行职责而被学生在网上公开叫骂的报道，它给教师带来巨大的精神压力的同时，也不断消解着教师的职业信念。以至于 2009 年教师节前夕，教育部在新修订的《中小学班主任规定》中特别强调班主任"有采取适当方式对学生进行批评教育的权利"，真可谓煞费苦心。虽然舆论对教育部的这种强调有不少争议，但肯定批评是教育的重要手段恐怕是围绕《规定》展开的争论中普遍的共识。

　　一方面是批评教育背负着一定的历史包袱，另一方面则是各方有识之士对批评教育之于学生成长重要性的反复强调，这就是在批评教育问题上存在的一个突出矛盾。

　　基于对教育本原的理解，华东师范大学松江实验高级中学自 2010 年 3 月起启动了名为"批评教育常识"的校本德育课程的建设。开发这一课程针对的是学校在实施批评教育过程中的实践困境,其目的是试图通过该课程的建设与实施,引导学生科学认识批评,学会正确地对待批评,掌握开展批评的一般原则和方法。因为,我们认识到只有当学生真正认识批评对于人的成长不可替代的作用,批评教育才成为必须和可能。同时,课程的开发与实施也是提升教师精神境界和专业能力的过程。因为,教师在实施课程的过程中实际上经历了"批评学"的修习过程,这对于教师完整认识批评的价值功能,全面把握批评的时机分寸,辩证处理赏识与批评的关系,并最终提升育人实效具有重大的实践意义。

在经过两轮的课程教学实践后,我们于 2010 年 10 月申报并承接了松江区教育局委托招标课题《批评教育的理论与实践研究》。在批评教育的课程教学实践和课题研究交叉推进的过程中,我们不断地认识到,如果孤立地去讨论批评教育"要不要做"、"由谁来做"和"如何去做"的问题,这还不能从本质上帮助广大教育工作者加深对这个问题的认识,进而实现在批评教育上的文化自信和自觉。在这种背景下,我们通过集体反思和研修,逐步认识到,如果能够把关于批评教育的讨论放在中学生发展指导的理论框架中来进行思考,那么,批评教育的立意就更加高远,指向会更加明确,内涵则更为丰富。由此,我们把《发展指导视野下的批评教育》作为课题研究的一项重大成果进行总体设计和规划,并对课题组成员按照各人的专长重新进行了分工。在进行了充分的文献研究、框架搭建和案例讨论后,自 2013 年 2 月起课题组成员先后进入书稿撰写阶段。由于大家的努力,在克服了重重困难后,初稿于当年 8 月基本完成。出于对学术的敬畏,此后我们专门延请本书学术顾问、华东师范大学朱益明教授对书稿进行审阅。朱教授欣然接受邀请,并利用"十一"长假对书稿进行了认真的审阅,调整了部分篇章结构,删减了个别不当案例,并对进一步修改提出了专业的要求。按照朱教授的意见,课题组成员对书稿又作了部分修改。

本书共分十一章,分别就批评教育与学生发展指导、批评教育的价值、批评教育的本质、批评教育的原则、批评教育的策略、反批评与自我批评、批评教育促进人格成长、批评教育的心理学分析、批评教育与教师发展、批评教育与家庭教育、批评教育与学校伦理进行了讨论。担负各章撰写任务的是,第一章余斌,第二章董秀龙,第三章、第四章陆莺,第五章蓝先俊,第六章徐伟,第七章马强,第八章沈雅琼,第九章高德品,第十章高芬华,第十一章潘建荣。全书由潘建荣主持编写并最终审定。

在本书的编写以及前期的课程教学与课题研究过程中,我们得到了原松江区教育局党委书记俞富章同志的亲切关怀和专业的指导,松江区教育局副局长杨桂龙同志也对本书的编著给予高度关注并适时提出了一些重要的意见,我们对此深表谢忱!同时,华东师范大学基础教育与终身教育处处长赵健博士,基础教育办公室刘世清主任,教育局基础教育科、进修学院科研部的负责同志也以各种形式对课题研究及书稿编著给予了关心和指导,松江区教育基金会、华东师范大学出版社在此书的出版过程中给予了经费资助或专业支持,在此,一并致谢!

由于水平有限,加之话题敏感,书中难免有诸多疏漏之处,望读者、同仁斧正。书结良友,知求异音,我们热忱欢迎大家的批评帮助!

潘建荣

（华东师范大学松江实验高级中学校长）

2013 年 11 月